GROSSE SCHLACHTEN & ARMEEN

GROSSE SCHLACHTEN & ARMEEN

ENZYKLOPÄDIE FÜR DIE GANZE FAMILIE

Parragon

Bath • New York • Cologne • Melbourne • Delhi
Hong Kong • Shenzhen • Singapore • Amsterdam

This edition published by Parragon Books Ltd

Parragon Books Ltd
Chartist House
15–17 Trim Street
Bath BA1 1HA, UK
www.parragon.com

Realisation der deutschen Ausgabe:
trans texas publishing services GmbH, Köln
Übersetzung: Heinrich Degen, München
Lektorat: Ursula Fethke, Köln
Satz: lesezeichen Verlagsdienste, Köln

ISBN 978-1-4723-4994-1
Printed in China

INHALT

Soldaten und Taktik entscheiden

Im Verlauf der Jahrhunderte wurde Geschichte häufig auf dem Schlachtfeld entschieden. Sieg oder Niederlage hängen von vielen Faktoren ab, von Taktik, Zusammensetzung der Armeen, Bewaffnung und auch dem Mut der Soldaten. Mit detaillierten Illustrationen und Computergrafiken stellt dieses Buch die Strategien militärischer Genies und die Soldaten der mächtigsten historischen Armeen vor. Großartige Illustrationen lassen Krieger, Militärführer und Waffen anschaulich werden, die inzwischen legendär sind.

Schlacht bei Borodino
Im Jahr 1812 traf Napoleons Grande Armée am Ufer der Moskwa auf die Truppen des russischen Zaren Alexander I.

EINLEITUNG

GESCHICHTE AUS MILITÄRISCHER SICHT

Rund 5000 Jahre dokumentierter Geschichte bestehen zum Großteil aus Berichten und Erzählungen, die von Gewalt handeln: Raubzüge, Belagerungen, Invasionen und Eroberungen haben das Schicksal der Völker von der Antike bis in unsere Zeit geprägt. Existenz und Beständigkeit von Regierungen, politischen Systemen und ganzen Gesellschaften waren und sind bis heute oft von Armeen, dem Einsatz von Waffen, militärischen Strategien und Taktiken abhängig.

Die Historie kennt viele Führer, die zur Macht aufstiegen und sie wieder verloren. Könige und Kaiser wurden gekrönt und vom Thron gestoßen, Gesellschaftssysteme entstanden und verschwanden. Und meist waren dabei Konfrontationen und Schlachten, militärische Siege und Niederlagen im Spiel.

Solche Ereignisse dominieren Chroniken und Erzählungen, die die Geschichte der Menschheit nachzeichnen. Und man könnte glauben, Gewalt wäre der menschlichen Art angeboren. Einige vertreten diese Idee leidenschaftlich und stützen sie auch mit Beweisen. Andere behaupten das Gegenteil. Es wäre vermessen, wollten wir diese seit Jahrtausenden diskutierte Frage, über die in ferner Zukunft wohl noch debattiert werden wird, hier entscheiden. Dieses Buch liefert einen Überblick, einen Abriss der Ereignisse, wie er mit zeitlichem und geschichtlichem Abstand objektiv möglich ist.

Anthropologie und Archäologie haben ermittelt, dass Menschen sich während der Altsteinzeit (Paläolithikum) vor über 125 000 Jahren Kämpfe lieferten, um so die Kontrolle über Ressourcen oder bestimmte Jagdreviere zu gewinnen oder um ihre noch primitiven Gesellschaften weiterzuentwickeln. Sie benutzten dabei Werkzeuge aus Holz, Stein oder Knochen, die mit der Zeit immer raffinierter und präziser wurden. Äste verarbeitete man zu Speeren und Lanzen, Steine zu Äxten, Pfeilspitzen oder Faustkeilen, um mit ihnen Wild zu zerlegen und um sie sehr wahrscheinlich auch im Kampf gegen Rivalen einzusetzen. Schaber, Stichel und Faustkeile, Dolche, Pfeil- und Speerspitzen aus Knochen, Horn oder Elfenbein wurden immer perfekter, als sich zunehmend komplexe Gesellschaften entwickelten.

GEBURTSSTUNDE DER ARMEEN

Die Ursprünge des Kriegs lassen sich auf den Kampf ums Überleben, auf das Streben nach Nahrungsmitteln, Ressourcen oder Land zurückführen. Armeen haben ihren Ursprung in Hierarchien oder einfachen sozialen Organisationen. Meist fällt die Rolle des Beschützers einer Gemeinschaft dem stärksten und fähigsten Jäger zu. Der Tier- wird zum Menschenjäger, der die Verteidigung einer Stammesgesellschaft übernimmt. Sein Erfolg bringt ihm neben anderen Vorteilen auch eine herausgehobene Stellung in der Gruppe ein.

Die Entdeckung simpler, umzäunter Anlagen aus der Jungsteinzeit stützt diese Theorie. Jene Ära bildet die Vorstufe zur späteren Herausbildung historisch nachweisbarer Gesellschaften. Vor rund 10 000 Jahren, als Menschen das nomadische Leben zugunsten fester Siedlungen aufgaben, als sie sich von einfachen Jägern zu Bauern entwickelten, wurden ihre Waffen immer raffinierter. Äxte und Pfeilspitzen aus Feuerstein wurden in der Kupfer-, Bronze- und Eisenzeit durch den Einsatz von Metallen hinfällig.

Man vermutet, dass die ersten und ältesten Zivilisationen der Welt zwischen dem 8. und 5. Jahrtausend v. Chr. im Gebiet zwischen den Strömen Euphrat und Tigris entstanden. In Sumer wurden damals Rad und Töpfer-

scheibe erfunden, die ersten Objekte aus Kupfer angefertigt, das erste Schriftsystem entwickelt und die Grundlagen von Mathematik und Astronomie gelegt. Außerdem schuf man zentralisierte Regierungen und juristische Kodizes. Zum ersten Mal existierten dort Gesellschaften mit verschiedenen Schichten, Sklaverei und organisierter Kriegsführung. Mit der Bildung der ersten Stadtstaaten werden, wie im ersten Kapitel beschrieben, Armeen zum Schutz eines allmächtigen Gottkönigs aufgestellt.

Vom Nahen Osten breitete sich dieses Gesellschaftsmodell im 6. Jahrtausend v. Chr. durch die Sesklo-Kultur, die als eine der ersten europäischen Zivilisationen gilt, über den Balkan nach Europa aus. 1961 entdeckte man in Thessalien und Regionen von Makedonien Reste solcher Siedlungen. In Niederlassungen wie Nea Nikomedia bestätigen aufgefundene Mauern und Befestigungen die Existenz von „Militärmächten", die angreifen und sich gegen Feinde verteidigen konnten. Möglicherweise ist die Sesklo-Kultur durch eine Invasion der Dimini-Kultur untergegangen, deren Siedlungen im 3. Jahrtausend v. Chr. sowohl militärische wie auch landwirtschaftliche Aspekte aufwiesen: Das durch Mauern geschützte Dorf gruppierte sich um einen kleinen Hügel, auf dessen Kuppe ein Megaron errichtet worden war. Dieser herausgehobene Bau diente vielleicht einem lokalen Anführer als Wohnsitz.

TAKTIK UND STRATEGIE

2000 Jahre später begannen die Sumerer mit der Aufzeichnung ihrer Geschichte, auf Kreta erblühte die minoische Kultur, und das alte Ägypten befand sich mitten in der prädynastischen Zeit. Zwischen 3300 und 3100 v. Chr. entwickelten sich Hochkulturen auch im Industal, in China und in Südamerika. Bewaffnete Konflikte waren nun mehr als primitive Gewaltausbrüche. Der chinesische Militärtheoretiker Sunzi verfasste im 5. Jahrhundert v. Chr. seine Abhandlung *Die Kunst des Krieges*, bis heute ein grundlegendes Werk über Strategie. Darin erklärt er: „Die größte Leistung besteht darin, den Widerstand des Feindes ohne einen Kampf zu brechen." Oder: „Wer seine Taktik auf den Feind abstimmt und deshalb den Sieg erringt, kann ein vom Himmel geleiteter Führer genannt werden." Führerschaft, Einfallsreichtum, Innovation und Stärke bestimmen die Taktik – also die Kunst, seine Truppen in der Schlacht einzusetzen – und auch die Strategie, einen Plan zum Erreichen gesteckter Ziele. Auf dieser Basis taten Staaten, die über Waffen, einen Befehlshaber, die Organisation, Logistik und Kommunikationskanäle verfügten, den nächsten Schritt und schufen Armeen, wie wir sie heute kennen.

Die ersten Armeen, für die es Belege gibt, entstanden im alten Sumer. Sargon von Akkad (um 2300 v. Chr.) war Befehlshaber einer solchen Streitmacht. Mit seinen 5400 Soldaten gewann er 34 Schlachten und eroberte alle Stadtstaaten in Mesopotamien. Ein anderes Beispiel ist die Armee des babylonischen Königs Hammurabi (vermutlich 1763 v. Chr. geboren). Im Krieg gegen König Rim-Sin I. von Larsa ließ er einen Fluss umleiten, der die Stadt mit Wasser versorgte. Sein von Syrien bis zum Persischen Golf reichendes Herrschaftsgebiet sicherte er mit Festungen ab. Man rekrutierte damals Truppen, bildete sie aus und stattete sie zusätzlich zu primitiven Waffen auch mit Belagerungsmaschinen aus. Ein entscheidendes Element waren die von Pferden gezogenen Streitwagen.

Die westliche Art der Kriegsführung, die ab dem 5. Jahrhundert v. Chr. mit den griechischen Hopliten begann – ihre Formation inspirierte später die mächtigen Legionen der Römer –, prägte über die folgenden 2000 Jahre den Aufbau von Armeen und ihren Aktionen. In der Antike schuf man die Grundlagen, auf denen diese Kampfverbände aufbauten: Disziplin, regelmäßiges Training und Vertrauen auf Technik. Diese drei Merkmale verliehen der westlichen Militärtradition eine erstaunliche Kontinuität. Ein Beispiel dafür ist der Umstand, dass Mitte des 19. Jahrhunderts sowohl Napoleon III. wie auch der preußische Generalfeldmarschall Helmuth von Moltke die fast 2000 Jahre alten Aufzeichnungen Julius Cäsars über seine Feldzüge übersetzten.

Der junge George Washington besaß eine mit Anmerkungen versehene Ausgabe des Werkes *Epitoma rei militaris* (Abriss des Militärwesens), das Flavius Vegetius Renatus um 390 n. Chr. verfasst hatte. Lateinische Ausgaben des Buchs erschienen im 8. bis 12. Jahrhundert, und zwischen dem 13. und 18. Jahrhundert wurde es auch ins Englische, Spanische, Französische, Italienische und Deutsche übersetzt. Viele der großen Schlachten des 20. Jahrhunderts, etwa im Rahmen des deutschen Schlieffenplans zur Eroberung Frankreichs im Ersten Weltkrieg, folgten der Taktik des Zangenangriffs. Die Erfindung dieses strategischen Manövers schrieben antike römische Autoren dem karthagischen Feldherrn Hannibal zu, der damit 216 v. Chr. in der Schlacht bei Cannae die überlegenen Römer besiegte.

KAPITULATION ODER UNTERGANG

Es gibt in der Geschichte zwei ganz unterschiedliche Strategien, die Armeen zum Erringen des Siegs einsetzten: das Niederkämpfen des Gegners, bis dieser kapituliert, oder aber dessen völlige Vernichtung. Bis auf

wenige bemerkenswerte Ausnahmen folgten militärische Formationen im Verlauf der letzten 100 Jahre der zweiten Variante. Anfang des 19. Jahrhunderts formulierte es der preußische Militärtheoretiker Carl von Clausewitz in seinem Werk *Vom Kriege* so: „... die Niederwerfung des Feindes, folglich die Vernichtung seiner Streitkräfte, (ist) das Hauptziel des ganzen kriegerischen Aktes ..." Demonstriert wurde diese Theorie nur wenige Jahre vor Erscheinen des Werks durch die Militäraktionen Napoleon Bonapartes, dessen Armee fast ganz Europa eroberte. Knapp zwei Jahrhunderte später folgte eine eindrucksvolle Bestätigung, als die Alliierten Atombomben auf die japanischen Städte Hiroshima und Nagasaki abwarfen und damit den Zweiten Weltkrieg beendeten.

Das Werk von Clausewitz', in dem er erklärt, der Krieg sei die „Fortsetzung der Politik mit anderen Mitteln", wird bis heute an vielen Militärakademien gelesen. Allerdings haben der Kalte Krieg und die Verbreitung von Atomwaffen in den meisten modernen Staaten dafür gesorgt, dass Armeen seit Mitte des 20. Jahrhunderts nicht mehr Hauptakteure der Politik sind – sie dienen stattdessen der Erfüllung bestimmter, von der Zivilgesellschaft gesetzter Ziele. Letztlich bleiben diese Ziele aber dieselben, für die schon in der Frühzeit der Menschheit gekämpft wurde: Nahrung, Ressourcen und Land.

Die Natur des Menschen hat sich über Tausende von Jahren kaum verändert, doch kann man vielleicht auf einen Aspekt verweisen, in dem sich unsere modernen Gesellschaften von früheren unterscheiden: In den meisten Zivilisationen wird nun die Opferung von Menschenleben zum Erreichen von Zielen nicht mehr akzeptiert. Heute sind Militär und Bürger zum Dialog aufgerufen und zur ständigen Kontrolle eines Waffenarsenals, das aufgrund des technischen Fortschritts ein ungeheures Potenzial der Massenvernichtung erreicht hat.

Es stimmt, was der US-Experte für internationale Beziehungen, der Politologe John Mueller, in seinem 2004 veröffentlichten Buch *The Remnants of War* (Die Überreste des Kriegs) konstatierte, dass nämlich der Krieg im klassischen Sinn allmählich verschwindet. Doch lässt sich nicht ausschließen, dass ein neuer Konflikt mit entsprechenden Dimensionen die ganze Welt erfassen könnte.

Unsere Zukunft liegt in der Herrschaft der Vernunft.

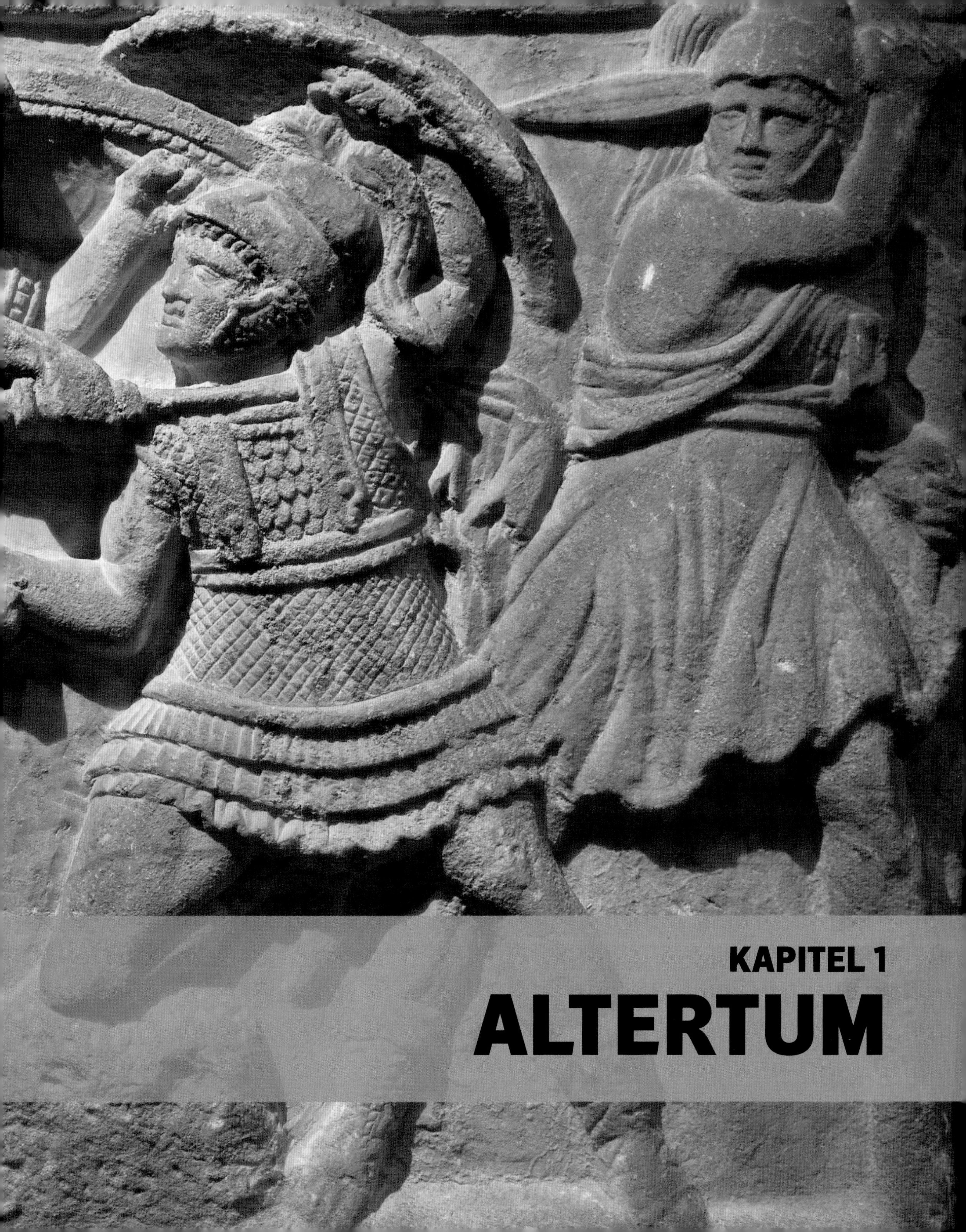

KAPITEL 1
ALTERTUM

1 EINLEITUNG

DIE ERSTEN ARMEEN

Erste Hinweise auf die Existenz komplexer Gesellschaften in Mesopotamien, dem östlichen Mittelmeer, im Industal und in China sind rund 4500 Jahre alt. Sesshafte Bevölkerungsgruppen bestellten das Land mittels künstlicher Bewässerung und schufen eine Gesellschaftsstruktur. Schutz und Eroberung geeigneter Territorien wurden zum Anlass, erste bewaffnete Truppen ins Leben zu rufen, als diese autarken Gemeinschaften an Macht zunahmen und zu wachsen begannen.

Um 2500 v. Chr. war dies im alten Ägypten und in den sumerischen Stadtstaaten Ur, Babylon und Assur der Fall. Dort gab es Fußtruppen, die mit Speeren, Äxten und Dolchen aus Holz und Bronze bewaffnet waren, in Formationen kämpften und sich mit Helmen und Tierhäuten schützten. So werden sie auch auf der Geierstele dargestellt, die vom Sieg des Eanatum, Herrscher der sumerischen Stadt Lagasch, über Umma 2450 v. Chr. berichtet. Ihren Namen verdankt die Stele dem Umstand, dass die Sieger über Leichen ihrer Gegner schreiten, die bereits Geier angelockt haben. Dieser Inschriftenstein und die Standarte von Ur (um 2500 v. Chr.), die von Eseln gezogene Streitwagen zeigt, sind die ersten bekannten Darstellungen von Armeen aus dem Altertum.

Die damaligen Truppenformationen waren nicht sehr groß. Sie dienten vorrangig dem persönlichen Schutz der jeweiligen Herrscher. Erst im Ägypten des Mittleren Königreichs (2055–1640 v. Chr.) gehörten diesen Armeen auch „professionelle" Krieger wie die Medjau an, die den Königen von Memphis unterstanden. Ihre Bewaffnung war einfach: mit Nilpferd oder Kuhhaut überzogene, hölzerne Schilde, Speere mit Kupferspitzen, einfache Bogen und Pfeile mit Spitzen aus Knochen oder Stein, dazu Keulen, Dolche, Äxte und Bronzeschwerter.

Die Einführung von Pferd und Streitwagen in Ägypten geht auf die assyrischen Hyksos zurück. Zur Kriegsführung benutzten sie Kompositbogen und leichte Körperpanzer aus Bronzeplatten. Und während die Ägypter ihre Axtköpfe noch mit Schnüren am Stiel befestigten, versahen die Hyksos sie bereits mit Löchern für den Stiel. Sie beherrschten Ägypten über Jahrhunderte, bevor sie schließlich von Ahmose I. vertrieben wurden, der die Grundlagen für das Neue Reich schuf (1570–1070 v. Chr.). Von da an konstruierte man leichte Streitwagen, die zur Hauptwaffe der Ägypter wurden, etwa in der gegen die Hethiter geführten Schlacht bei Kadesch (um 1275 v. Chr.).

Mesopotamien, Assyrien, Babylon und Persien, die vom 9. bis zum 5. Jahrhundert v. Chr. die dominanten Mächte im Nahen und Mittleren Osten waren, setzten schwere Streitwagen und Kavallerie ein. Dazu kam auch Belagerungsgerät, wie auf

Reliefs im Palast des Sanherib in Ninive zu sehen ist. Die Assyrer untergruben Mauern und bauten Rampen zur Erstürmung befestigter Städte. Ihre Armeen wurden von Berufssoldaten geführt.

In Mykene (1600–1200 v. Chr.) trug man die Kriege nicht anders aus als in den übrigen Palastmonarchien des Mittelmeerraums und Asiens. In Griechenland entstanden die Hopliten um 800 v. Chr. aus der Schicht der kleinen Landeigentümer. Diese Fußsoldaten waren mit einer 2 m langen Lanze und einem Schild bewaffnet. Sie schützten sich mit Helm, Bronzeplatten und einem runden, mit Bronze verkleideten Holzschild *(hoplon)*. Gekämpft wurde in der Phalanxformation. Die kleinen Einheiten aus acht bis 16 Mann verteidigten ihre Städte und damit ihren sozialen Status. Ihre Mitglieder sahen sich als ebenbürtig an, und es gab keine offiziellen Befehlshaber. Man setzte nicht auf Taktik, Strategie oder Training, sondern kämpfte auf dem Schlachtfeld in der direkten Konfrontation geschlossener Formationen.

Diese Art der Kriegsführung veränderte sich während der Zeit der Perserkriege (490, 480–478 v. Chr.). Ab da gehörten der Kampf mit Reitern und leichten Einheiten, Stützpunkte an wichtigen Gebirgspässen, Überfälle, Belagerungen, Kontermauern und Attacken mit rammspornbewehrten Schiffen zum Kampfgeschehen dazu. Die Kriege gegen Darius den Großen und seinen Nachfolger Xerxes sind die ersten bekannten Konflikte, bei denen Schiffe in großem Stil zum Einsatz kamen.

Die Makedonier ergänzten die Phalanx um gepanzerte Elitekavallerie, leichte Infanterie, Speerwerfer, Bogen- und Schleuderschützen. Die Länge der Lanzen wurde auf 4,5 m vergrößert. Taktik und Strategie wurden zu Grundelementen der Kriegsführung, die man nun als politisches Instrument ansah. In der Schlacht bei Gaugamela (331 v. Chr.), in der Alexander der Große gegen den Perserkönig Darius III. kämpfte, waren die Makedonier dank ihrer Strategie siegreich.

Nur drei Jahre nach Alexanders Tod 323 v. Chr. entstand unter der Maurya-Dynastie (320–180 v. Chr.) das erste geeinte indische Reich, das bald den Norden und die Mitte Indiens, dazu Afghanistan und Pakistan umfasste. Zur Blütezeit der Dynastie verfügte ihre Armee über Streitwagen, Kriegselefanten, Fußtruppen und Bogenschützen, insgesamt rund 750 000 Mann. Darunter waren auch Einheiten wie die Nayar, eine mystische Gruppe, die Kobras im Kampf einsetzte, oder 9000 gepanzerte

Kriegselefanten. Die Soldaten kämpften vom Rücken der Elefanten mit Speeren, 3 m langen Lanzen, Dreizacken und anderen Stangenwaffen.

Die Römer orientierten sich am griechischen Vorbild. Die Phalanxformation, die wichtigste Kampfformation im 4. und 3. Jahrhundert v. Chr., wurde in kleinere Einheiten strukturiert, was sie mobiler und anpassungsfähiger an unterschiedliche Geländebedingungen machte. Den Rundschild ersetzten die Römer durch eine rechteckige, gewölbte Version, den Speer durch ein zweischneidiges Schwert. So entstand eine perfekte Mischung aus traditioneller griechischer und makedonischer Kriegsführung. Die römische Armee bestand ausschließlich aus Berufssoldaten. Ihre organisatorische Perfektion und Effizienz verdankte sie einer ausgeklügelten Infrastruktur.

In Westeuropa setzten die im Nahkampf und Massenangriff erfahrenen Kelten auf Hinterhalt, Verwirrung und andere Guerillataktiken. Sie beherrschten die Verarbeitung von Bronze und Eisen und benutzten Streitwagen. Ab dem 2. und 1. Jahrhundert v. Chr. integrierten sie auch die Kavallerie in ihre Truppen. Sie entwickelten Schutzkleidung aus Tierhäuten und Bronzeplatten, dazu Panzerhemden und Schuppenpanzer, die den ganzen Körper bedeckten. Zunächst waren ihre Helme sehr einfach, wie der Coolus-Helm der Römer. Später schmückte man sie mit Flügeln aus Metall, Tierhörnern oder Geweihen. Die Schwerter waren regional unterschiedlich geformt und kunstvoll geschmiedet.

Ab dem 3. Jahrhundert v. Chr. entstand in China die erste Berufsarmee. Die Krieger der Qin- (255–206 v. Chr.) und der Han-Dynastie (206 v. Chr. – 9 n. Chr.) trugen je nach Rang unterschiedliche Uniformen. Ausgerüstet waren sie mit den höchstentwickelten Waffen ihrer Zeit: aus Eisen gefertigte Streitwagen und Schwerter, dazu mit Steigbügeln ausgestattete Pferde. Die 8000 lebensgroßen Skulpturen der Terrakottaarmee sind ein Beleg dafür. Sie wurden 1974 im Grabmal des Kaisers Qin Shi Huang entdeckt. Es finden sich darunter Speerwerfer, Bogen- und Armbrustschützen, Wagenlenker und Offiziere unterschiedlichster Ränge.

Das indische Gupta-Reich (320–550 n. Chr.) unterhielt die letzte große Armee des Altertums. Sie setzte Elefanten und Kavallerie ein, dazu Armbrüste, Metall- und Brandpfeile. Die Bogenschützen wurden durch Infanterieeinheiten abgesichert, die neben Speeren auch lange oder gebogene Schwerter aus hoch entwickelten Legierungen besaßen. Besonders gefürchtet war der Handschar, ein zweischneidiges, gebogenes Schwert.

Zeitleiste und wichtige Schlachten

Fast 3200 Jahre liegen zwischen der Gründung des Alten Reichs in Ägypten 2686 v. Chr. und der Krönung von Odoaker, König der Heruler, die 476 n. Chr. das Ende des Weströmischen Reichs brachte. In dieser Zeitspanne durchliefen die Armeen einen Wandel von kleinen Truppen im Dienst eines gottgleichen Herrschers zu großen Verbänden mit genau definierten Rängen und Titeln. Aus dem anfänglichen Chaos entwickelten sich Training, Strategie, Taktik und Politik.

2686 v. Chr. Altes Königreich von Ägypten (bis 2160 v. Chr.)

2300 v. Chr. Sargon von Akkad erobert alle Stadtstaaten Mesopotamiens.

2055 v. Chr. Mittleres Reich (bis 1640 v. Chr.) und Einigung Ägyptens

1875 v. Chr. Sargon I. von Assyrien dehnt sein Territorium bis nach Kappadokien aus.

1793 v. Chr. Hammurabi, König von Babylonien

1680 v. Chr. Labarna I. stößt bis Anatolien vor und begründet das hethitische Großreich.

1570 v. Chr. Ahmose I. besteigt den Thron und vertreibt die Hyksos aus Ägypten.

1551 v. Chr. Neues Reich von Ägypten (bis 1070 v. Chr.)

1500 v. Chr. Die Arier fallen im Industal ein.

1275 v. Chr. Schlacht bei Kadesch, Ramses II. besiegt die Hethiter.

1200 v. Chr. Beginn der Eisenverhüttung im Nahen Osten

1126 v. Chr. Nebukadnezar besteigt den babylonischen Thron.

2686 v. Chr. — 1000 v. Chr.

911 v. Chr. Adad-Nirari II. bezwingt Babylonien und begründet das neuassyrische Reich.

844 v. Chr. Die Meder siedeln sich im Nordosten des Iran an, die Perser im Süden.

841 v. Chr. König Li ist besiegt, Beginn der Geschichtsaufzeichnung in China

800 v. Chr. Die Kelten tauchen auf der Iberischen Halbinsel auf.

721 v. Chr. König Sargon II. von Assyrien zerstört das Königreich Israel

612 v. Chr. Ninive wird zerstört, das assyrische Reich geht unter.

559 v. Chr. Kyros gründet das Perserreich.

525 v. Chr. Der Perserkönig Kambyses II. erobert Ägypten.

510 v. Chr. Rom erkennt die Seeherrschaft Karthagos an.

508 v. Chr. Einführung der Demokratie in Athe

Assyrerkönig Sargon II.

SUNZI UND DIE KUNST DES KRIEGES

Sunzi, ein chinesischer General des 5. Jahrhunderts v. Chr., verfasste die älteste militärische Abhandlung. Sein Buch beeinflusste vor allem Strategen in Ostasien.

Eine ernste Sache

Die Kunst des Krieges beginnt mit der Feststellung: „Krieg ist von entscheidender Bedeutung (...). Es ist geboten, dass man ihn intensiv studiert."

480 v. Chr.
Zweiter Perserkrieg, Schlachten bei den Thermopylen und bei Salamis

479 v. Chr.
Die Griechen besiegen die Perser in der Schlacht von Platäa.

333 v. Chr.
Alexander der Große bezwingt die Perser in der Schlacht bei Issos.

332 v. Chr.
Alexander der Große erobert Syrien und Palästina und bringt Ägypten unter seine Kontrolle.

331 v. Chr.
Die Perser unterliegen den Makedoniern in der Schlacht bei Gaugamela.

221 v. Chr.
China wird unter der Qin-Dynastie geeint.

149 v. Chr.
Dritter Punischer Krieg

146 v. Chr.
Zerstörung Karthagos

58 v. Chr.
Julius Cäsar beginnt den Gallischen Krieg.

52 v. Chr.
Schlacht um Alesia zwischen Römern und Galliern

43 n. Chr.
Die Römer fallen in Britannien ein.

117 n. Chr.
Das Römische Reich erreicht seine größte Ausdehnung.

330 n. Chr.
Konstantinopel wird Hauptstadt des Römischen Reichs.

395 n. Chr.
Aufteilung des Römischen Reichs in Ost- und Westreich

452 n. Chr.
Der Hunnenkönig Attila fällt in Italien ein.

500 v. Chr. — 476 n. Chr.

490 v. Chr.
Im Ersten Perserkrieg siegen die Griechen in der Schlacht bei Marathon über die Perser.

431 v. Chr.
Ausbruch des Peloponnesischen Kriegs zwischen Athen und Sparta

303 v. Chr.
Chandragupta begründet die Maurya-Dynastie.

264 v. Chr.
Erster Punischer Krieg zwischen Rom und Karthago

218 v. Chr.
Zweiter Punischer Krieg

216 v. Chr.
Schlacht bei Cannae

215 v. Chr.
In China beginnt der Bau der Großen Mauer.

44 v. Chr.
Julius Cäsar wird ermordet.

220 n. Chr.
Ende der Han-Dynastie in China

320 n. Chr.
Beginn der Gupta-Dynastie und Einigung Indiens

476 n. Chr.
Der Herulerkönig Odoaker setzt Romulus Augustus ab, das Weströmische Reich geht unter.

Die römische Flotte besiegt im Ersten Punischen Krieg die Karthager bei Ecnomus, 256 v. Chr.

Militärführer der Antike

Sie waren die Protagonisten der großen Schlachten und in vielen Fällen auch Pioniere in der Kunst der Kriegsführung, die bis dahin unbekannte Strategien und Taktiken umsetzten. Durch den geschickten Einsatz großer Militärverbände oder kleiner Gruppen gelang es ihnen, den Einflussbereich ihrer Königreiche und Zivilisationen auszudehnen. Sie lebten vor Tausenden von Jahren, doch bis heute zählen sie zu den berühmtesten Kriegern der Geschichte.

2300–2215 v. Chr.

SARGON VON AKKAD
Seine Herkunft ist unbekannt. Sargon selbst erzählte, eine Priesterin habe ihn in einem Korb auf dem Euphrat ausgesetzt. Er wurde Mitglied am Hof des Königs von Kisch, gegen den er rebellierte, und gründete Akkad, die Hauptstadt seines Reichs. Nach der Schlacht von Uruk brachte er Mesopotamien in seine Gewalt.

1326–1234 v. Chr.

RAMSES II.
Er bestieg 1301 v. Chr. den Thron und baute zu Ehren der Götter, seiner selbst und seiner Gattin Nefertari die Tempel in Luxor und Abu Simbel. Seine größte militärische Tat war das Zusammentreffen mit den Hethitern in der Schlacht bei Kadesch, aus der er als Sieger hervorging.

540–480 v. Chr.

LEONIDAS
Ab 488 v. Chr. war er König von Sparta. Er wurde durch die Schlacht bei den Thermopylen zur mythischen Figur, weil er sich mit nur 6000 Griechen den rund 210 000 Mann von Xerxes I. entgegenstellte. Sein Heldentod ermöglichte es den Griechen, die Perser bei Salamis zu besiegen.

519–465 v. Chr.

XERXES I.
Er bestieg 485 v. Chr. den persischen Thron und führte den Zweiten Perserkrieg gegen die Griechen. Über den Thermopylenpass marschierte er in Griechenland ein, bezwang die Spartaner und verwüstete danach Athen. Bei Salamis wurde er von der griechischen Flotte besiegt und später von seinem Wesir Artabanus ermordet.

„Menschen glauben in der Regel gern das, was sie sich wünschen.“

Gaius Julius Cäsar, *Kommentare über den Gallischen Krieg*, Buch III, 18 (58 v. Chr.)

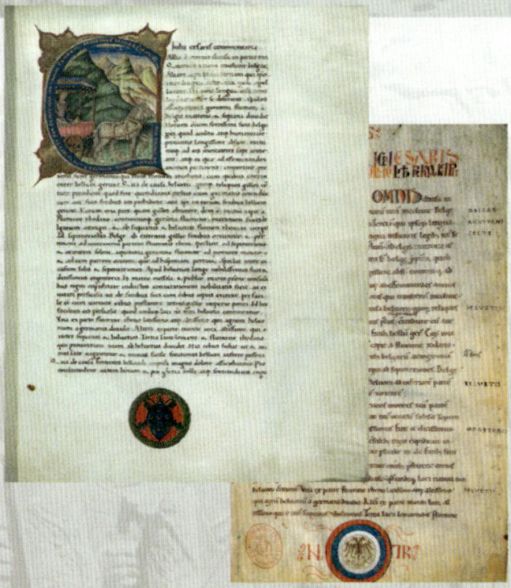

NEUN JAHRE KRIEG
Die acht Bücher der *Kommentare über den Gallischen Krieg* verfasste Cäsar zwischen 58 und 50 v. Chr. in der dritten Person. In ihnen beschreibt er die Schlachten und Planungen während seiner Feldzüge gegen die Gallier, seine erbittertsten Gegner.

356–323 v. Chr.

ALEXANDER DER GROSSE
Alexander III. von Makedonien wurde nur 33 Jahre alt. Nach der Ermordung seines Vaters, Philipp II., bestieg er mit 20 Jahren den Thron und regierte 13 Jahre als König. In dieser Zeit eroberte er das gesamte Perserreich und stieß bis nach Indien vor. Er starb in Babylon unter ungeklärten Umständen.

247–183 v. Chr.

HANNIBAL
Mit 25 Jahren wurde Hannibal zum Oberbefehlshaber der karthagischen Armee in Hispanien ernannt. Schon bald forderte er im Zweiten Punischen Krieg die Römer heraus. Er stieß bis Rom vor, sah aber von einem Angriff auf die Stadt ab. Nach der Niederlage Karthagos ging er nach Asien ins Exil, wo er schließlich Selbstmord verübte.

100–44 v. Chr.

JULIUS CÄSAR
Er erweiterte das Römische Reich um Gallien und Gebiete in Britannien und Germanien. In Rom eröffnete er einen Bürgerkrieg, schaffte anschließend die Republik ab und ernannte sich selbst zum Diktator auf Lebenszeit. Er wurde von Brutus und Cassius mit 23 Dolchstichen getötet.

um 80–46 v. Chr.

VERCINGETORIX
Vercingetorix, Fürst der Arverner, führte 52 v. Chr. den Aufstand der gallischen Stämme gegen die Römer an. Nachdem Julius Cäsar ihn bei Alesia besiegt hatte, brachte man ihn als Gefangenen nach Rom. Später wurde er in Cäsars Triumphzug präsentiert und öffentlich erdrosselt.

Waffen des Altertums

Die Entdeckung der Metallbearbeitung im 3. Jahrtausend v. Chr. führte zur Ablösung primitiver Steinwaffen durch effizientere und tödlichere Waffen, die zunächst aus Kupfer und Bronze, ab 900 v. Chr. dann aus Eisen bestanden. Die damaligen Armeen benutzten Bogen und Speere als Distanzwaffen sowie Keulen, Äxte, Lanzen und Schwerter im Nahkampf.

Bogen

Durch die Einführung des Bogens wurde es möglich, den Gegner auf Abstand zu halten. Über Tausende von Jahren war der Bogen die wichtigste Kriegswaffe. Assyrer, Hethiter und Ägypter setzten ihn in großem Stil ein, speziell nach der Erfindung von Streitwagen und Kavallerie. Es gab einfache, aus einem Stück gefertigte Bogen und Kompositbogen, deren Kern aus verschiedenen Materialien wie Knochen und Sehnen bestand, was ihnen größere Reichweite und Elastizität gab.

Assyrischer Bogen

Ägyptische Pfeile, 2. Jahrtausend v. Chr.

Etruskische Speerspitzen aus Bronze, 6. Jh. v. Chr

Speere

Speerwerfer wurden in den damaligen Armeen zu Tausenden eingesetzt. Es existierten mehrere Arten von Speeren: Leichte Speere nutzte man als Wurfwaffe, schwerere Varianten kamen im Nahkampf zum Einsatz.

Griechische Speerspitzen aus Bronze, um das 6. Jh. v. Chr.

Römischer Speer *(pilum)*, 1. Jh. v. Chr.

Ägyptische Streitaxt aus Bronze

Äxte und Keulen

Keulen – zunächst mit Stein-, dann mit Metallköpfen – gehören zu den ältesten im Kampf eingesetzten Waffen. Die Armeen von Mesopotamien und Ägypten benutzten sie erstmals im 2. Jahrtausend v. Chr.

Ägyptische Zeremonialaxt, aus Gold, Holz und Lapislazuli, datiert auf 1535 v. Chr.

Dolche und Schwerter

Dolche wurden von Kriegern des frühen Altertums als Hilfswaffen eingesetzt. Durch Fortschritte in der Metallbearbeitung gewannen dann Schwerter enorm an Bedeutung. Die Entdeckung des Heißschmiedens und Härtens von Eisen um 1200 v. Chr. ermöglichte schärfere und tödlichere Klingen, die auch Panzerungen durchdringen konnten. Römer wie Kelten machten sie als Meister der Schmiedekunst zu ihren bevorzugten Waffen.

Gladius Römisches Stahlschwert mit Scheide

Sumerischer Zeremonialdolch, gefunden in den Gräbern von Ur, datiert auf 2500 v. Chr.

Phönizischer Dolch, mit Gold, Silber und Elfenbein verziert, um 1800 v. Chr.

Keltisches Eisenschwert, 2.–1. Jh. v. Chr.

Helme und Rüstung

Die Armeen des Altertums fanden Wege, die Krieger auf bestmögliche Weise zu schützen, ohne ihre Beweglichkeit einzuschränken. Sie trugen Helme aus Bronze und Eisen, dazu Panzerplatten aus Metall, die den Rumpf und leicht verwundbare Körperteile abdeckten.

Keltischer Bronzehelm, 800–400 v. Chr.

Etruskisches Bronzeschwert, datiert auf das 6. Jh. v. Chr.

Phönizischer Plattenpanzer aus Bronze, 3. Jh. v. Chr.

Helm eines römischen Zenturios mit Wangenschutz

Korinthischer Helm aus dem 7. Jh. v. Chr.

Griechische Beinschiene, von Hopliten getragen, 5.–4. Jh. v. Chr.

Die assyrische Armee

Vom Ende des 10. bis zum Beginn des 7. Jahrhunderts v. Chr. war Assyrien einer der mächtigsten Staaten im westlichen Asien. Durch seine Militärmacht gelang es ihm, sein Territorium im Nahen Osten von Mesopotamien bis nach Ägypten auszudehnen. Die militärische Stärke beruhte auf einer gut organisierten, von professionellen Generälen befehligten Armee, die effiziente Angriffe führte und raffinierte Belagerungstechniken benutzte. Die Armee bestand aus rund 100 000 Mann, darunter kampfstarke Einheiten der Kavallerie und Bogenschützen.

Militärische Überlegenheit

Die Assyrer, bekannt für Mut und Grausamkeit, verdankten ihre militärische Überlegenheit verschiedenen Faktoren. Sie richteten erstmals Militärakademien ein, organisierten ihre Armeen perfekt und verwendeten Eisen anstatt Bronze, wodurch ihre Waffen und Schilde viel stabiler und wirkungsvoller waren. Ein wesentlicher Punkt war auch die Fähigkeit ihrer berittenen Bogenschützen, im Galopp zu schießen.

STREITWAGEN
Die Assyrer verbesserten die damals in Kleinasien weitverbreiteten Streitwagen. Größere Räder und Achsen machten größere, schwerere Wagenmodelle möglich, die neben dem Lenker auch einen Bogenschützen und zwei Knappen zu deren Schutz transportieren konnten.

Belagerungsmaschinen

Angesichts der Unbesiegbarkeit der assyrischen Armee verweigerten ihre Gegner meist eine offene Feldschlacht und suchten Zuflucht in Festungen. Doch die Assyrer entwickelten raffinierte Techniken und Belagerungsmaschinen, die zu ihren gefürchtetsten Waffen wurden. Sie bauten Rampen, um die Mauern mithilfe von Rammböcken und Schanzkörben zu zerstören.

Die makedonische Armee

Zwischen 334 und 323 v. Chr. gelang dem makedonischen König Alexander dem Großen ein Bravourstück: Er eroberte das scheinbar unbezwingbare Perserreich und schuf selbst ein noch größeres Imperium, das sich bis an die Grenzen der damals bekannten Welt erstreckte. Diese Leistung war nicht nur seiner strategischen und taktischen Genialität, seinem unvergleichlichen Charisma und seiner Qualität als Führer zuzuschreiben, sondern auch der besten Armee der damaligen Zeit. Sein Vater, Philipp II., hatte diese Militärmaschinerie geschaffen, die Alexander dann perfektionierte.

Philipps Vermächtnis

Zur Stärkung seiner Autorität und zur Absicherung der Grenzen beschloss Philipp II., seine Armee von einer bloß königlichen Garde in eine hocheffiziente, gut ausgebildete Truppe zu verwandeln. Er rekrutierte alle Männer im wehrfähigen Alter und unterzog sie einem strengen, von Söldnergenerälen geleiteten Training, das neben Fitness auch Taktik und Strategie einschloss. Die später von Alexander dem Großen perfektionierte makedonische Phalanx wurde zur kampfstärksten Einheit ihrer Zeit.

WIE EIN IGEL
Ein 6 bis 7 m langer Spieß mit einem Dorn am hinteren Ende *(sarissa)* war die gängige Waffe der makedonischen Phalanx. Die ersten Reihen senkten ihre Sarissen, um die gegnerische Infanterie fernzuhalten, während die folgenden Reihen ihre Spieße langsam aufrichteten, um Pfeile abzulenken und die Kavallerie abzuwehren.

In vorderster Linie
Alexander reitet immer an der Spitze der Kavallerie, eine höchst riskante Position.

Schlachtordnung

Alexanders Armee umfasste drei große Einheiten. Die rechte Flanke bildete die Elitekavallerie *(hetairoi,* „Gefährten"), die während der Schlacht entscheidende Manöver vollzog. Im Zentrum stand die makedonische Phalanx, die den Gegner aufhielt: Den in 16 Reihen angetretenen Hopliten mit ihren Sarissen standen leichtere Truppen *(pezhetairoi, hypaspistes* und *peltastai)* als Flankenschutz bei. Die leichte Kavallerie war für die Verteidigung der linken Flanke zuständig.

Hetairoi
Die Elitereiter sind in Schwadronen mit je 250 Mann in Keilform organisiert.

Hypaspistes
Die Schildträger schützen die Flanken der Phalanx.

Peltastai
Die leichten Söldnerinfanteristen werden als Plänkler eingesetzt.

Hopliten
Schwere Infanteristen bilden das Zentrum der Phalanx.

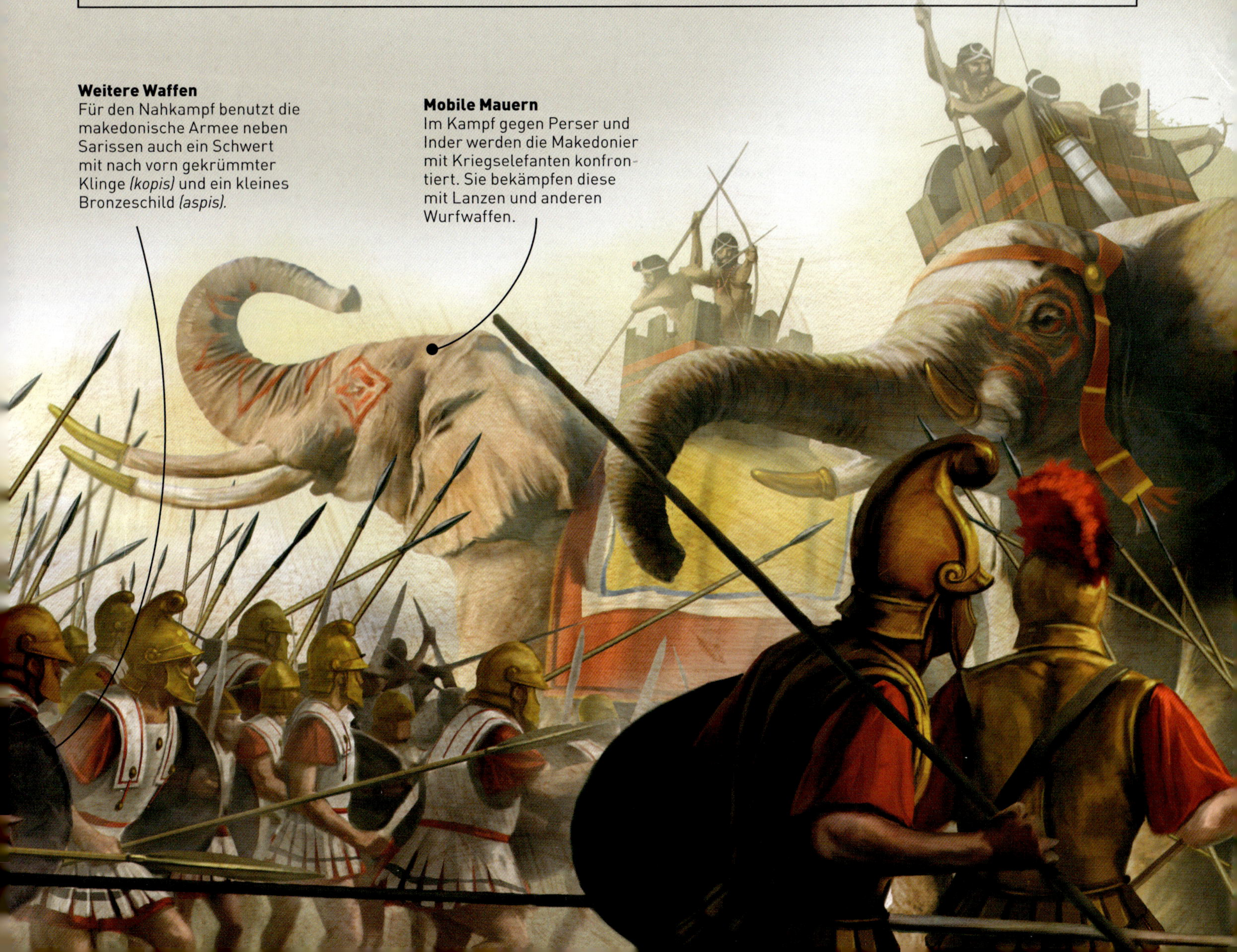

Weitere Waffen
Für den Nahkampf benutzt die makedonische Armee neben Sarissen auch ein Schwert mit nach vorn gekrümmter Klinge *(kopis)* und ein kleines Bronzeschild *(aspis)*.

Mobile Mauern
Im Kampf gegen Perser und Inder werden die Makedonier mit Kriegselefanten konfrontiert. Sie bekämpfen diese mit Lanzen und anderen Wurfwaffen.

Die persische Armee

Fast 250 Jahre lang bestand die persische Armee von Kyros dem Großen bis zu Darius III. (560–330 v. Chr.) aus Kriegern, die in verschiedenen Teilen des riesigen Achämenidenreichs rekrutiert wurden. Hinzu kamen noch zahlreiche griechische Söldner. Die Armee war sehr groß, allerdings schlecht organisiert und zu heterogen.

Dezimalsystem

Die persische Armee war in Divisionen mit 10000 Soldaten *(baivarabam)* unterteilt und diese wiederum in Gruppen mit 1000 *(hazarabam)*, 100 *(sataba)* und schließlich 10 Mann *(dathaba)*. Die leichte Kavallerie wurde als entscheidende Kampfeinheit an den Flanken positioniert, um den Gegner zu umfassen und anzugreifen. Die wichtigste Infanterieabteilung stellten die Bogenschützen, die mit einem permanenten Pfeilregen die gegnerische Verteidigung schwächten. Erfahrene griechische Hopliten standen im Zentrum der Kampflinie.

Schwere Infanterie Lanze und Schild sind die Waffen der Wahl. Die besten Einheiten bestehen aus griechischen Söldnern.

Schwere Kavallerie Sie benutzt Speer und Kurzschwert oder verschiedene Äxte als Hiebwaffen im Nahkampf.

Bogenschützen Sie unterstützen die Kavallerieangriffe und greifen nur selten in den Nahkampf ein.

Leichte Kavallerie Schnelle Pferde und erfahrene Reiter prädestinieren sie für Überraschungsangriffe.

Sparabara Diese persischen Schildträger benutzen leichte, mit Leder bezogene Schilde aus Flechtwerk, die ihnen von den Knöcheln bis zur Schulter Schutz bieten. Die *sparabara* mit ihren 2 m langen Speeren werden an der Frontlinie positioniert.

Ohne Panzer Persische Krieger sind vor allem hervorragende Reiter und erfahrene Bogenschützen. Dass sie gewöhnlich keine Panzerung tragen, hängt mit ihrer Vorliebe für Distanzwaffen anstelle des direkten Nahkampfs zusammen.

DER MISSTRAUISCHE DARIUS III.
Gegen Ende des Imperiums war der persische König auf Armeen aus den Provinzen angewiesen, die von lokalen Despoten organisiert wurden. Engagement und Loyalität dieser Truppen und ihrer Anführer waren aber höchst zweifelhaft. Darius III. konnte in der Schlacht kaum Befugnisse delegieren, was die Effizienz der Armee stark beeinträchtigte.

Die Unsterblichen

Die 10 000 Unsterblichen waren von Kyros II. (559–529 v. Chr.) geschaffen worden. Sie bildeten die Leibgarde des Achämenidenkönigs und die beste Angriffseinheit der persischen Armee. Ihren Namen verdankten sie angeblich dem Umstand, dass ein getöteter oder verletzter Mann sofort durch einen anderen ersetzt wurde – so blieb die Truppenstärke stets erhalten. Alle Unsterblichen entstammten dem persischen Adel, genossen eine bevorzugte Behandlung in der Armee und wurden mit luxuriösen Uniformen ausgestattet.

Die Schlacht bei Gaugamela

Die 331 v. Chr. ausgetragene Schlacht bei Gaugamela erwies sich als schicksalshaft für das Perserreich. Nach der Niederlage gegen die Phalanx Alexanders des Großen bei Issos zog Darius III. eine große Armee am Tigris zusammen. Theoretisch hätte das ebene Terrain, auf dem die Schlacht ausgefochten wurde, der persischen Armee mit ihren Elefanten und Sichelstreitwagen Vorteile bieten sollen. Doch wurde die Schlacht bei Gaugamela das erste historische Beispiel dafür, dass zahlenmäßige Stärke nicht immer den Sieg garantiert.

Ein Imperium steht auf dem Spiel

Alexander wusste, bei einem Sieg über Darius würde die persische Armee zerfallen. Seine große Herausforderung lag im erheblichen Unterschied der Truppenstärken. Darius hatte eine Armee mit 200 000 Fußsoldaten, 40 000 Reitern, 200 Sichelstreitwagen und 15 Elefanten aufgeboten, während die makedonische Seite nur 7000 Reiter und 40 000 Fußsoldaten zählte. Die Schlacht begann am 1. Oktober 331 v. Chr. Sie endete mit einem klaren Sieg Alexanders, der seine Truppen meisterhaft gegen die unorganisierte und chaotische Perserarmee einsetzte.

Alexander
Er kommt dicht an Darius heran, kann ihn aber nicht gefangen nehmen.

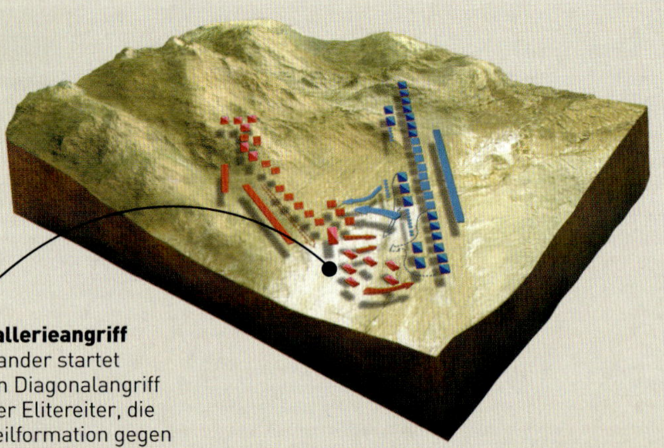

1 Kavallerieangriff
Alexander startet einen Diagonalangriff seiner Elitereiter, die in Keilformation gegen die linke Flanke der Perser vorgehen. Es gelingt ihm, eine Lücke in die gegnerische Line zu reißen, die so in die Defensive gerät.

Persische Armee

Makedonische Armee

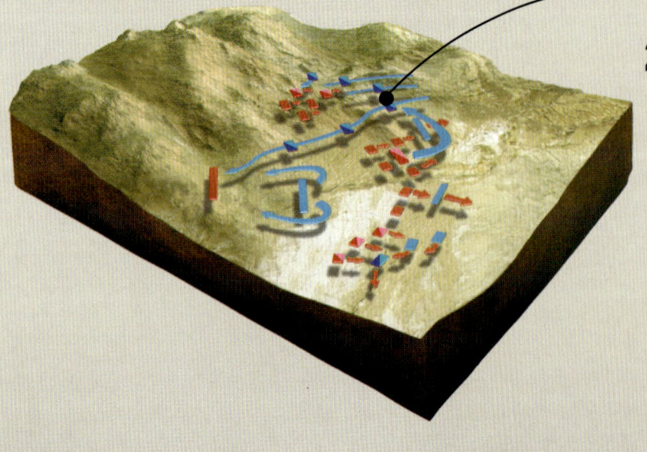

2 Moment der Entscheidung
Der makedonische General Parmenion muss den Angriff auf seine Flanke parieren, während er auf Unterstützung durch Alexander wartet. Zwar kann ein Großteil der persischen Kavallerie das Lager der Makedonier erreichen, wird aber zurückgeschlagen.

DAS ERGEBNIS
Nachdem er die linke Flanke der Perser aufgelöst hatte, setzte Alexander zur Verfolgung von Darius an. Dieser war vom Schlachtfeld geflohen, was zur Entmutigung seiner Armee und zur Vernichtung der persischen Kerntruppen führte. Alexander eilte schließlich Parmenion zu Hilfe und besiegelte das Schicksal der Perser.

INVASION DES PERSERREICHS
Alexander besiegte die Perser erstmals im Mai 334 v. Chr. in der Schlacht am Granikos. Durch den Sieg über Darius III. bei Issos errang er 333 v. Chr. die Herrschaft über Babylon und eroberte gegen Ende des Jahres auch Ägypten. Mit dem Sieg bei Gaugamela sicherte er sich schließlich die Kontrolle über das gesamte Perserreich. Alexanders Imperium sollte sich bis nach Indien erstrecken.

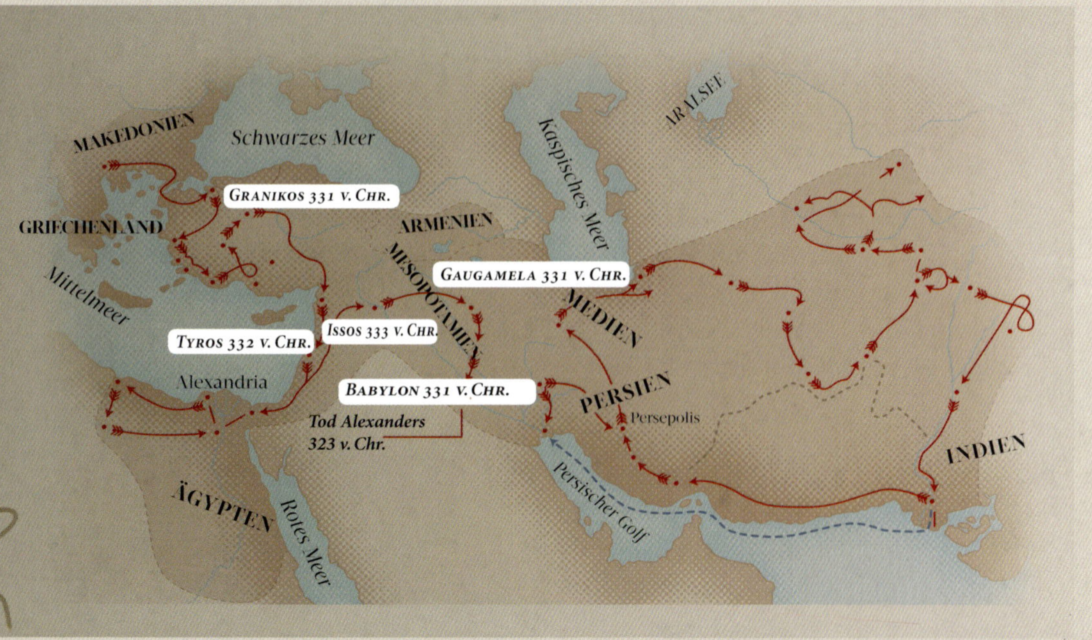

Darius im Unglück Er kann zwar bei Gaugamela vom Schlachtfeld entkommen, doch nur Monate später wird er verraten und in Baktrien ermordet.

Persische Streitwagen Sie spielen eine wichtige Rolle in Darius' Plan, versagen aber kläglich. Auch die Elefanten können die Niederlage nicht verhindern.

Persische Infanterie Sie ist zahlenmäßig überlegen, aber schlechter ausgebildet. Tausende von Rekruten und Bauern haben kein umfassendes militärisches Training durchlaufen.

Hetairoi Die von Alexander kommandierten makedonischen Elitereiter sind entscheidend für den Ausgang der Schlacht.

GERISSEN
Alexander wusste, dass sich persische Spione in seinen Reihen befanden, und verbreitete deshalb das Gerücht, man werde schon in der Nacht vor der Schlacht angreifen. So brachte er die Perser um den Schlaf, und seine Soldaten kamen ausgeruht auf das Schlachtfeld.

Die karthagische Armee

Die Stadt Karthago wurde 814 v. Chr. in Nordafrika nahe des heutigen Tunis gegründet. Zwischen dem 5. und 3. Jahrhundert v. Chr. erweiterte sie ihren Einfluss in Nordafrika, bevor der Süden der Iberischen Halbinsel kolonisiert wurde. Sie brachte den Westen Siziliens und Teile Sardiniens und Korsikas unter ihre Kontrolle und schuf ein Reich, das sich auf den Seehandel im Mittelmeerraum stützte. Schon bald kam es zum Konflikt mit Rom, der anderen expansiven Macht in der Region. Auch wenn am Ende die Vernichtung durch die Römer stand, das Vermächtnis der karthagischen Armee bleibt erhalten.

Eine Söldnertruppe

Die karthagische Armee setzte sich vorrangig aus Söldnern zusammen, meist aus Griechenland oder Italien, dazu kamen angeworbene Soldaten aus verbündeten Völkern. Unter den karthagischen Feldherren verdient Hannibal besondere Würdigung, weil er diese heterogene Armee gekonnt führte. Er stellte keine Einheitsfront auf, sondern wies den einzelnen Gruppen – je nach ihren besonderen Fähigkeiten und passend zu seiner Strategie – spezifische Rollen im Kampf zu.

DIE KARTHAGISCHE FLOTTE
Zur Kontrolle des Mittelmeers bedurfte es einer mächtigen Handels- und Kriegsflotte. Die Quinquereme, ein Ruderkriegsschiff mit jeweils fünf Ruderern pro Einheit, bildete das Rückgrat der karthagischen Armada. Die Besatzung bestand aus 420 Mann, 270 davon waren Ruderer.

Der Anführer Der Zusammenhalt der karthagischen Armee beruht auf der Loyalität gegenüber dem Führer und dem Bestreben der Männer, sich ihren Anteil an der Beute zu sichern.

MULTINATIONALE TRUPPE

Zu Hannibals Armee gehörten libysche Phönizier, Numider, Iberer, Keltiberer und Balearen. Beim Marsch in Richtung Italien schlossen sich Gallier und verschiedene italienische Städte als Verbündete an. Die Libyer waren geschickte Speerwerfer. Die Numider konnten als hervorragende Reiter ihre Speere in vollem Galopp werfen und bildeten den größten Teil der Kavallerie. Die Iberer kämpften mit kurzen Schwertern, die Balearen als Schleuderer. Zudem setzte die Armee noch Elefanten und Streitwagen ein.

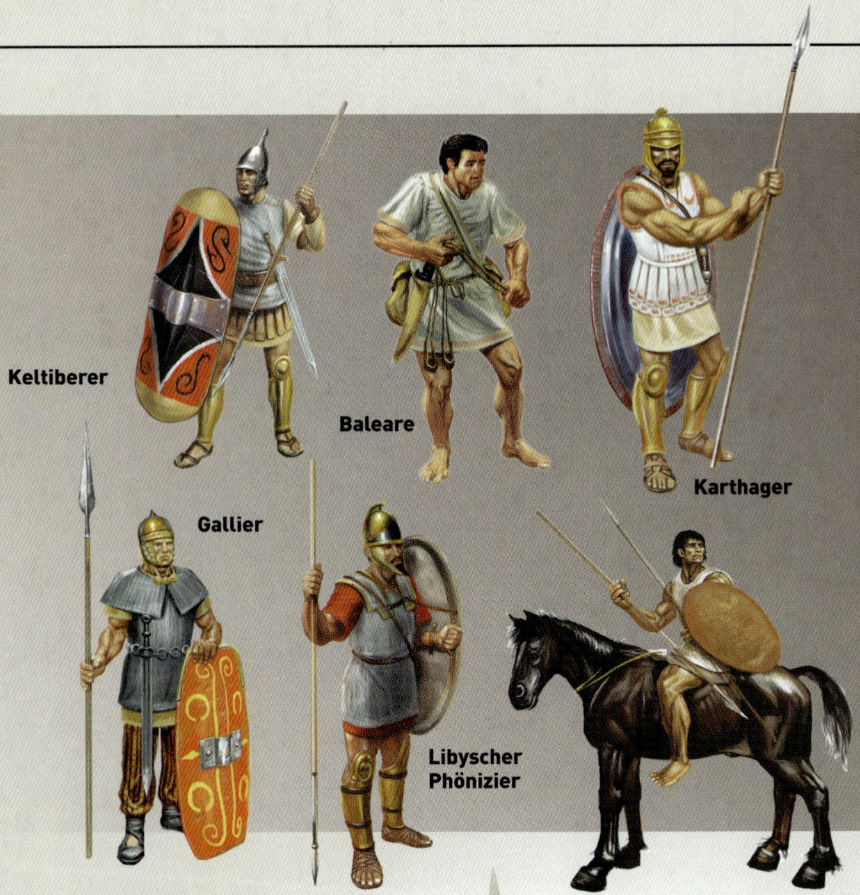

Offiziere Generell besetzen gebürtige Karthager die obersten Ränge, doch es gibt auch einige griechische Generäle zur Ausbildung der Truppen.

Iberer Sie sind, ob zu Pferd oder zu Fuß, hochgeschätzte Krieger. In der Zeit Hannibals werden sie zur entscheidenden dynamischen Kraft.

Streitwagen

In Mesopotamien nutzte man von Eseln gezogene Karren bereits im 2. Jahrtausend v. Chr. für militärische Zwecke. Ursprünglich dienten diese Streitwagen dazu, die gegnerische Infanterielinie anzugreifen, sie zu durchbrechen und den zurückweichenden Gegner zu verfolgen. Die späteren Modelle waren leichter, schneller und wendiger und dienten als entscheidende taktische Waffe. Schließlich kamen sie im gesamten Nahen Osten zum Einsatz.

Sumerer

Ihnen schreibt man die erstmalige Nutzung von Karren für rein kriegerische Zwecke und nicht nur als Transportmittel zu. Bei Kriegen zwischen den Stadtstaaten wurden sie häufig verwendet.

Radtyp ▸ Solides Holz

Anzahl der Räder ▸ 4

Zugtiere ▸ 4 Wildesel

Besatzung

Karrenaufsatz Der aus Holz gefertigte, mit Ledergurten und Kupferbolzen verstärkte Aufbau ist sehr schwer.

Scheibenräder Die schweren Räder mit 50 bis 80 cm Durchmesser werden von Lederriemen zusammengehalten und mit Kupferbolzen befestigt.

Hethiter

Das heutige Anatolien war vom 18. bis 12. Jahrhundert v. Chr. das Kernland dieser Kultur. Die Hethiter perfektionierten den leichten Streitwagen und machten ihn zu ihrer Hauptwaffe.

Radtyp ▸ Aus Holz und Eisen

Anzahl der Räder ▸ 2

Zugtiere ▸ 2 Pferde

Besatzung

Leichte Räder Die Hethiter führen das Speichenrad ein.

Metall Die großen Räder mit acht Speichen und stabilen Eisenfelgen bieten Vorteile unter Gefechtsbedingungen.

Assyrer

Um das 8. Jahrhundert v. Chr. setzten die Assyrer robuste Streitwagen mit großen Rädern und Schilden vermutlich in vorderster Schlachtreihe ein.

Radtyp ▸ Aus Holz und Eisen

Anzahl der Räder ▸ 2

Zugtiere ▸ 2, 3 oder 4 Pferde

Besatzung

Ägypter

Die Ägypter perfektionierten die von den Hyksos benutzten Streitwagen und machten sie zu mobilen Plattformen für Bogenschützen und Speerwerfer.

Radtyp ▸ Aus Holz und Eisen

Anzahl der Räder ▸ 2

Zugtiere ▸ 2 Pferde

Besatzung

VERSCHIEBUNG
Der Aufbau wurde vor die Achse verlegt, was die Manövrierbarkeit verbesserte. Ohne Beeinträchtigung der Stabilität waren so scharfe Kurvenfahrten möglich.

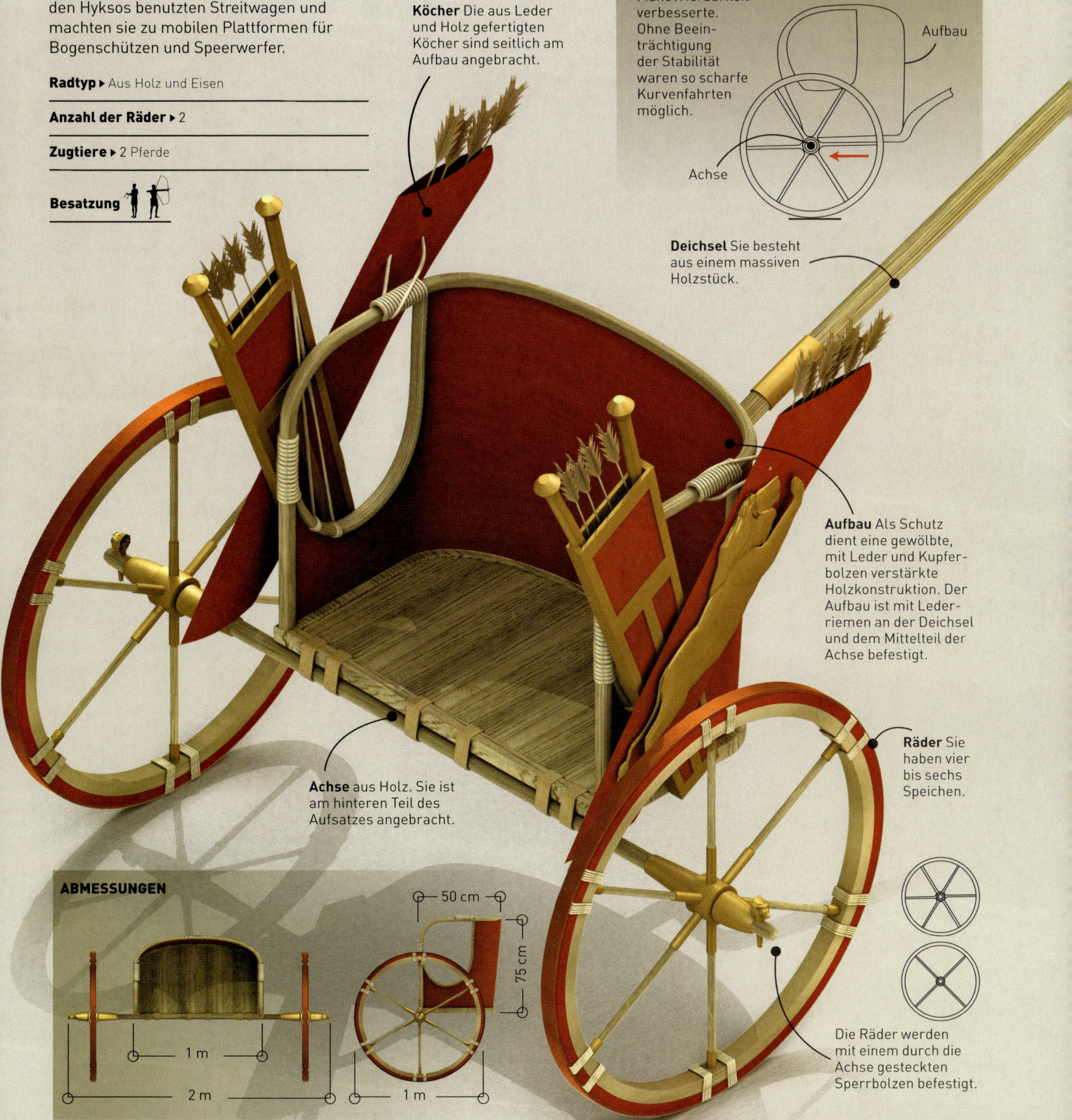

IM DIENST DES PHARAOS

Für die Zeit des Alten Reichs gibt es in Ägypten keinen Hinweis auf die Existenz einer richtigen Armee. In dieser Epoche (2686–2160 v. Chr.) bildeten die Truppen eine Garnison zum Schutz des als Gott verehrten Pharaos. Die Waffen waren sehr einfache Speere und Keulen mit Stein- und Knochenspitzen. Außerdem stand dem Herrscher eine Gruppe von Nubiern und Libyern mit einfachen Bogen zur Seite. Im Kriegsfall wurden die Einwohner der Provinzen eingezogen.

Erst im Mittleren Reich (2055–1640 v. Chr.), als die Ägypter ganz Nubien und einen Großteil der Levante beherrschten, existierte ein stehendes Heer, in dem Soldaten und nicht nur fallweise rekrutierte Bürger dienten. Die Krieger bildeten eine eigene Gesellschaftsgruppe. Die Pharaonen in Theben unterschieden zwischen Generälen und Soldaten, was in besonderen Waffen und Ehrenzeichen seinen Ausdruck fand, etwa im vom König verliehenen, als Halskette getragenen Ehrengold. Fortan erschienen die Pharaonen in Darstellungen als Krieger, begleitet von adeligen Soldaten. Diese benutzten Speere und Äxte aus Kupfer, dazu Bogen und Dolche, verschiedene Pfeile und Holzschilde. Ein Quartiermeister organisierte den Nachschub der Truppen.

Um 1700 v. Chr., als die Einfälle der Hyksos ins Land begannen, gelangten auch Neuerungen wie Eisen, Pferde und Streitwagen nach Ägypten. Doch erst im Neuen Reich (1570–1070 v. Chr.) nutzte man diese Innovationen in großem Stil für das Militär.

Es entwickelte sich eine militärische Erbaristokratie. Die Armee war in vier bewaffneten Verbänden organisiert, die unter dem Schutz der Götter Amun, Ra, Ptah und Seth standen. Jede Einheit umfasste 10 000 Mann und wurde im Kampf durch leichte, von zwei Pferden gezogene Streitwagen unterstützt, was sie praktisch unbesiegbar machte. Die Kämpfer waren mit einem Schwert *(chepesch)*, Helm, Schild und einem Plattenpanzer aus Metall ausgerüstet. Und es kamen erstmals Kriegstaktiken zum Einsatz: Man wählte ein geeignetes Schlachtfeld aus und formierte die Truppen, um in Blöcken zu jeweils 100 Mann anzugreifen, die von Streitwagen mit einem oder zwei Bogenschützen gedeckt wurden. Adel und Berufssoldaten benutzten aus Holz, Fasern und Horn gefertigte Bogen.

Die berühmteste Schlacht dieser Zeit war jene bei Kadesch (1275 v. Chr.), bei der die Truppen von Ramses II. mit den Hethitern um die Kontrolle über Syrien und den Libanon stritten. Ramses ließ das Ereignis auf vielen Tempelwänden festhalten, um die Leistung der Ägypter zu rühmen. Tatsächlich blieb Kadesch aber nach einem Friedensvertrag – dem ersten belegten Friedensvertrag der Geschichte – weiterhin in Hand des Gegners.

Die ägyptischen Soldaten

Über Jahrhunderte wirkte Ägyptens Topografie wie eine natürliche Verteidigung, und als ägyptische Soldaten dienten eingezogene Bauern. Doch die Invasion der Hyksos im 17. Jahrhundert v. Chr. und die schnelle Eroberung Unterägyptens machten die Notwendigkeit einer professionellen Armee deutlich. Oberägypten lernte schnell. Die Vertreibung der Hyksos und die Gründung des Neuen Reichs gingen mit der Schaffung einer gut trainierten und ausgerüsteten Armee einher, die mächtigen Rivalen wie Hethitern und Mitanni gewachsen war.

Pfeil und Speer

Die ägyptischen Armeen des Neuen Reichs bestanden aus gewaltigen Formationen von Speerwerfern, die durch ebenso viele Bogenschützen und einige Streitwagen – als besonders wirkungsvolle Waffe – unterstützt wurden. Die Infanterie folgte bei der Schlacht einem recht einfachen Schema: Zunächst feuerten die Bogenschützen einen Pfeilhagel auf den Gegner ab, danach waren die Speerwerfer an der Reihe. Nach Abwurf der Speere kämpften sie mit Äxten, Schwertern und Keulen Mann gegen Mann weiter.

KRIEGSZEICHEN
Der Standartenträger kündigte den Aufbruch der Truppen an und trug das Abzeichen der jeweiligen Kompanie. Üblich waren Standarten in Fächerform.

Das Kriegszeichen sorgt für ein organisiertes Vorgehen der Truppen.

Gewöhnlich dient ein heiliges Tier als Zeichen.

SÖLDNER
In den Armeen des Pharaos dienten auch Söldner, meist die als Bogenschützen berühmten Nubier (unten) und Libyer. Die Nubier benutzten Pfeile mit Feuersteinspitzen. Die zu den Seevölkern gehörenden Scherden fungierten als Leibwache des Pharaos.

ANDERE WAFFEN
Die ägyptischen Soldaten waren im Gebrauch aller Arten von Waffen trainiert, bildeten aber auf eine Waffenart spezialisierte Kompanien.

Bogen Der von den Hyksos übernommene Kompositbogen ist im Neuen Reich eine wichtige Waffe.

Dolch Bogenschützen nutzen Dolche mit Stein- oder Bronzeklingen als Handwaffe.

ABSCHIED, AUSBILDUNG UND KAMPF

In ihren Heimatorten wurden rekrutierte Soldaten wie Verstorbene verabschiedet, denn man wusste, man würde sie nie mehr wiedersehen. Vor ihnen stand eine harte Zeit der Ausbildung mit Wüstenmärschen und Nahkampftraining.

Die Schlacht bei Kadesch

Die Schlacht bei Kadesch wurde 1275 v. Chr. zwischen dem mächtigen ägyptischen Reich und einer von den Hethitern angeführte Allianz ausgetragen. Ihr Ziel war die Kontrolle über Straßen und Handel in der Region des heutigen Syriens. Tausende von Fußsoldaten und Streitwagen kämpften nahe der Stadt Kadesch. Die Schlacht endete ohne eindeutigen Sieger, doch sie gilt als erste große Konfrontation, bei der Kampfwagen eingesetzt wurden.

Riskante Manöver

Pharao Ramses II. rückte mit der Amun-Division vor, weil er seine Gegner weiter im Norden vermutete. Unter Führung von König Muwatalli führten die Hethiter einen Überraschungsangriff auf das Feldlager und die unvorbereiteten Divisionen der Ägypter aus. Dank ihrer schnellen Reaktion und ihrer leichten, wendigen Streitwagen gelang es den Ägyptern aber, den feindlichen Angriff zurückzuschlagen.

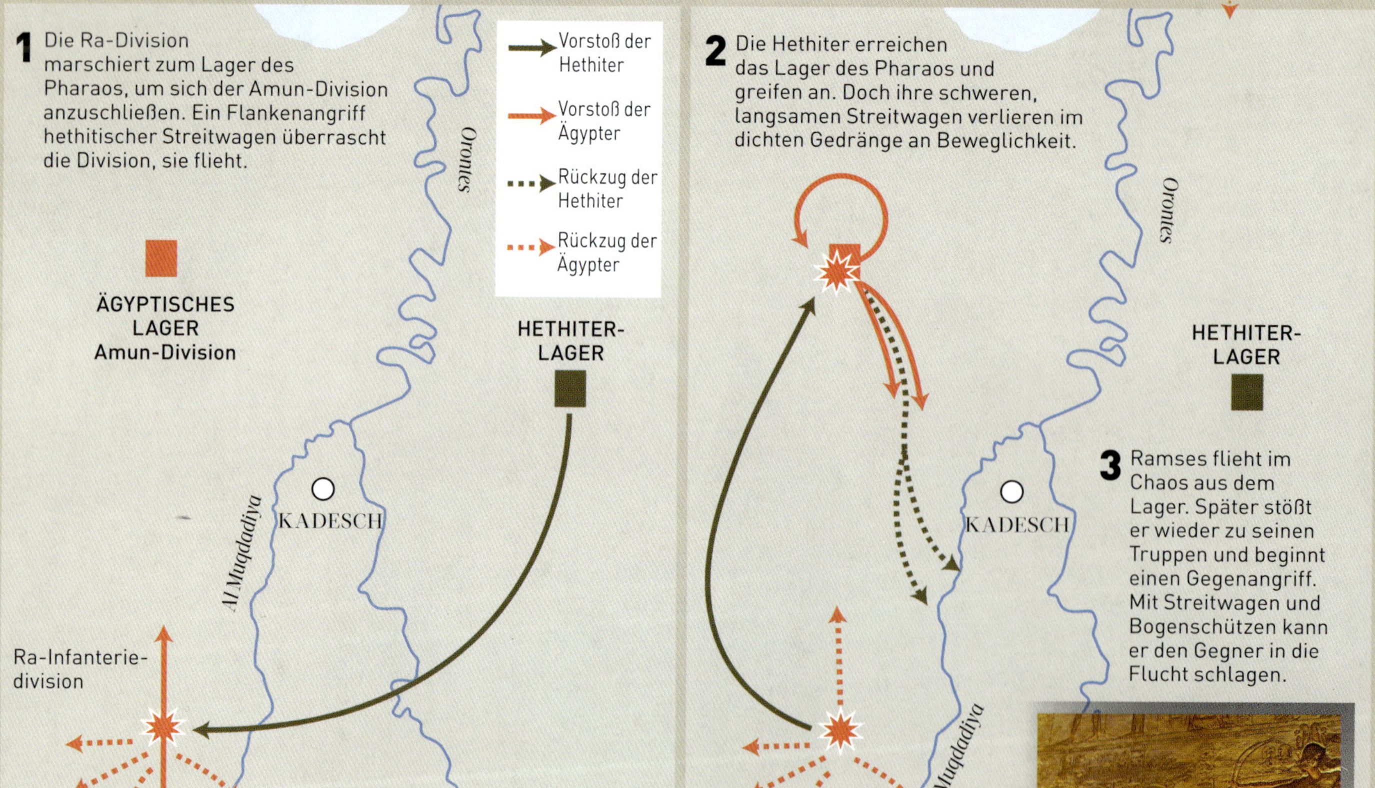

KRÄFTEVERHÄLTNIS

Ägypter	Hethiter
MANN ▸ 20 000	**MANN** ▸ 40 000
STREITWAGEN ▸ 2000	**STREITWAGEN** ▸ 3500

Pharao in Aktion
Ägyptisches Relief mit Ramses II. im Kampfgetümmel

Das Ergebnis

Die Ägypter konnten zwar die Hethiter in die Flucht schlagen, nicht aber die Kontrolle über Kadesch erringen. Rund 15 Jahre später unterzeichneten beide Parteien in der Stadt den ersten überlieferten Friedensvertrag der Geschichte.

DIE BEFEHLSHABER RAMSES II. UND MUWATALLI II.

Sie waren die mächtigsten Herrscher ihrer Zeit, und die Historie räumte dem Ägypter, dessen Mumie im Museum in Kairo ruht, einen herausgehobenen Platz ein.

ANGRIFFSTAKTIK: STREITWAGEN GEGEN STREITWAGEN

Der Kampf beginnt mit einer Attacke auf den gegnerischen Streitwagen. Es folgt der Rückzug, damit der Bogenschütze zum Schuss kommt, und anschließend ein neuer Angriff.

4 Muwatalli schickt weitere Truppen, doch Amoriter in Diensten des Pharaos kommen als Verstärkung von Norden und können die Hethiter ausschalten.

5 Die Seth- und Ptah-Divisionen treffen ein. Zusammen mit Ramses' Division versetzen sie den Hethitern den entscheidenden Schlag.

ANGRIFFSTAKTIK: STREITWAGEN GEGEN INFANTERIE

Die Streitwagen attackieren die Infanterie und zerstreuen sie.

DIE GRIECHISCHE ARMEE

BEDROHLICHE HOPLITEN

Ab dem 8. Jahrhundert v. Chr. entwickelte sich in Griechenland mit Entstehung der Poleis (Stadtstaaten) die bis heute im Westen bekannte Militärpraxis. Aus der Bürgergemeinschaft von Bauern und Landbesitzern entstand in diesen Stadtstaaten das Bürgersoldatentum der Hopliten. Die bewaffneten Männer waren einander im Rang ebenbürtig und wurden in einer Phalanx aus mehreren Reihen aufgestellt. Die Bürgersoldaten kamen selbst für ihre Ausrüstung auf: Helm, Beinschienen (geformte Bronzeplatten zum Schutz der Beine), gewölbtes Schild, Panzer, Lanze mit Doppelspitze (die *sarissa* konnte auch noch verwendet werden, wenn sie zerbrach) und Kurzschwert.

Die Kampftechnik der Hopliten, die auf Massenangriffe und Nahkampf setzten, blieb bis zu den beiden Perserkriegen (490, 480–478 v. Chr.) weitgehend unverändert. Folgende Schlachten sind besonders erwähnenswert: In der Schlacht bei Marathon (490 v. Chr.) wurde Darius I. in der Küstenebene von Attika besiegt; in der Schlacht bei den Thermopylen (480 v. Chr.) schlug Xerxes I. die Spartaner; in der Schlacht bei Salamis (480 v. Chr.), einer der größten Seeschlachten dieser Zeit, vernichteten griechische Trieren mit Metallrammspornen am Bug die persische Flotte; in der Schlacht bei Platää (479 v. Chr.) boten die Griechen fast 70000 Krieger auf. Dabei variierte die Größe der griechischen Phalanx jeweils. Athener, Thebaner und Makedonier kämpften anfangs als kompakte Kampfeinheit von 4069 Mann in 16 Reihen zu jeweils 256 Mann. Die Spartaner formierten sich hingegen in vier, sechs und später acht Reihen. Ab dem 4. Jahrhundert kamen die Peltasten hinzu, leichte Fußsoldaten, die an den Flügeln oder in der Nachhut kämpften, und außerdem die *psiloi* – Bogenschützen, Steinschleuderer und Aufklärer, die eine Schlacht durch Plänkeleien eröffneten.

Die griechische Kavallerie entstand erst später. Man glaubte damals, wie es Xenophon ausdrückte, dass „nur Menschen mit schwächerer Konstitution und geringerem Drang nach Ruhm“ in den Sattel stiegen. Die Reiter, meist Adlige, standen immer im Dienst der Infanterie. Diese Tradition sollte im Westen über 1000 Jahre lang Bestand haben. Man weiß aber, dass Athen 476 v. Chr. über 300 berittene Hopliten als Flankenschutz seiner Infanterie verfügte.

Zur Zeit von Philipp II. hatten die Makedonier in ihre Armee bereits Spezialeinheiten aufgenommen, die Kriegsmaschinen bauten. Sie konstruierten große, auf Rollen zu bewegende Angriffstürme mit Rammböcken und Ballisten zum Abschießen von Steinen und Brandgeschossen. Alexander der Große integrierte die sogenannten Kataphrakten in seine Armee, Reiterschwadronen mit je 64 Mann.

Die Hopliten

Die Hopliten der griechischen Klassik waren Soldaten, die als schwere Infanterie in der typischen Phalanxformation antraten und über Jahrhunderte die Schlachtfelder dominierten. Ihren Namen verdanken sie ihrem Schild *(hoplon)*. Abgesehen von den „professionellen" Spartanern, die von Kindheit an einem strengen staatlichen Militärdrill unterstanden, waren die übrigen Hopliten Freiwillige und griffen zu den Waffen, sobald ihr Stadtstaat bedroht oder attackiert wurde.

Bürgersoldaten

Wohlhabendere Bürger, die sich eine komplette militärische Ausrüstung leisten konnten, dienten in der schweren Infanterie. Weniger Begüterte setzten als leichte Infanterie dem Feind mit Speeren und Steinschleudern zu. Die Bedeutung der Hopliten als Soldaten und der Phalanx als Kampfformation zeigte sich in den Perserkriegen im 5. Jahrhundert v. Chr. deutlich, als sie dank ihrer Disziplin und Kameradschaft den zahlenmäßig deutlich überlegenen Feind bezwingen konnten.

GESCHLOSSENE PHALANX
Eine Phalanx ist zwischen acht und zwölf Reihen tief. Jeder Hoplit deckt seine eigene Seite und die seines Kameraden ab.

Hoplon Der Schild besteht aus drei Schichten, jeweils eine aus Leder, Holz und Bronze, und wiegt bis zu 7 kg.

DIE BEDEUTUNG DES SCHILDS
Die Stärke der Phalanx lag in ihrer geschlossenen Formation, die Schild an Schild kämpfte. Alles hing von der Disziplin und Tapferkeit der Hopliten ab. Ein Aufbrechen der Schildfront im Feld galt als unehrenhaft, denn man sah darin ein Nachlassen des Mutes. Jeder, der diese Front aufbrach, ließ seine Kameraden schutzlos zurück.

BESONDERHEITEN SPARTAS

Der Militärstaat Sparta unterwarf seine männlichen Bürger von Kindheit an einer systematischen Militärausbildung. Die spartanischen Hopliten waren auf Lebenszeit als Krieger aktiv und an ihrem roten Umhang und dem Lambda auf dem Schild zu erkennen.

Die Schlacht bei den Thermopylen

480 v. Chr. fand eine der bekanntesten Schlachten der Geschichte statt. An den Thermopylen im heutigen Griechenland verteidigte eine kleine Armee der verbündeten Stadtstaaten, die aus 7000 Mann unter Führung von Athen und Sparta bestand, diese natürliche Engstelle gegen mehr als 200 000 Soldaten des Perserkönigs Xerxes. Die Griechen wurden schließlich bezwungen, konnten den Vormarsch der Perser aber um drei Tage verzögern und ihnen schwere Verluste beibringen.

Der Preis des Ruhms

Angesichts der persischen Übermacht zwangen die Griechen ihre Gegner zum Kampf in der engen Passage. Unter Führung des Spartanerkönigs Leonidas konnten sie diese Stellung zwei Tage lang halten, bis sie von hinten angegriffen wurden. Xerxes siegte, doch seine Invasionspläne scheiterten nach den Niederlagen bei Salamis im gleichen Jahr und bei Platäa im folgenden Jahr endgültig.

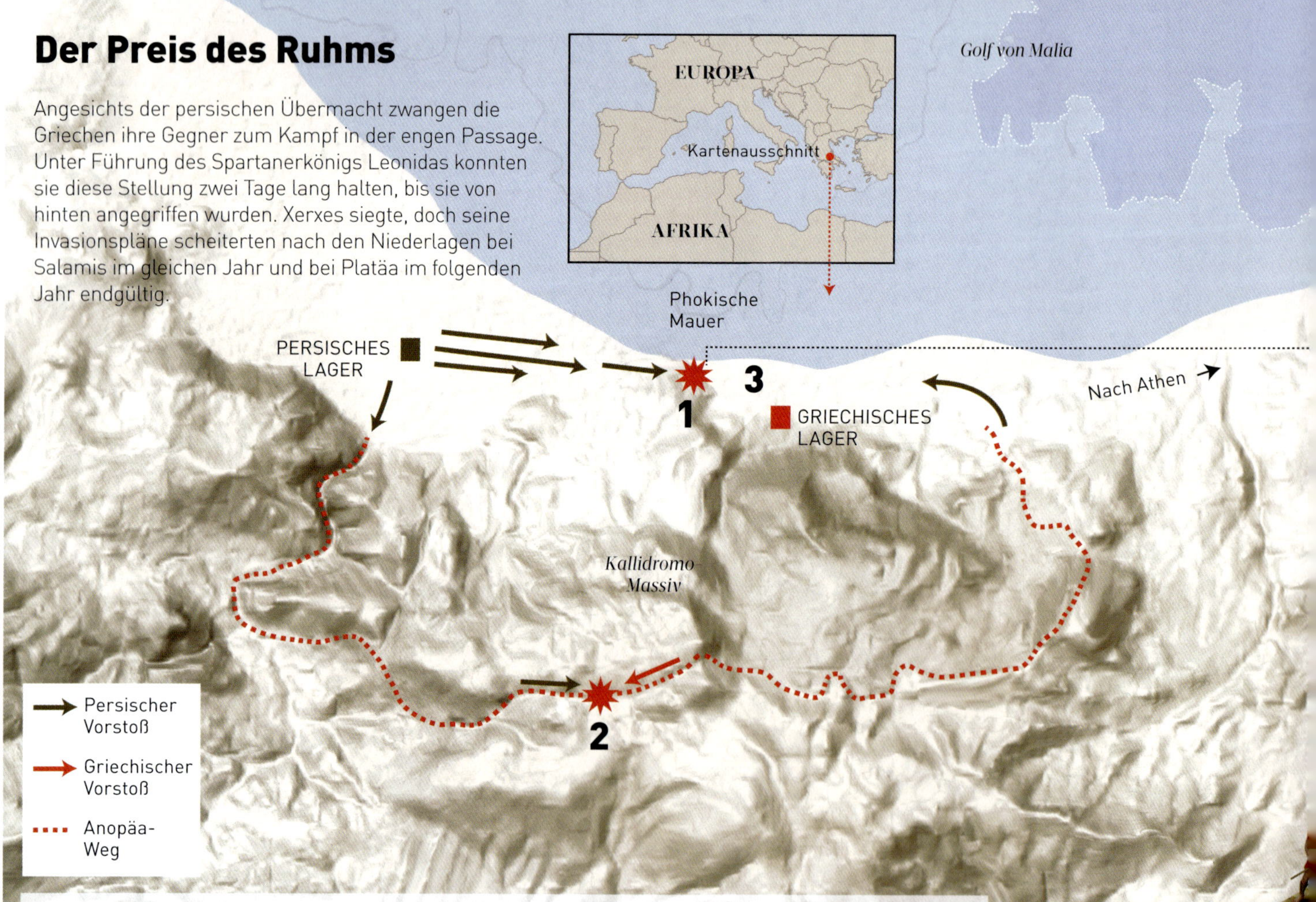

DIE SCHLACHT ENTWICKELT SICH

1 Die Griechen mit den Spartanern an der Front stellen sich den Persern an der phokischen Mauer in den Weg. Zwei Tage lang können sie die Passage blockieren und die Perser Mann um Mann dezimieren.

2 In der Nacht entsendet Leonidas 1000 Mann zum Schutz des Anopäa-Wegs. Xerxes erfährt von der Existenz dieses Wegs, über den er dem Gegner in den Rücken fallen kann. Er befiehlt einer Einheit seiner besten Männer, den Durchbruch zu versuchen.

3 Der Großteil der griechischen Soldaten zieht sich zurück. Nur 300 Spartaner und einige Hundert andere Hopliten halten die Stellung. Im Morgengrauen werden sie von Hunderten persischen Bogenschützen angegriffen und niedergemacht.

LEONIDAS
Der tapfere Spartanerkönig regierte sein Volk weniger als zehn Jahre. Er war etwa 60 Jahre alt, als er bei den Thermopylen fiel.

XERXES
Der damals etwa 40 Jahre alte Sohn von Darius I. griff die Invasionspläne in Griechenland wieder auf, die sein Vater einige Jahre zuvor, nach der Niederlage gegen die Griechen in Marathon, hatte aufgeben müssen.

Kräfteverhältnis

GRIECHEN

Mann ▸ 7000

Spartaner ▸ 300

PERSER

Mann ▸ 200 000

Unsterbliche ▸ 10 000

Bogenschützen ▸ 5000

Eine strategische Engstelle

Die Griechen wählten die Thermopylen, um die zahlenmäßige Überlegenheit der Perser wettzumachen. Die schmale Passage erlaubte es den Persern nicht, ein Massenaufgebot oder ihre starke Kavallerie einzusetzen.

Vergrößerter Bereich

Bogenschützen Laut Herodot sind es so viele, dass ihre Pfeile „das Licht der Sonne verdunkelten".

Phokische Mauer An der Passage der Thermopylen gibt es einen alten Steinwall. Leonidas befiehlt die Instandsetzung, um seine Truppen dahinter zu verschanzen. Am letzten Tag der Schlacht wird die Mauer aber fast ganz zerstört.

Die Spartaner Sie sind ein echtes Kriegervolk. Durch ihre langen Speere, die Helme und Schilde sind sie im Vorteil gegenüber der persischen Infanterie.

Die Unsterblichen Die Eliteeinheit des Xerxes wird von den Spartanern dezimiert.

Die griechische Triere

Die Trieren, mit drei Ruderreihen ausgestattete griechische Schiffe, beherrschten vom 6. bis zum 4. Jahrhundert v. Chr. das Mittelmeer. Diese Kriegsschiffe waren auch entscheidend in den Schlachten gegen die Perser. Dank ihrer Leichtigkeit und Schnelligkeit waren sie schnell in Position zu bringen, um gegnerische Schiffe zu rammen oder zu entern. In der Entscheidungsschlacht bei Salamis 480 v. Chr. besiegten rund 360 Trieren eine persische Flotte mit über 700 Schiffen.

Die Besatzung

Jedes Schiff wurde von einem Trierarchen kommandiert, einem wohlhabenden Bürger, der die Mannschaft anheuerte und bezahlte. Die Besatzung bestand aus 200 Mann, davon waren 170 Ruderer. An Bord gab es neben den Offizieren und Seeleuten meist 14 Soldaten (zehn schwere Infanteristen und vier Bogenschützen). Für Proviant fehlte es an Platz: Man hatte nur Verpflegung für drei Tage an Bord.

Technische Daten

Länge	36–37 m
Breite	3,6 m
Gewicht	46 Tonnen
Länge der Ruder	4,5 m
Durchschnittsgeschwindigkeit	9 km/h
Spitzengeschwindigkeit	15 km/h

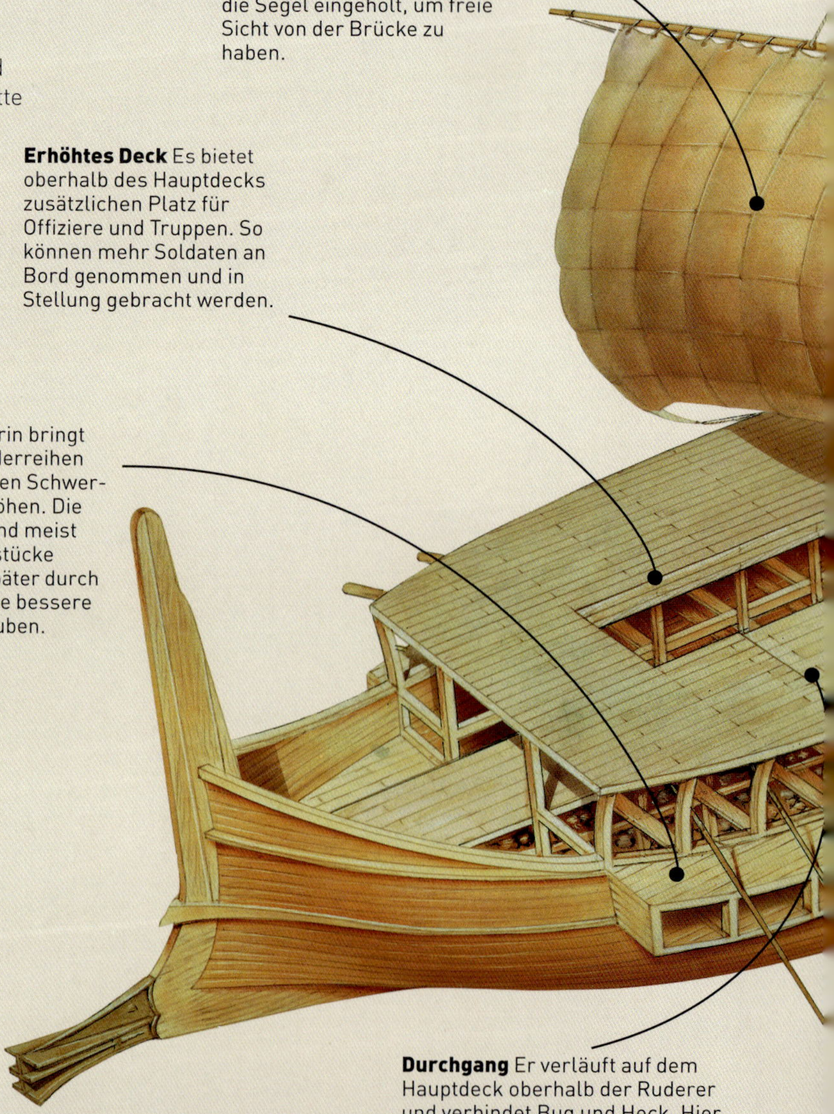

DER BUG
Im Seegefecht rammte die Triere gegnerische Schiffe mit einem dreigezackten, mit Bronze verkleideten Sporn aus Holz. Auf diese Weise riss sie ein Loch in die Schiffswand oder zerstörte die Ruder.

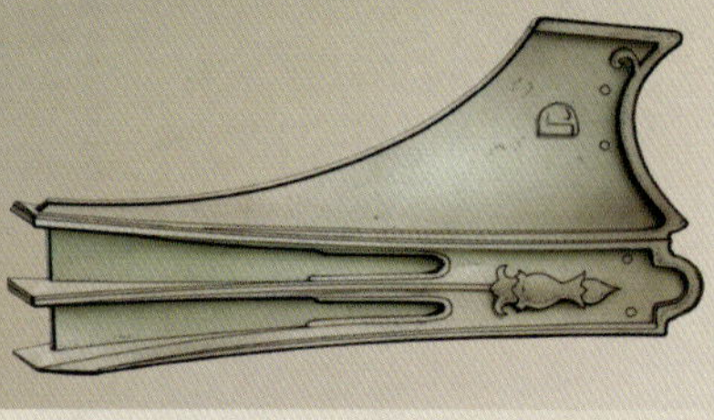

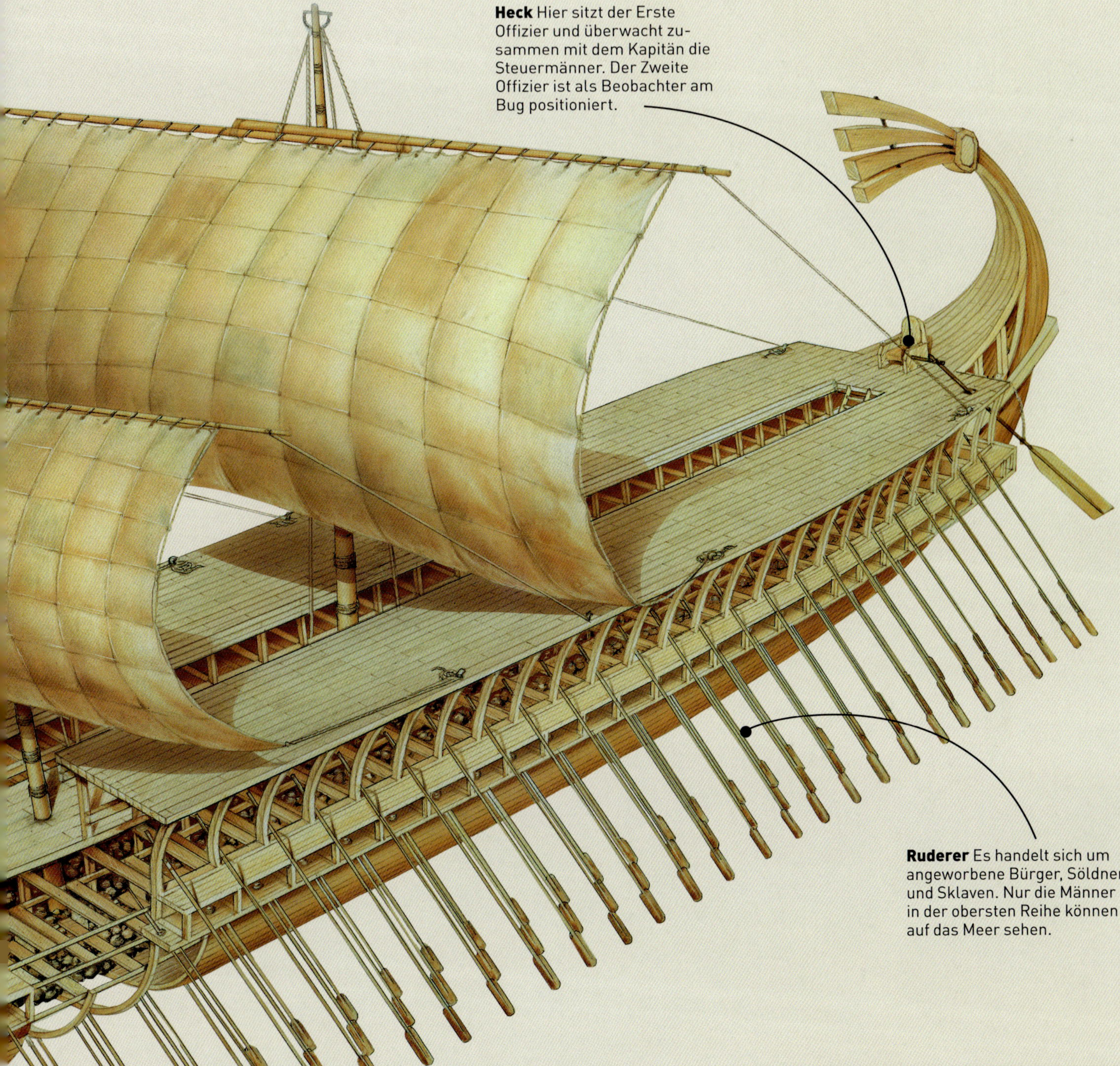

ANORDNUNG DER RUDERER

Die Anordnung der Ruderer war entscheidend für die höhere Effizienz der griechischen Schiffe. In phönizischen Schiffen mussten sich Ruderer der oberen Reihen stärker anstrengen. Die griechischen Trieren hatten Ausleger am Rumpf, die die Ruderarbeit erleichterten, ohne die Breite der Schiffe zu vergrößern.

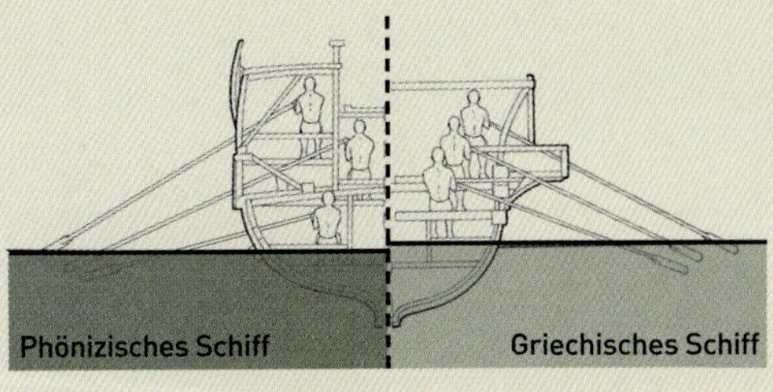

DIE RÖMISCHE ARMEE

DIE MACHT EINES IMPERIUMS

Rom, das in 500 Jahren von einem kleinen Stadtstaat des 4. Jahrhunderts v. Chr. zu einem riesigen Imperium heranwuchs, befand sich permanent im Krieg: zuerst mit seinen Nachbarn in Italien, dann mit Karthago und europäischen Völkern im Norden, Süden und Westen und schließlich mit den hellenistischen Königreichen im östlichen Mittelmeer. Roms Armee bestand zunächst aus bewaffneten Bürgern und wurde im Lauf der Jahre professioneller mit vom Staat bezahlten und ausgerüsteten Berufssoldaten, die einem strengen Training unterstanden. Sie übernahmen das etruskische Phalanxmodell und schufen daraus im 4. und 3. Jahrhundert v. Chr. den Kern der römischen Legionsordnung.

Die römische Armee entwickelte sich über fast 1000 Jahre und nahm mit der Zeit immer komplexere Strukturen an. Die Infanterie blieb stets die wichtigste Waffe. Eine Legion bestand aus 4200 bis 6000 Mann, die in 30 Blöcke aufgeteilt und in drei Linien aufgestellt wurden. Vorn standen die jungen, unerfahrenen Soldaten *(hastati)*, in der Mitte die älteren *(principes)* und ganz hinten die ältesten Männer mit der größten Kampferfahrung *(triarii)*. Alle waren sie mit einem Oberkörperpanzer, einem Helm mit Federbusch und einem Schild mit Eisenbuckel ausgestattet. *Hastati* und *principes* trugen einen aus Eisen und Holz gefertigten, fast 3 m langen Wurfspieß *(pilum)*, alle besaßen ein kurzes Schwert für den Nahkampf. Zur Legion gehörte auch eine adelige Kavallerie, die allerdings lange nachrangige Bedeutung hatte. Sie wurde meist als Vor- und Nachhut zum Schutz auf dem Marsch eingesetzt.

Die Römer verstanden es sehr gut, die jeweiligen Rollen von Soldaten und Offizieren zu definieren, die alle einer strengen Disziplin unterlagen. Generäle, Tribune, Konsuln, Präfekten, Zenturionen und Hauptleute hatten klare Zuständigkeiten. Dank Training, Disziplin, Strategie und perfekter Logistik konnte Rom seine unangefochtene militärische Überlegenheit über Jahrhunderte sichern. Durch wirtschaftliches Wachstum begünstigt, standen Straßen, Häfen, feste und mobile Lager, Hospitäler, Ärzte und Unterstützungseinrichtungen zur Verfügung, dazu eine Vielzahl von Waffen und Rüstungen. Die Römer konstruierten verschiedenste Belagerungsmaschinen, wie Türme, „Widder" genannte Rammböcke und Galerien zum Schutz vor Wurfgeschossen. Und sie setzten mit Katapult, Onager und Balliste für die damalige Zeit höchst raffinierte Wurfmaschinen ein, die 50 bis 100 kg schwere Geschosse bis zu 500 m weit schleudern konnten. Hinzu kam eine riesige Flotte mit Misenum im Golf von Neapel und Ravenna an der Mündung des Po als wichtigsten Häfen. Von den mit einem Turm ausgestatteten Schiffen konnten die Soldaten auch Projektile auf den Gegner abfeuern.

Die römischen Legionen

Die Legionen bildeten das Herz einer mächtigen Armee, die das Römische Reich absicherte. Ihre Überlegenheit auf dem Schlachtfeld und bei Belagerungen verdankte sie ihrer perfekten Organisation und strengen Disziplin. Die frührömische Armee bestand aus Bürgern, die dem Staat zeitweise dienten. Ab dem 2. Jahrhundert v. Chr. wurde daraus eine reguläre Armee mit gut ausgebildeten Berufssoldaten und einer sehr erfolgreichen Strategie.

Organisation

Die Infanterie als Kern der Legion bestand aus römischen Bürgern. Die maximal 6000 Mann einer Legion waren in Kohorten und diese wiederum in Zenturien organisiert. Während der Ausdehnung des Imperiums kamen noch Hilfstruppen aus Bogenschützen und Schleuderern hinzu, in denen Barbaren ohne römische Staatsbürgerschaft dienten, sowie Kavallerieeinheiten zum Schutz der Flanken.

ANGRIFFSFORMATION Im 4. Jahrhundert v. Chr. wurde das Kampftraining in drei Infanteriereihen eingeführt, die jeweils in schachbrettartig arrangierte Blöcke (Manipel) unterteilt waren. Später setzte man zehn Kohorten in vier Reihen ein. Im Schutz ihrer Schilde marschierten die Legionäre bis auf 15 m an den Feind heran. Dann schleuderten sie ihre Wurfspieße ab und rückten mit gezücktem Schwert weiter vor. Auf Befehl des Zenturios löste die zweite Reihe die ermattete Frontreihe ab und so weiter.

Aufbau einer Legion

Legion ▸ 107 Kohorten

Kohorte ▸ 6 Zenturien

Zenturie ▸ 10 Contubernia, befehligt von einem Zenturio

Contubernium ▸ 8 Männer, die sich ein Zelt oder eine Baracke teilen und zusammen essen

Unterschiede Was Ausrüstung oder Waffen betrifft, so unterschieden sich die Legionen nicht wesentlich von ihren Gegnern. Ihre Überlegenheit resultierte aus der strikten Disziplin und der Art und Weise, wie Militärtaktiken eingesetzt wurden.

DIE RÄNGE
Der Zenturio, der Kommandeur einer Zenturie, war ein zum Offizier aufgestiegener Legionär. Die höheren Stabsoffiziere entstammten der herrschenden Klasse. Ihre Funktion und Zahl veränderte sich mit der Erweiterung der Armee.

Legat Kommandant der Legion

Tribun Sechs pro Legion, verantwortlich für die Auswahl der Soldaten

Zenturio Kommandant einer Zenturie der Infanterie

Dekurio Kommandant einer Kavallerieabteilung

Professionalisierung

Um 107 v. Chr. reformierte Konsul Gaius Marius die Armee. Er öffnete die Legion auch für die unteren Klassen und führte für alle Legionäre die gleiche Ausrüstung und den gleichen Sold ein. Damit wurde die römische Armee zu einer Berufsarmee.

Legionäre

Die Legionäre waren römische Bürger, meist Freiwillige, die etwa mit 20 Jahren in die Armee eintraten: Dort erwartete sie ein magerer Sold, aber eine sichere Zukunft. Sie verpflichteten sich auf 25 Jahre, die letzen fünf davon als Reserve. Am Ende dieser langen Dienstzeit teilte man ihnen gewöhnlich ein Stück Land zu. Hartes Training und strenge Disziplin machten die Legionäre zum Rückgrat der römischen Militärmacht.

ZIVILE UND MILITÄRISCHE AUFGABEN
Die Legionäre erledigten viele zivile und militärische Arbeiten. Bei Feldzügen bauten sie Wälle, Bollwerke und mit Palisaden und Gräben gesicherte Forts. Durch den Bau von Brücken, Straßen und Aquädukten verbesserten sie auch die Infrastruktur im gesamten Imperium.

Pilum Dieser Wurfspieß besteht aus einer Eisenstange mit Vierkantspitze, die gegnerische Schilde und Panzer durchschlagen kann.

Sandalen Legionäre tragen sehr robuste sandalenartige Lederschuhe *(caligae)*, in kalten Regionen zusätzlich Ledersocken *(udones)*.

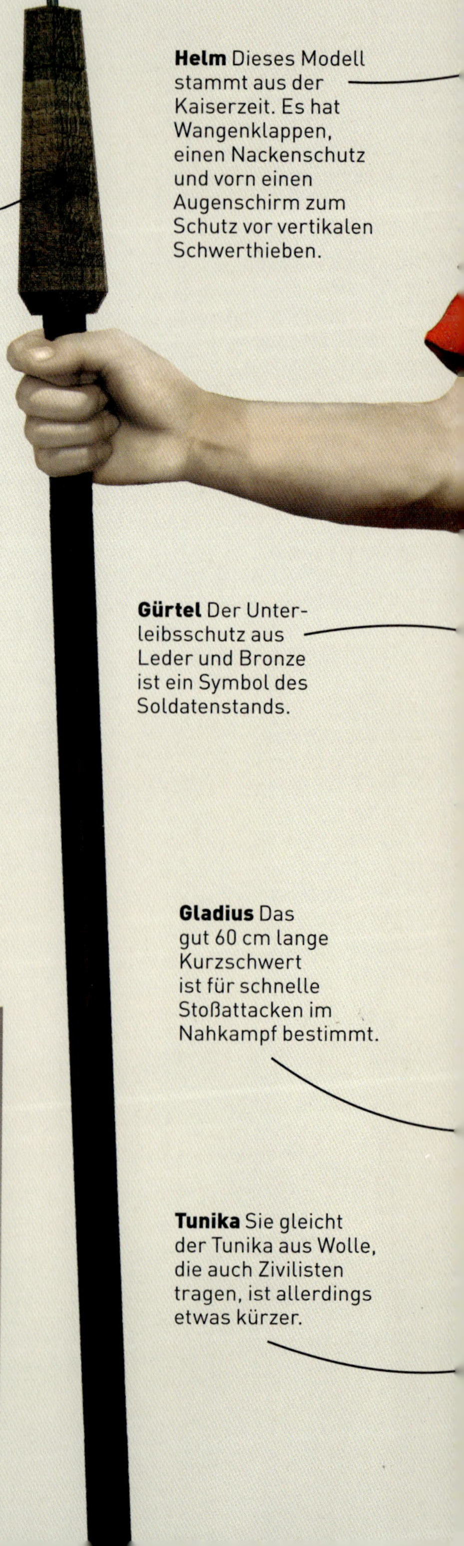

Helm Dieses Modell stammt aus der Kaiserzeit. Es hat Wangenklappen, einen Nackenschutz und vorn einen Augenschirm zum Schutz vor vertikalen Schwerthieben.

Gürtel Der Unterleibsschutz aus Leder und Bronze ist ein Symbol des Soldatenstands.

Gladius Das gut 60 cm lange Kurzschwert ist für schnelle Stoßattacken im Nahkampf bestimmt.

Tunika Sie gleicht der Tunika aus Wolle, die auch Zivilisten tragen, ist allerdings etwas kürzer.

LEBEN IM FELDLAGER
Im Kaiserreich verbrachten die Legionäre viel Zeit im Feldlager, wo sie täglich exerzierten und Alltagsaufgaben erfüllten. Hinzu kamen Patrouillen und der Schutz gefährdeter Gebiete.

Die Ausrüstung

Die Kampfausrüstung eines Legionärs mit Panzer, Waffen und Schild konnte mehr als 20 kg wiegen. Dazu trug er noch das Marschgepäck *(sarcina)* mit seinen persönlichen Habseligkeiten, Kochgeschirr, Proviant und verschiedensten Werkzeugen wie Hacke, Beil und Schaufel zum Bau von Lagern oder Befestigungen. Mit der rund 35 kg schweren Last wurden pro Tag 8 bis 32 km Marsch bewältigt.

Die Schlacht bei Cannae

Diese berühmte Schlacht wurde im Zweiten Punischen Krieg ausgetragen, in dem Rom mit Karthago um die Vorherrschaft im westlichen Mittelmeer kämpfte. 216 v. Chr. erlebte Rom bei dem apulischen Ort Cannae eine der schwersten militärischen Niederlagen seiner langen Geschichte. Seine zahlenmäßig deutlich überlegene Armee wurde von einer multiethnischen Streitmacht unter Kommando des Hannibal Barca ausgelöscht. Die von Hannibal eingesetzte Strategie wird bis heute an Militärakademien gelehrt.

Feldzug nach Italien

Um römischen Invasionsplänen in Hispanien zuvorzukommen, beschloss Hannibal einen Angriff auf die Römer auf ihrem eigenen Terrain. Er zog von Hispanien durch Gallien und überquerte mit 70 000 Mann die Alpen. Alle Abwehrversuche blieben erfolglos, die Karthager errangen Sieg um Sieg. Mit dem Ziel, die karthagische Armee ein für alle Mal auszuschalten, formierten die Römer eine gewaltige Streitmacht aus acht Legionen und zogen in die Schlacht bei Cannae.

HANNIBALS TAKTIK
In Cannae griff Hannibal zu einer Taktik der doppelten Einkesselung und vernichtete so die römische Armee. Dieses sogenannte Zangenmanöver bestand aus einem koordinierten Angriff von allen vier Seiten: an der Front, den beiden Flanken und im Rücken.

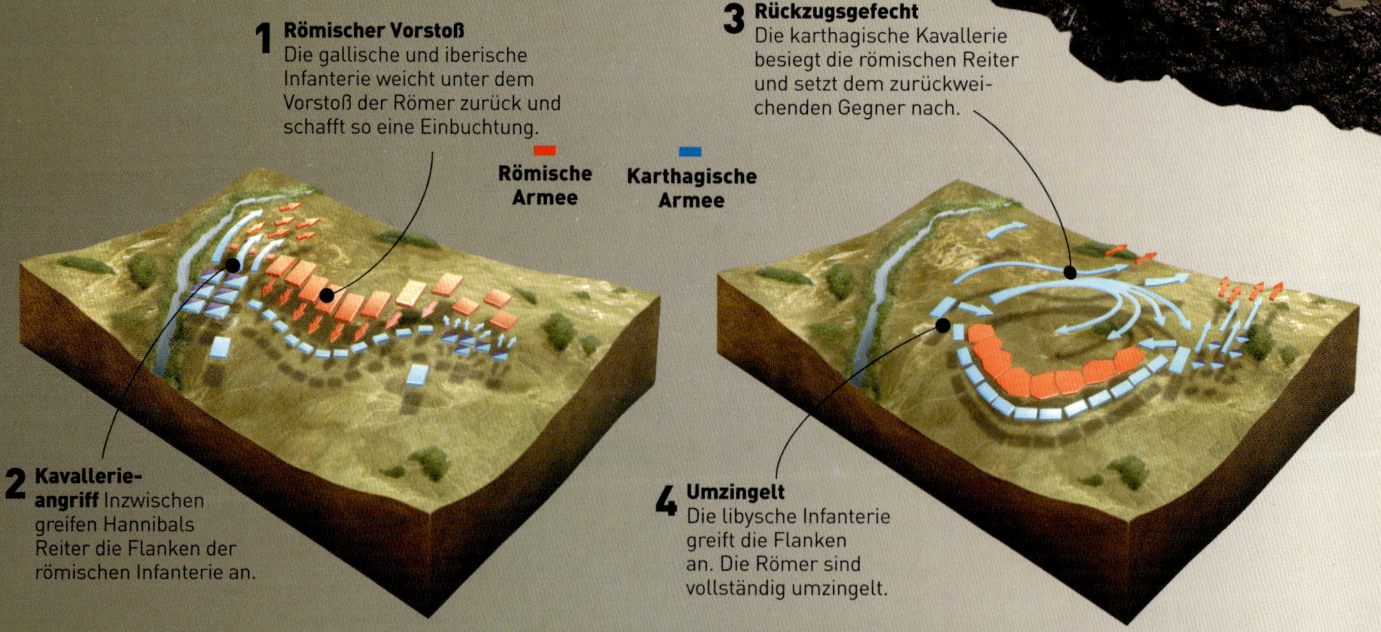

Tödliche Phalanx Die libysche Infanterie der Karthager ist als Phalanx formiert und attackiert von beiden Seiten.

Kein Ausweg Die Römer werden so eng zusammengedrängt, dass sie ihre Waffen nicht mehr einsetzen können.

Reiterangriff Die karthagische Kavallerie taucht von hinten auf und schneidet den Legionen den Rückzug ab.

DIE AKTEURE
Unter Führung der Konsuln Gaius Terentius Varro und Lucius Aemilius Paullus boten die Römer 86400 Mann auf: 80000 römische und italienische Infanteristen und 6400 Reiter. Hannibal verfügte über 50000 libysche, gallische, gaetulische und balearische Fußsoldaten und 10000 berittene Numider, Gallier und Iberer. Hannibal verlor nur 8000 Mann, die Römer beklagten dagegen rund 50000 Opfer.

RÖMISCHER GEGENANGRIFF
Nach der Niederlage bei Cannae vermieden die Römer eine Konfrontation mit Hannibal auf offenem Feld. Sie rüsteten auf und verlagerten den Konflikt nach Hispanien und in die von Karthago kontrollierten nordafrikanischen Gebiete. Der Sieg der Römer in der Schlacht bei Zama läutete das Ende Karthagos als Großmacht ein. Aber erst am Ende des Dritten Punischen Kriegs wurde es 146 v. Chr. besiegt und vollständig vernichtet.

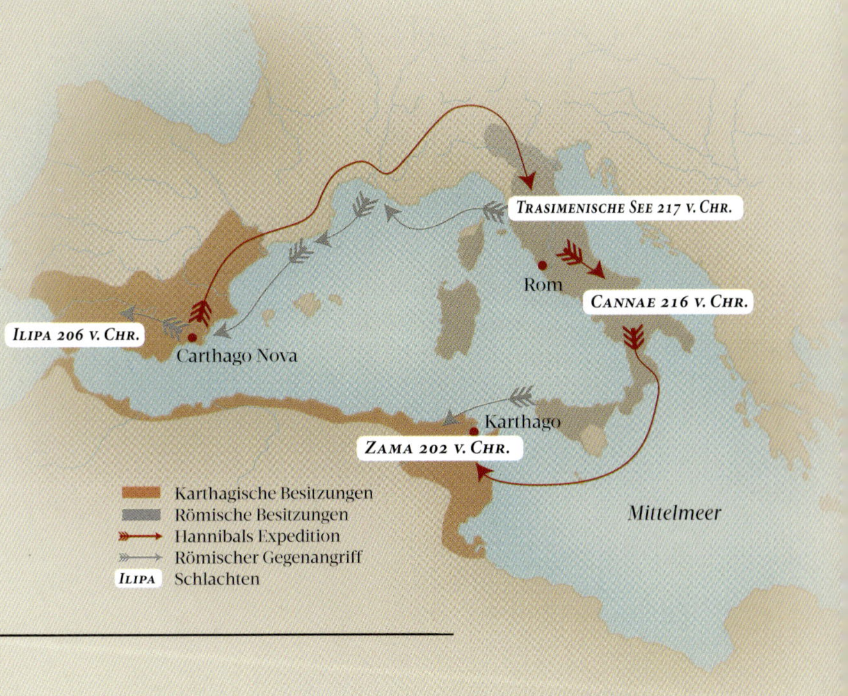

Die Schlacht um Alesia

Julius Cäsar wurde 58 v. Chr. zum Prokonsul in Gallien ernannt. Sein Feldzug dort verlief erfolgreich: Er unterwarf Helvetier, Belger und Germanen und stieß in den Südosten Britanniens vor. 54 v. Chr. sah er sich jedoch mit einem Aufstand gallischer Stämme unter Führung von Vercingetorix konfrontiert. Vercingetorix wurde 52 v. Chr. in Alesia vernichtend geschlagen: Rund 60 000 Legionäre bezwangen dort etwa 180 000 Gallier. Der Sieg in Alesia besiegelte die Eroberung Galliens durch Rom.

Der Belagerungsring

Im September 52 v. Chr. suchte Vercingetorix mit rund 60 000 Kämpfern Zuflucht in der befestigten Stadt Alesia, um dort auf Verstärkung gegen die Römer zu warten. Cäsar belagerte die Stadt und ließ einen inneren und äußeren Wall bauen. Die in Alesia gefangenen Gallier unternahmen vier Ausbruchsversuche, die aber alle fehlschlugen. Auch den eingetroffenen Entsatztruppen gelang es nicht, die äußere Verteidigungslinie der Römer zu durchbrechen.

Verteidigungstürme Auf ihnen sind Bogenschützen und Legionäre mit Wurfspießen positioniert.

Palisaden Zu den von den Römern erbauten Verteidigungsanlagen gehören Palisaden, Türme und Gräben.

CÄSARS TAKTIK

Während die Römer den inneren Belagerungsring bauten, gelang gallischen Reitern die Flucht, um Verstärkung zu holen. Cäsar errichtete daraufhin einen äußeren Ring zur Abwehr der Entsatztruppen. Als diese eintrafen, wurden die Römer an zwei Fronten attackiert. Die römische Kavallerie konnte aber die externen Unterstützungskräfte in die Flucht schlagen, Vercingetorix musste sich ergeben.

Römische Truppen

Gallischer Vorstoß

Römischer Vorstoß

1 Verstärkung Im dritten Monat der Belagerung treffen gallische Truppen als Verstärkung ein.

3 Römischer Angriff 6000 römische Reiter stürmen aus der Verteidigung, greifen das gallische Entsatzheer im Rücken an und schlagen es in die Flucht.

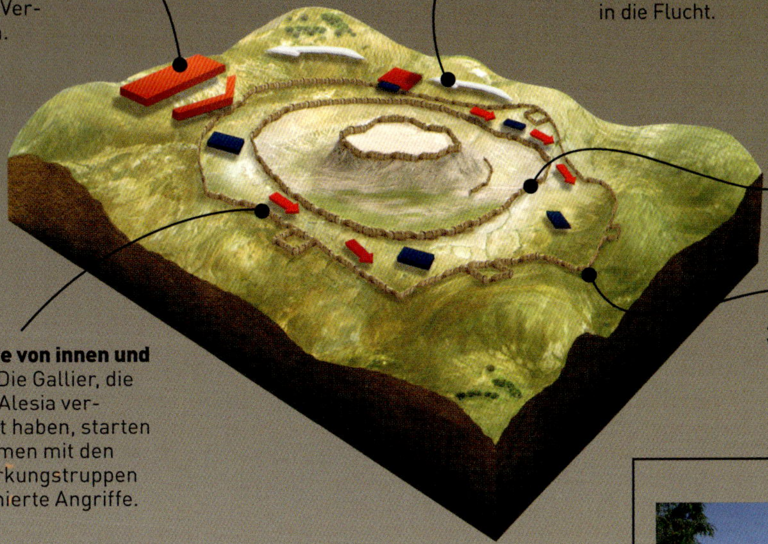

Innerer Belagerungsring

Äußerer Verteidigungsring

2 Angriffe von innen und außen Die Gallier, die sich in Alesia verschanzt haben, starten zusammen mit den Verstärkungstruppen koordinierte Angriffe.

Feuer und Tod Die Gallier versuchen, die Palisaden in Brand zu stecken.

Die Gallier Die mutigen Soldaten ihrer Kavallerie sind der größte Trumpf der Gallier.

KUNSTVOLLE BEFESTIGUNG

Die innere Befestigung war 4 m hoch und in Abständen von 120 m mit je einem Turm ausgestattet. Davor lagen ein v-förmiger Graben (6 m breit und 6 m tief) und ein weiterer, mit Wasser gefüllter Graben (4,5 m breit). Es folgten mehrere Gräben mit angespitzten Pfählen und in vorderster Linie eine Serie von Fallgruben mit Eisenspitzen.

Die Belagerung von Masada

Zwischen 66 und 73 n. Chr. kam es zum ersten von drei jüdischen Aufständen gegen die römische Herrschaft. Nach der Einnahme Jerusalems 72 n. Chr. flüchteten einige Rebellen in die Festung Masada am Toten Meer. Feldherr Flavius Silva wollte den Widerstand endgültig brechen und begann 73 v. Chr. mit der Belagerung und dem Angriff auf die Zitadelle. Masada konnte der Belagerung zwei Jahre lang standhalten und wurde zum Prüfstein für den Einfallsreichtum der römischen Belagerungs- und Angriffstaktiken.

Römische Taktik

Zur Vorbereitung der Belagerung und zur Abwehr eines Hinterhalts umgaben die Römer den Berg mit Lagern, Wällen und Türmen. Masada verfügte über genug Vorräte, um jahrelang Widerstand zu leisten. Also gingen die Römer in die Offensive: Sie bauten eine 600 m lange Rampe bis hoch zu den Mauern der Feste, schafften darüber einen Belagerungsturm heran und zerstörten mit einem Rammbock die Festungsmauern. Als die Römer die Bastion stürmten, hatten die meisten Verteidiger schon Selbstmord begangen. Versteckt in einer Zisterne fanden sich nur zwei Frauen und zwei Kinder.

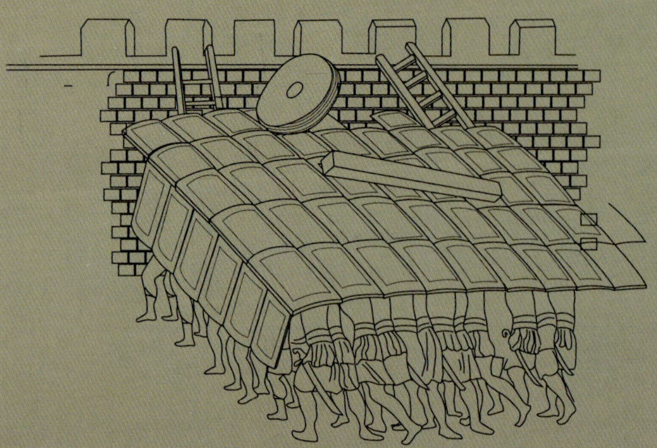

SCHILDKRÖTENFORMATION
Beim Angriff auf Befestigungen nahmen Legionäre die Schildkrötenformation *(testudo)* ein, indem sie ihre überlappenden Schilde zu einem massiven Schutzdach anordneten. So konnten sie sich beim Vorrücken gegen den Stein- und Pfeilhagel schützen, den ihre Gegner von Mauern und Türmen der belagerten Festung auf sie niedergehen ließen.

BELAGERUNGSMASCHINEN

Balliste
Die kleinsten Ballisten schießen Pfeile oder Speere ab, die großen können Steine fast 500 m weit schleudern.

Onager
Dieses Katapult schleudert bis zu 80 kg schwere Steine und Bitumenbrandsätze in die belagerte Stadt.

Skorpion Das Torsionsgeschütz kann Eisenprojektile bis zu 400 m weit schießen.

Die Festung Sie liegt auf einem 200 m hohen Tafelberg, hat zwei Paläste und ein Aquädukt. Geschützt wird sie durch eine umlaufende 5 m hohe Mauer mit 37 Türmen. Von dort aus attackieren ihre Verteidiger die römischen Belagerer.

Belagerungsturm
Die Katapulte sind zu schwach, um die Mauern zu zerstören. Die Legionäre müssen bis dicht an die Mauern vorrücken, um sie mit Rammböcken einzureißen.

KAPITEL 2

MITTELALTER

2 **EINLEITUNG**

RÖMISCHES ERBE

Die wesentlichen Aspekte von Organisation, Strategie und Militärtaktik im Mittelalter weisen eine erstaunliche Kontinuität mit der Zeit des Römischen Reichs auf. Dies gilt für den Abschnitt des Frühmittelalters vom 5. bis 10. Jahrhundert genauso wie weitgehend für das Spätmittelalter vom 11. bis 15. Jahrhundert und ändert sich erst mit der Entdeckung von Schießpulver und Feuerwaffen im 14. Jahrhundert. Diese Kontinuität hängt zum Teil damit zusammen, dass die von den Römern im Westen geschaffene Infrastruktur – ummauerte Städte, Forts, Häfen und Straßen – sich noch bis ins 15. Jahrhundert und darüber hinaus in gutem Zustand befand. Das Mittelalter war die Zeit der Burgen und Befestigungsanlagen, als Belagerung, Befreiung und Schlachten die westliche Kriegspraxis prägten.

Anfangs wurden häufig Zivilisten zu den Waffen gerufen. Adlige und Könige der römisch-germanischen Reiche warben unter ihren Vasallen, um diese zur Teilnahme an Feldzügen zu bewegen.

Im Byzantinischen Reich waren Armeen deutlich größer als zu Zeiten von Cäsar und Augustus. Diokletian befehligte 300 n. Chr. über 435 000 Mann. Um 430 könnten die west- und oströmischen Divisionen sogar 645 000 Soldaten umfasst haben. Byzanz, das 503 mit 52 000 Mann gegen Persien in den Krieg gezogen war, verfügte zur Zeit von Justinian (527–565) dann über 170 000 Soldaten.

Zwischen dem 7. und 12. Jahrhundert beherrschten drei Kulturen nebeneinander die verschiedenen Regionen des Okzidents. Von Norden führten die skandinavischen Wikinger zahlreiche Raubzüge gegen den Westen Europas. Sie waren furchtlose Krieger und hervorragende Seeleute mit schnellen, wendigen Schiffen. Ihre Taktik setzte auf Überraschungsangriffe mit anschließender Plünderung und rascher Flucht. Die Wikinger beherrschten Island, Norwegen, Schweden und Dänemark und ließen sich auch in Britannien und der Normandie nieder. Sie kämpften mit Speer, Schwert und Axt und trugen Kettenpanzer und Eisenhelme zum Schutz. Ihre Strategie bestand in einem Frontalangriff in der Keilerkopfformation *(svinfylking)*, bei der 20 bis 30 Krieger in keilförmiger Anordnung den Gegner attackierten.

Im heutigen Frankreich brachten die Franken nach Zusammenbruch des Römischen Reichs das Gebiet vom Nordosten Spaniens bis Dänemark, dazu den Norden Italiens unter ihre Kontrolle. Unter Pippin dem Jüngeren und seinem Sohn, Karl dem Großen, betrieben die Karolinger zwischen 751 und 814 ihre Expansionspolitik mit einer schwer bewaffneten Kavallerie. Ihre Armee setzte sich aus rund 150 000 Mann zusammen, darunter 35 000 Reiter. Ihre

Strategie bestand darin, eigene Städte zu halten, die der Nachbarn zu erobern und ihre neuen Hochburgen mit festen Garnisonen auszustatten. Aus diesem Grund sollten die militärischen Aktionen möglichst ohne größere Schäden ablaufen.

Im Nahen Osten entstand 620 der erste muslimische Staat, der sich rasch im Mittelmeerraum und nach Osten ausdehnte. 661 dominierte das arabische Omaijaden-Kalifat von Damaskus aus Ägypten, Persien, Syrien und Palästina. Innerhalb eines Jahrhunderts gelang ihm die Eroberung der gesamten afrikanischen Mittelmeerküste und der Iberischen Halbinsel, und es unternahm Vorstöße bis ins Zentrum Frankreichs. Möglich wurden diese Erfolge durch eine neue Form des Kriegs, den Dschihad („Heiliger Krieg“), durch eine gut organisierte Logistik (Kamele zum Transport von Ausrüstung und Verpflegung) und eine enorme Lernfähigkeit (man kopierte und verbesserte die byzantinische Militärtechnik). Die Omaijaden verfügten über eine Furcht einflößende Kavallerie und erfahrene Bogenschützen. Aber das Hauptkontingent ihrer Streitkräfte bildeten, speziell ab dem 9. Jahrhundert, überwiegend Sklaven.

Ab dem 9. Jahrhundert gewann die Kriegsführung zur See enorm an Bedeutung. Alfred der Große von Wessex (849–899), König der Angelsachsen, ließ spezielle Schiffe mit 60 Rudern zur Abwehr der Wikinger bauen, und die byzantinische Armada sicherte das Oströmische Reich. Christliche Seemächte wie Byzanz und Genua stellten eine 60 000 Mann starke Armee, die zwischen 1096 und 1099 zum Ersten Kreuzzug in den Nahen Osten aufbrach. Dies war vermutlich der schwierigste und komplexeste Feldzug einer abendländischen Streitmacht im Mittelalter.

In China richtete die Tang-Dynastie (618–907) in den ländlichen Gebieten ein System lokaler Milizen ein. Die Dienstzeit hing von der Entfernung zur Hauptstadt ab: Ab 250 km Entfernung musste man alle fünf Monate einen Monat dienen, ab 1000 km alle 18 Monate zwei. Die zunächst bestehende Organisation mit Einheiten von 1200 *(zhechongfu)*, 300 *(tuan)* und 10 Milizionären *(huo)*, die vor Ort arbeiteten und sich selbst versorgten, wurde im 8. Jahrhundert zugunsten von Vollzeitmilizen abgelöst. Dieses System setzte sich in der Song-Dynastie (960–1279) fort, deren Armee aus zwei Infanterieeinheiten – der Palastwache *(jinjun)* und den Grenztruppen *(xiangju)* – bestand, wobei der Elitetruppe Sheng Chuan eine besondere Rolle zukam. Bis 1041 wuchs die Truppenstärke auf 1,26 Millionen Mann an. Hinzu kamen neu erfundene Waffen wie die Armbrust, verschiedene schwere und leichte Katapulte sowie Explosiv- und Brandgeschosse. Die erste schrift-

liche Erwähnung von Schießpulver in China stammt aus dem Jahr 1044. Das Dokument berichtet von Rauch-, Brand- und Sprenggranaten *(pili huoqiu)*. Die Song nutzten Schießpulver zunächst für Brand- und Explosivbomben, später auch zum Abfeuern von Bleikugeln und Pfeilbündeln aus Bambusrohren. Es entstand auch eine Marine mit Hunderten von Schiffen, darunter speziellen Schlachtschiffen. Dennoch endete die Song-Dynastie mit der Eroberung Chinas durch den Mongolenführer Kublai Khan (1215–1294), der sich 1271 selbst zum ersten Kaiser der Yuan-Dynastie ausrief.

Kublai Khan war ein Enkel Dschingis Khans, der 1206 alle Mongolenstämme geeint hatte und eines der größten Reiche der Geschichte schuf: In seiner Blütezeit erstreckte es sich von Korea bis zur Donau.

Mit der Heian-Zeit (794–1185) begann in Japan der Aufstieg der Samurai, einer Kriegerklasse, die schwer bewaffnet den individuellen Kampf suchte. Die Samurai benutzten das *katana*, ein Langschwert, das als „Seele des Samurai" galt. Das leicht gebogene, aus vielen Lagen Eisen und Stahl geschmiedete Schwert besaß eine perfekte Klinge. Die Samurai waren exzellente Reiter und Bogenschützen. Ihr Ehrenkodex und ihre Einsatzbereitschaft waren legendär.

Im Europa des ausgehenden Mittelalters eröffnete der Hundertjährige Krieg (1337–1453) zwischen Engländern und Franzosen neue Aspekte der Kriegskunst. Zwar wurden auch große Schlachten bei Sluis, Crécy, Calais, Poitiers, Azincourt und Orléans ausgetragen, doch die Engländer setzten vorrangig auf Kavallerieangriffe kleinerer Einheiten von 2000 bis 3000 Mann, die sich gegen die Bevölkerung, ökonomische und soziale Strukturen, nicht aber gegen das feindliche Militär richteten. Eine wichtige Rolle spielten auch die Kriegsflotten und die Artillerie. Das Hauptkontingent der Armee bestand aus bezahlten Soldaten, meist Bogenschützen und Pikenieren zu Fuß.

Zeitleiste und wichtige Schlachten

Während des Mittelalters wandelte sich der klassische Kampfgedanke einer ritterlichen Konfrontation von Armeen zum Eroberungskrieg, der grundsätzlich auf die Vernichtung der Bevölkerung abzielte. Verbesserte Schiffe, Waffen und Rüstungen sorgten neben der Erfindung von Belagerungsmaschinen, Armbrüsten, Schießpulver und Feuerwaffen für ein tief greifendes Umdenken in der praktischen Kriegsführung und Geopolitik.

507 Die Franken unter Chlodwig bezwingen die Westgoten bei Vouillé.

555 Das oströmische Byzanz erobert nach den Ostgotischen Kriegen Teile von Italien zurück.

568 Italien fällt in die Hand der Langobarden.

614 Die Perser besetzen Jerusalem.

642 Einigung Chinas unter den Tang

711 Das Westgotenreich geht unter, die islamische Eroberung der Iberischen Halbinsel beginnt.

732 Die Franken unter Karl Martell schlagen die Araber bei Tours und Poitiers.

768 Karl der Große, König der Franken

778 Schlacht bei Roncesvalles: Die Basken besiegen ein fränkisches Heer.

790 Wikinger überfallen die Britischen Inseln.

911 Die Franken treten die Normandie an Wikingerführer Rollo ab.

929 Abd ar-Rahman III. begründet das Kalifat von Córdoba.

1055 Die Seldschuken nehmen Bagdad ein und kontrollieren fast den gesamten Nahen Osten.

1066 Schlacht bei Hastings: Die Normannen siegen über die Angelsachsen.

500 **1000**

527 Justinian I., byzantinischer Kaiser

537 Ostgoten belagern über ein Jahr lang Rom.

570 Mohammed wird geboren.

591 Byzanz erobert Armenien.

630 Anhänger Mohammeds nehmen Mekka ein.

656 Spaltung des Islam nach Ernennung von Ali ibn Abi Talib (Vetter und Schwiegersohn Mohammeds) zum Kalifen.

756 Abd ar-Rahman I. erklärt die Unabhängigkeit des Emirats al-Andalus von Bagdad.

800 Karl der Große wird in Rom zum Kaiser gekrönt.

845 Wikinger segeln die Seine hinauf.

960 Ende der Tang-Dynastie in China und Beginn der Sung-Dynastie

969 Kalif al-Hakim gründet Kairo.

1000 Die Wikinger erreichen Neufundland.

Denkmal für Leif Eriksson, den Entdecker Neufundlands (1853 errichtet).

DIE ARMEE, DIE GRANADA EROBERTE
In der spanischen Armee, die dem Nasridenkönig Boabdil im Januar 1492 die Stadt Granada abnahm, kam ein Reiter auf drei bis vier Fußsoldaten.

Kapitulation von Granada

EIN JAHR BELAGERUNG
Granada wurde 1491 belagert und fiel, weil König Ferdinand von Aragón es geschickt verstand, Zwietracht zwischen den Nasriden zu säen.

Dschingis Khan und seine Familie

1071
In der Schlacht bei Manzikert siegen die Seldschuken über die Byzantiner.

1128
Der Papst erkennt den Templerorden an.

1147
Papst Eugen III. ruft zum Zweiten Kreuzzug auf.

1192
Der Minamoto-Klan richtet das Shogunat in Japan ein.

1206
Dschingis Khan eint die Mongolen und schafft das Mongolenreich.

1279
Kublai Khan, ein Enkel Dschingis Khans, begründet die Yuan-Dynastie in China.

1280
Osman I. gründet das Osmanische Reich.

1314
Schlacht von Bannockburn: Die Schotten besiegen die Engländer.

1339
Ausbruch des Hundertjährigen Kriegs

1368
Aufstand der Roten Turbane gegen die Mongolen in China, Beginn der Ming-Dynastie

1400
In Europa trägt die Kavallerie eine Vollpanzerung.

1415
Schlacht von Azincourt: Die Engländer siegen über die Franzosen.

1429
Jeanne d'Arc schlägt die Engländer bei Orléans.

1492
Kolumbus segelt nach Amerika. Die katholischen Könige erobern Granada und beenden die islamische Präsenz auf der Iberischen Halbinsel.

1500

1095
Papst Urban II. ruft zum Ersten Kreuzzug gegen die Seldschuken auf.

1099
Die Kreuzfahrer erobern Jerusalem und gründen christliche Königreiche.

1180
Gempei-Krieg zwischen Klans in Japan

1187
Schlacht bei Hattin: Saladin erobert Jerusalem und bezwingt die Kreuzfahrer.

1241
Schlacht bei Muhi: Die Mongolen besiegen die Ungarn.

1258
Belagerung Bagdads: Hülegü, der Enkel Dschingis Khans, beendet das Abbasiden-Kalifat.

1304
Erste arabische Feuerwaffen

1291
Die Muslime nehmen Akkon, die letzte Bastion der Kreuzfahrer, ein.

1346
Schlacht von Crécy: Die Engländer besiegen die Franzosen.

1350
Feuerwaffen kommen nach Europa.

1380
Der Mongolenführer Tamerlan erobert Persien.

1396
Schlacht bei Nikopolis: Osmanen besiegen die christliche Koalition.

1488
Kaiser Hongzhi verstärkt die Große Mauer.

1453
Konstantinopel fällt an die Osmanen.

Kreuzfahrer in Jerusalem

Kolumbus und die katholischen Könige.

Berühmte Militärführer

Sie wirkten zu einer Zeit, als Rüstungen einen hohen Grad an Perfektion erreicht hatten und Burgen eine wichtige Rolle in bewaffneten Auseinandersetzungen spielten. Man führte Krieg, um Konflikte zwischen Lehnsherren oder Monarchen zu lösen, aber auch um mehr Wohlstand zu erlangen. Im Mittelalter erweiterten viele Königreiche ihr Territorium durch Feldzüge und wurden so zu Imperien. Ihre Führer gingen als große Eroberer in die Geschichte ein.

482–565

JUSTINIAN I.
Er regierte ab 527 als byzantinischer Kaiser und eroberte das ehemalige Reich Theoderichs von den Barbaren zurück. Sein Heerführer Belisar nahm Neapel und Rom für ihn ein. Durch die Pragmatische Sanktion von 554 integrierte er Italien in sein Reich und machte die Bischöfe zur höchsten zivilen Autorität in Rom.

747–814

KARL DER GROSSE – CAROLUS MAGNUS
Der König der Franken (768) und römische Kaiser (800) dehnte sein Reich über ganz Europa aus. Er eroberte das Langobardenreich, unterwarf die Sachsen, Alanen und Agilolfinger in Bayern. Er kämpfte auch erfolgreich gegen die Slawen jenseits der Elbe.

950–1003

ERIK DER ROTE, ERIK THORVALDSSON
Der Wikingerführer, Entdecker und Seefahrer landete 982 an der Küste Grönlands. 985 trafen dort Wikinger als Siedler ein, doch Konflikte mit Inuit und Piraten sowie die große Entfernung zur Heimat zwangen sie zum Rückzug.

1138–1193

SALAH AD-DIN YUSUF, SALADIN
Er gilt als Inbegriff von Ritterlichkeit. Nach seinem Sieg in der Schlacht bei Hattin eroberte er Jerusalem von den Kreuzfahrern zurück. Er verteidigte den sunnitischen Islam und einte den Nahen Osten durch die Eroberung von Ägypten, Syrien und Mesopotamien.

„Als ich jung war ... lehrte man, die Engländer wären unterwürfige Barbaren. Heute sind sie eine grimmige Kriegernation."

Francesco Petrarca, *Epistolae* (1361–1374).

KEIN EINZIGES GEBÄUDE BLIEB HEIL
Im gleichen Text schreibt Petrarca: „(Die Engländer) haben das ganze französische Königreich mit Feuer und Schwert so zugerichtet, dass (...) ich das Land nicht wiedererkannte. Außerhalb der Stadtmauern steht kein einziges Gebäude mehr."

1154–1184

MINAMOTO NO YOSHINAKA
Der japanische General der Heian-Zeit gehörte der Samuraifamilie der Minamoto an und löste durch seine Rebellion gegen den Taira-Klan den Gempei-Krieg aus. Nach seinem Sieg über die Taira in der Schlacht von Kurikara marschierte er nach Kioto. Er wurde in Awazu von seinen Cousins ermordet.

1157–1199

RICHARD I. VON ENGLAND
Richard Löwenherz, wie er genannt wurde, erhob sich mit den Franzosen gegen seinen Vater, um seinen Bruder Heinrich zum König zu machen. Nach der Niederlage wurde er Kreuzritter und bei seiner Rückkehr König von England (1189). Er schlug viele Aufstände gegen ihn nieder.

1162–1227

TEMÜDSCHIN, DSCHINGIS KHAN
Der Begründer des Mongolenreichs einte die Nomadenvölker im nördlichen Asien und startete Eroberungszüge nach Europa und zum Pazifik. Er beherrschte ganz China, eroberte das Choresmische Reich und stieß bis nach Persien und Afghanistan vor.

1371–1433

ZHENG HE
Der muslimische Eunuch stand in Diensten von Kaiser Yongle aus der chinesischen Ming-Dynastie. Er kommandierte die „Schatzflotte" mit 30 000 Mann, eine der größten Flotten der Geschichte. Ein „Schatzschiff" war rund 120 m lang und 50 m breit.

Mittelalterliche Waffen

Auf den Schlachtfeldern im Mittelalter kamen zunehmend perfektionierte Formen von Speeren, Keulen, Äxten und Bogen zum Einsatz. Ab dem 12. Jahrhundert tauchte mit der Armbrust ein wirkungsvolles Kriegsgerät auf. Das Schwert war die bevorzugte Waffe der mit schweren Panzern geschützten Ritter und zugleich ein Prestigeobjekt. Bereits im 14. Jahrhundert gab es die ersten Feuerwaffen, doch eine bedeutende Rolle sollten sie im Krieg erst ab dem 15. Jahrhundert spielen.

Schwerter

Das Schwert war die Waffe der Kavallerie und für die Krieger des Mittelalters ein wertvolles Objekt. Anfangs waren Schwerter schwer und stumpf, doch mit der beständigen Weiterentwicklung des Waffenarsenals wurden sie länger und schärfer. Die zu ihrer Herstellung erforderliche Metallbearbeitung war eine echte Kunst und verlieh dem Schwert und seinem Besitzer entsprechendes Prestige.

13. Jahrhundert Englisches Schwert Das Schwert ist 96 cm lang und hat eine zweischneidige Klinge aus Stahl.

11. Jahrhundert Spanisches Schwert
Es gehörte vermutlich El Campeador (El Cid), dem legendären Ritter und einer Symbolgestalt der Reconquista auf der Iberischen Halbinsel.

13. Jahrhundert Iberischer Säbel
Dieser Schwerttyp muslimischer Herkunft war im Mittelmeerraum sehr populär.

Samuraischwert
Das wegen seiner Perfektion bewunderte Schwert mit gebogener Klinge ist robust, aber nicht spröde.

Rüstung

Kettenpanzer und offene Helme wurden im Europa des 14. Jahrhunderts durch Plattenpanzer und geschlossene Helme abgelöst, die mehr Schutz und eine gewisse Bewegungsfreiheit boten. Solch teure Ausrüstungsteile konnten sich meist nur Adlige leisten.

Armbrust, Bogen und Pfeile

Von China aus verbreitete sich die Armbrust ab dem 12. Jahrhundert rasch im Westen und wurde zu einer wichtigen Angriffs- und Verteidigungswaffe. Bogenschützen, ob zu Fuß oder zu Pferd, waren ein entscheidender Teil damaliger Armeen: als Scharfschützen oder zum Abfeuern eines Pfeilhagels.

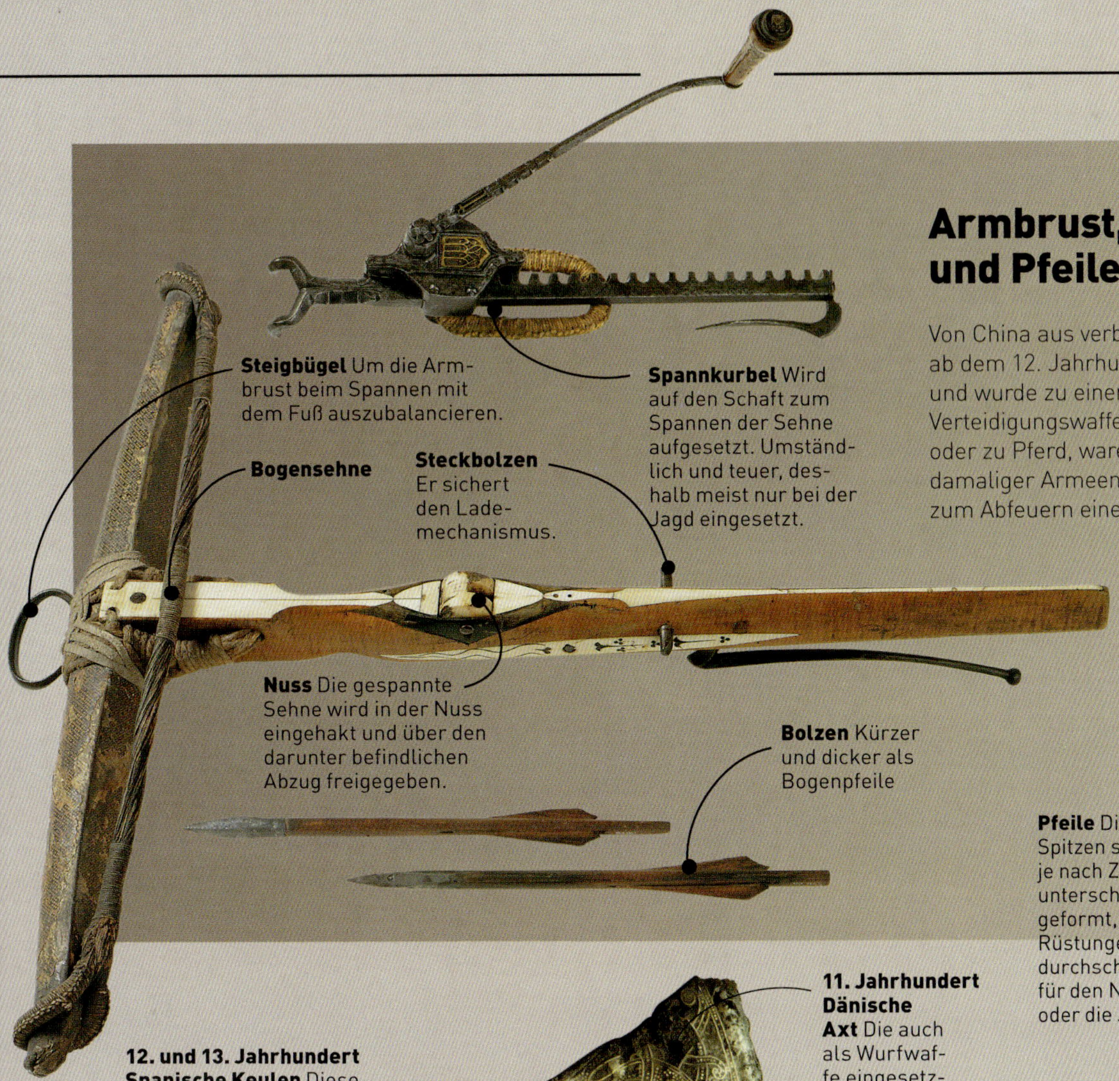

Steigbügel Um die Armbrust beim Spannen mit dem Fuß auszubalancieren.

Bogensehne

Steckbolzen Er sichert den Lademechanismus.

Spannkurbel Wird auf den Schaft zum Spannen der Sehne aufgesetzt. Umständlich und teuer, deshalb meist nur bei der Jagd eingesetzt.

Nuss Die gespannte Sehne wird in der Nuss eingehakt und über den darunter befindlichen Abzug freigegeben.

Bolzen Kürzer und dicker als Bogenpfeile

Bogen In der Schlacht wird meist der Langbogen eingesetzt. Er ist zwar schwierig zu handhaben, hat aber eine große Reichweite.

Pfeile Die Spitzen sind je nach Zweck unterschiedlich geformt, um Rüstungen zu durchschlagen, für den Nahkampf oder die Jagd.

11. Jahrhundert Dänische Axt Die auch als Wurfwaffe eingesetzte Axt ist das bevorzugte Kampfgerät der Wikinger.

12. und 13. Jahrhundert Spanische Keulen Diese Flegel sind so konstruiert, dass man damit Rüstungen und Helme zertrümmern kann.

Speer, Axt und Keule

Die im Nahkampf und bei Kavallerieattacken verwendeten Speere, Äxte und Keulen waren bei europäischen und asiatischen Armeen weit verbreitet. Mit ihnen konnte man sogar durch Rüstungen geschützte Soldaten schwer verwunden.

Spitze eines Wikingerspeers

Die Burg

Burgen waren befestigte Wohnsitze von Königen, Adligen und Lehnsherren. Meist wurden sie aus strategischen Gründen auf erhöhtem Gelände errichtet, um Bedrohungen und Angriffe von außen besser zu erkennen und abzuwehren. Bei bewaffneter Aggression und Belagerung diente die Burg auch Bauern des Gutes als Zuflucht. Verbesserte Offensivwaffen der Belagerer machten ab dem 13. Jahrhundert eine Anpassung von Burgenarchitektur und Verteidigungssystemen nötig.

ZINNEN

Durch Lücken zwischen den Zinnen der Wehrgänge waren Soldaten ungeschützt. Dieses Problem löste man im 13. Jahrhundert mithilfe sogenannter Schartenläden. Diese Holz- oder Metallsegmente waren herausnehmbar oder fest eingebaut.

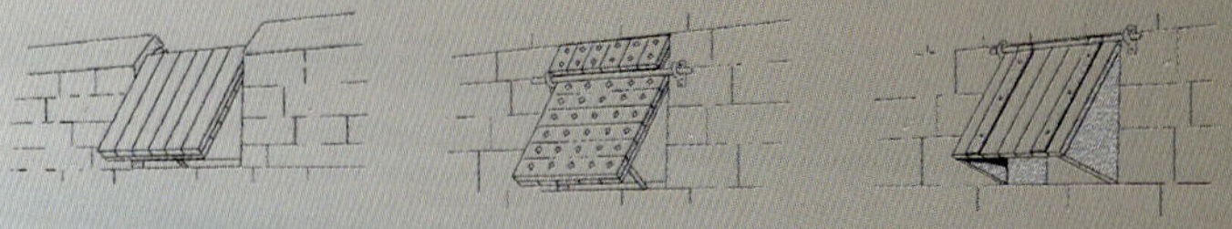

Englische Bogenschützen

Im Mittelalter waren die Ritter bis zu den Zähnen bewaffnet und durch eine bis zu 30 kg schwere Rüstung geschützt. Obwohl sie unbezwingbar schienen, gab es doch eine Waffe, die einen adeligen Ritter ausschalten konnte – den Langbogen, der zudem den unteren Klassen zugeordnet wurde. Die Waliser setzten ihn als Erste gegen Ende des 12. Jahrhunderts als Kriegswaffe ein. Im 13. Jahrhundert wurde der Bogen Teil der englischen Armeebewaffnung und im 14. Jahrhundert dann zur nationalen Waffe der Britischen Inseln.

Tödlicher Regen

Am Tag vor der Schlacht stellten die Bogenschützen zum Abschätzen der Entfernung noch Pfosten auf dem Schlachtfeld auf. Ihr Kommandant hatte eine Lanze mit Kerben, die den Schusswinkel für die jeweilige Entfernung anzeigte. Sobald der Gegner den ersten Pfosten erreichte, legte der Schützenkommandant seinen Bogen mithilfe der Lanze im richtigen Winkel an und gab den Schießbefehl. Die Pfeile prasselten als tödlicher Regen nieder. Zuerst nahm man die Pferde ins Visier, denn ein gestürzter Reiter war durch seine schwere Rüstung kaum beweglich und ein leichtes Ziel.

HISTORISCHE SIEGE
Im Hundertjährigen Krieg besiegten englische Bogenschützen in den Schlachten von Crécy (1346), Poitiers (1365) und Azincourt (1415) große französische Ritterarmeen. Im 16. Jahrhundert gab es wegen der Verbreitung der Feuerwaffen kaum noch Bogenschützen auf den Schlachtfeldern.

ALLGEMEINE MERKMALE

Die Wirkung der Bogenschützen bei einer Schlacht war vernichtend. Jean Froissart, Chronist der Schlacht bei Crécy, schrieb: „Sie schossen so viele Pfeile gleichzeitig ab, dass man den Eindruck hatte, es schneit."

Englische Flagge mit dem Georgskreuz

Farben der französischen Krone in der Schlacht bei Crécy

Eingesetzte Divisionen ▸ 1

Divisionsstärke ▸ Zwischen 5000 und 7000 Mann

Schussfrequenz ▸ Maximal zwölf Pfeile pro Minute

Im Gefecht ▸ Die Bogenschützen bevorzugten eine Seitenposition, um ein besseres Schussfeld zu haben, oder unebenes Gelände, das ihnen mehr Schutz bot.

PFEILSPITZEN

Pfeile mit langen Spitzen durchschlugen den Panzer der Ritter, solche mit Doppelspitze wurden gegen die Infanterie und auf kürzere Entfernungen eingesetzt.

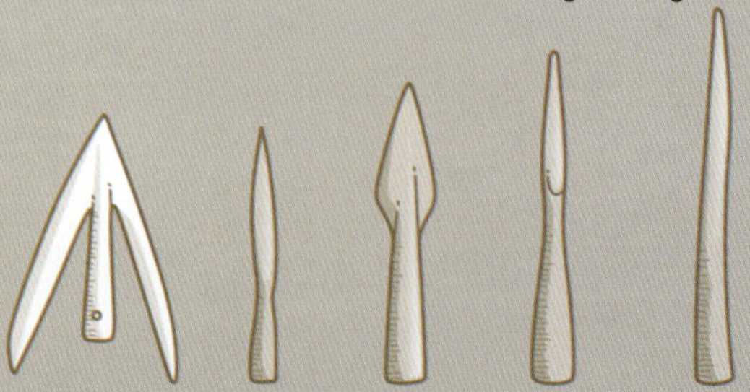

Langbogen Der rund 2 m lange Bogen ist aus massivem Eibenholz gefertigt.
Armschutz Er verhindert, dass die Sehne beim Loslassen den Arm verletzt.
Fingertabs Verhindern ein Einschneiden der gespannten Sehne in die Finger.
Buckler Kleiner Schild zum Schutz des Bogenschützen
Gambeson Ein wattierter und gesteppter Schutz aus mehreren Lagen Stoff
Helm Verbreitet sind die Modelle Zischägge, Beckenhaube und Schaller.
Schwert Wichtigste Waffe im Nahkampf
Dolch Der sogenannte Nierendolch hat eine zweischneidige Klinge.
Geldtasche Sie enthält die wenigen Besitztümer.
Pfeile Werden zum schnelleren Schießen vorn in den Boden gesteckt.
Pfosten Sie werden vor den Schützen eingerammt, um die Kavallerie zu stoppen.
Köcher Jeder Schütze hat ein Kontingent von 24 bis 36 Pfeilen, die jeweils im Dutzend gebündelt sind.

Die Schlacht bei Hastings

Im Oktober 1066 fiel Wilhelm der Eroberer, Herzog der Normandie, in England ein, um seinen Thronanspruch geltend zu machen. Mit dem Sieg in der Schlacht bei Hastings über König Harald II. sicherte er sich die Krone. Geschickt teilte Wilhelm seine Truppen aus Bogenschützen, Infanterie und Kavallerie auf, um die nur aus Fußtruppen bestehenden Angelsachsen anzugreifen. Die Schlacht, die den ganzen Tag dauerte und Tausende Tote forderte, führte die Bedeutung der Reiterei vor Augen.

Taktik

Wilhelm versuchte den ganzen Tag, die von Harald II. aufgestellten Linien zu durchbrechen. Frontalangriffe blieben erfolglos. Ein fingierter Rückzug und intensiver Pfeilbeschuss sicherten ihm schließlich den Sieg.

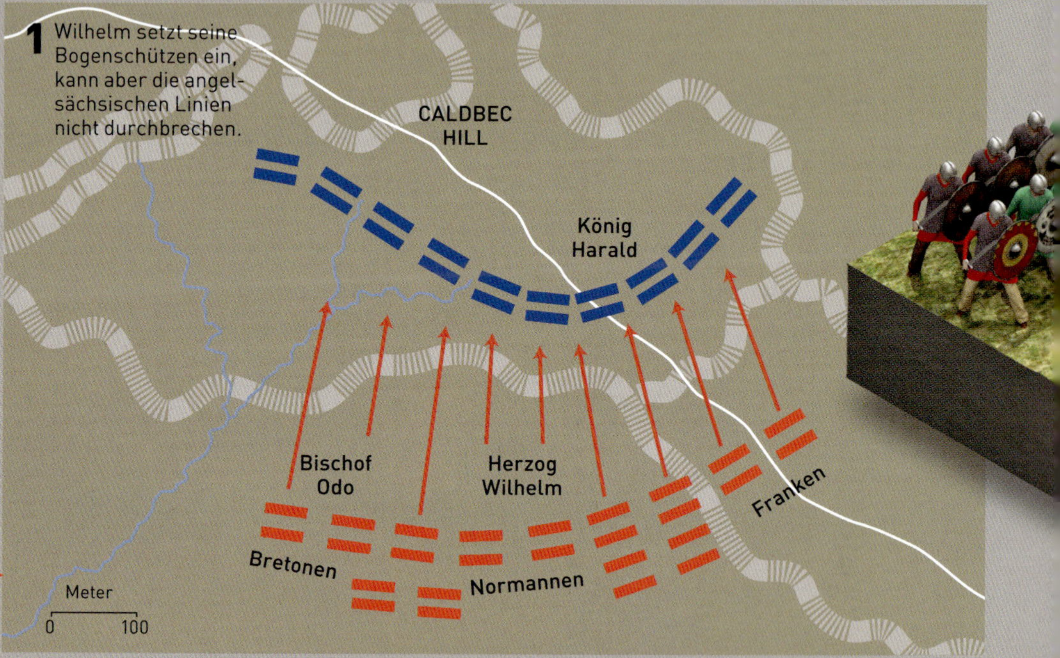

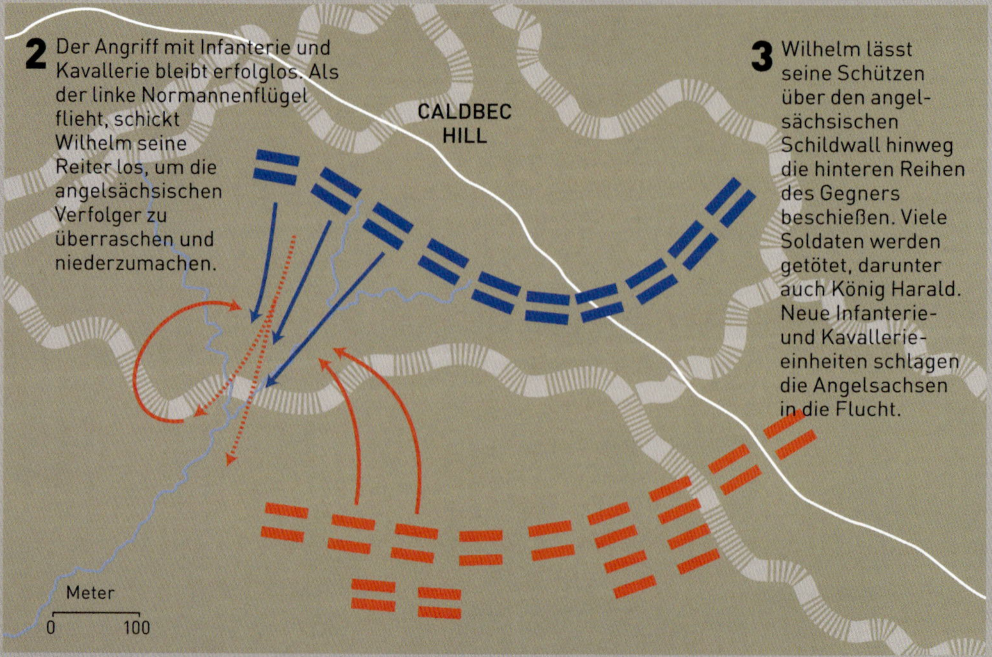

Normannen | Angelsachsen

Vorstoß der Normannen | Vorstoß der Angelsachsen

Rückzug der Normannen

Kräfteverhältnis

ANGELSACHSEN ▸ Rund 9000 Mann: Milizionäre und *huscarls* (Elitesoldaten)

NORMANNEN ▸ 7000–15 000 Mann: Bogenschützen, Infanterie und Kavallerie

Kampf bergauf

Die Schlacht fand an einem Hügel statt. Auf der Kuppe bildeten die Angelsachsen einen Schildwall. Die Normannen mussten hügelaufwärts angreifen.

WILHELM Zum Zeitpunkt der Schlacht bei Hastings war er 38 Jahre alt. Nach seinem Sieg regierte er England bis zu seinem Tod 1087.

HARALD II. Nach dem Tod von Eduard dem Bekenner bestieg er den englischen Thron. Er war der letzte angelsächsische König und starb in Hastings.

Milizionäre Die Soldaten sind zum Teil Milizionäre aus der Umgebung.

Huscarls Die Leibgarde von König Harald. Sie ist gut trainiert und wird dafür bezahlt, als Vollzeitsoldaten zu dienen.

Hügel Die Angelsachsen haben den Vorteil, dass die Normannen hangaufwärts angreifen müssen.

Schlachtformation Vorn die Bogenschützen, dahinter die Infanterie, ganz hinten die Kavallerie

Schildwall Die Angelsachsen formieren sich zu einem schwer zu durchbrechenden Wall.

Bogenschützen Sie greifen aus der Entfernung an und fordern viele Todesopfer. Zu Beginn der Schlacht sollen sie die feindlichen Linien aufbrechen.

Infanterie Die zahlenmäßig stärkste Truppeneinheit wird in den Nahkampf beordert.

Kavallerie Sie soll die Linien des Gegners aufbrechen. In dieser Funktion ist sie mit der heutigen Panzerwaffe vergleichbar.

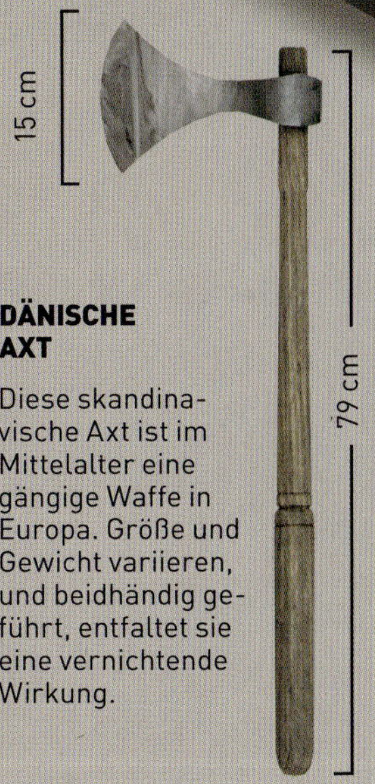

DÄNISCHE AXT

Diese skandinavische Axt ist im Mittelalter eine gängige Waffe in Europa. Größe und Gewicht variieren, und beidhändig geführt, entfaltet sie eine vernichtende Wirkung.

Wikingerkrieger

Gegen Ende des 8. Jahrhunderts tauchten die Wikinger an Bord drachenförmiger Schiffe aus den kalten Gewässern des Nordens auf und verbreiteten Angst und Schrecken in Europa. Sie waren Entdecker, Händler und Siedler, die von Skandinavien und Russland bis in den Nahen Osten und nach Amerika gelangten. Die wilden, listigen und skrupellosen Krieger plünderten, was ihnen in die Hände fiel. Man sah in ihnen Teufel, was auch zur Legende ihrer Hörnerhelme beitrug.

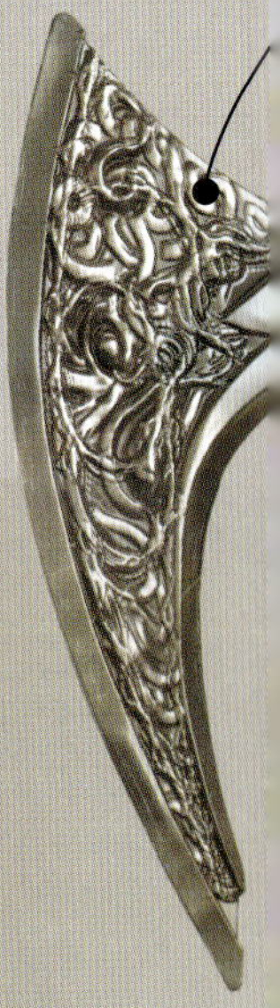

Feste Miliz

Die Wikinger kannten keine Berufsarmee, sie waren Bauern, Händler, Schreiner und Schmiede, die zu den Waffen griffen, wenn es die Situation erforderte. Schon ab der frühen Jugend übten sie sich durch Jagd, Kampf und Sport im Waffengebrauch. Viele ihrer wichtigsten Waffen leiteten sich von Werkzeugen wie Beil und Hammer ab. Dass die Wikinger sehr diszipliniert und äußerst mutig vorgingen, lag auch an ihrer Überzeugung, dass wer im Kampf fällt, sofort in ihr Paradies Walhall einzieht.

DIE TEUFEL DES NORDENS
Nur wenn sie untereinander Krieg führten, stellten die Wikinger große Armeen mit mehreren Tausend Mann auf. Bei ihren Beutezügen zählten sie meist nicht mehr als 100 Mann. Die Stärke der Wikinger lag im Einzelkampf, wo jeder Krieger seine körperliche Stärke und die geschickte Handhabung der Waffen ausspielen konnte.

Flagge Die meisten Wikingerkrieger benutzten diese Flagge, die vermutlich den Kriegsgott Odin darstellt.

ERSTER DOKUMENTIERTER ÜBERFALL
Am 8. Juni 793 landeten die Wikinger bei Kloster Lindisfarne auf der gleichnamigen Insel vor der Nordküste Englands. Sie plünderten das Kloster und metzelten die Mönche nieder. Dies war der erste dokumentierte Wikingerüberfall der Geschichte und eine Demonstration, wie effizient ihre blitzartigen Überraschungsangriffe waren.

REISE NACH WALHALL
Dieser Runenstein aus dem 9. Jahrhundert zeigt zwei kämpfende Wikingerkrieger auf der Reise nach Walhall.

WIKINGERSAGAS
Sie erzählten von den teils mythischen, teils realen Taten der Helden. Dieses Holzrelief aus dem 12. Jahrhundert zeigt Sigurd, der Regin tötet.

Helm Er ist konisch und aus Eisen gefertigt. Entgegen der Legende hat er keine Hörner.
Kettenhemd Dieser Kettenpanzer bedeckt Oberkörper und Oberarme.
Axt Sie ist die bevorzugte Waffe und wird ein- oder beidhändig geführt.
Tunika Sie wird aus Wolle gefertigt und am Hals verknotet, um mehr Bewegungsfreiheit zu lassen.
Schutz Unter dem Kettenhemd tragen sie meist eine wattierte Lederweste.
Kettenhemd Es besteht aus flach gehämmerten kleinen Metallringen.
Schild Der aus Holz zusammengenietete Schild hat in der Mitte einen Metallbuckel, der den Griff schützt, und ist mit Runen verziert.
Schwert Der Gegner wird mit dem zweischneidigen Schwert niedergeschlagen und dann erstochen.
Dolch Er ist zweischneidig und 20 bis 50 cm lang.
Kyrtill Eine Art Tunika. Sie ist nach unten hin ausgestellt und mit Ärmeln versehen.
Axtstiel Der bis zu 1 m lange Stiel verleiht dem Schlag enorme Wucht.
Umhang Das Cape aus dickem Wollstoff hält warm und schützt vor Messerstichen.

Das Wikingerschiff

Die Wikinger waren erfahrene Seeleute und beherrschten zwischen dem 8. und 9. Jahrhundert die Meere und Flüsse im Nordosten Europas. Sie stießen bis in die Küstenregionen des Mittelmeers vor. Für ihre Überfälle und Raubzüge benutzten sie lange, schmale und leichte Boote, die sogenannten Langschiffe *(drakkar)*. Für Handelszwecke setzten sie breitere und flachere Schiffe ein, die speziell für den Transport von Holz, Wolle, Fellen, Weizen und Sklaven konstruiert waren.

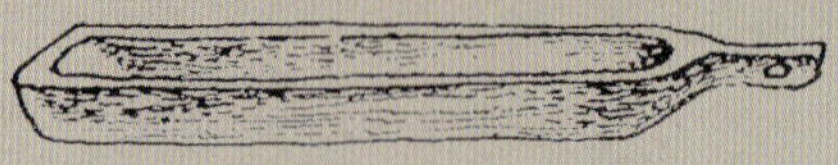

Einbaum, Jungsteinzeit um 3500 v. Chr.

Hjortspring-Boot, um 350 v. Chr.

Halsnøy-Boot, um 100 n. Chr.

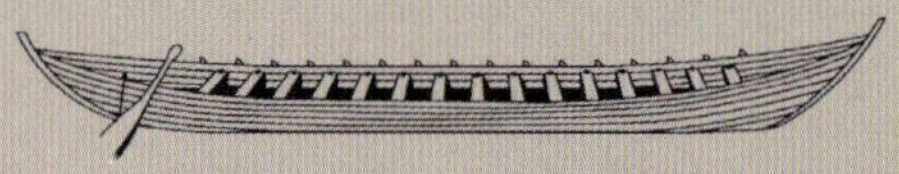

Nydam-Boot, um 350 n. Chr.

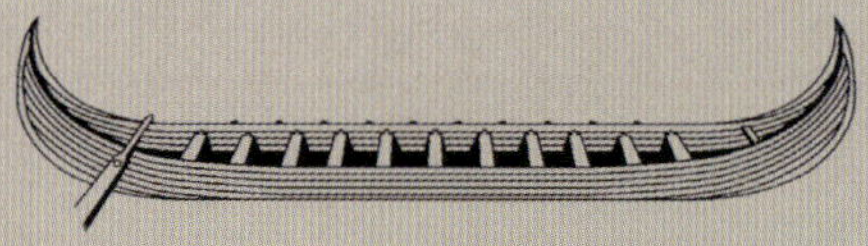

Kvalsund-Boot, um 700 n. Chr.

GESCHICHTE DES WIKINGERSCHIFFS
Die Fischereiaktivitäten an der skandinavischen Küste förderten den Bootsbau. Unser Wissen über Aussehen und Konstruktion dieser Schiffe stammt von archäologischen Funden verschiedener Schiffsrelikte und von Ritzungen und Reliefs auf flachen Steinen.

Das Gokstad-Schiff

Die Entdeckung des Gokstad-Schiffs 1880 im Süden Norwegens erweiterte unser Wissen über die Wikinger wesentlich. Dieses um 900 gebaute Langschiff ist über 23 m lang und wiegt inklusive Besegelung rund 20 Tonnen.

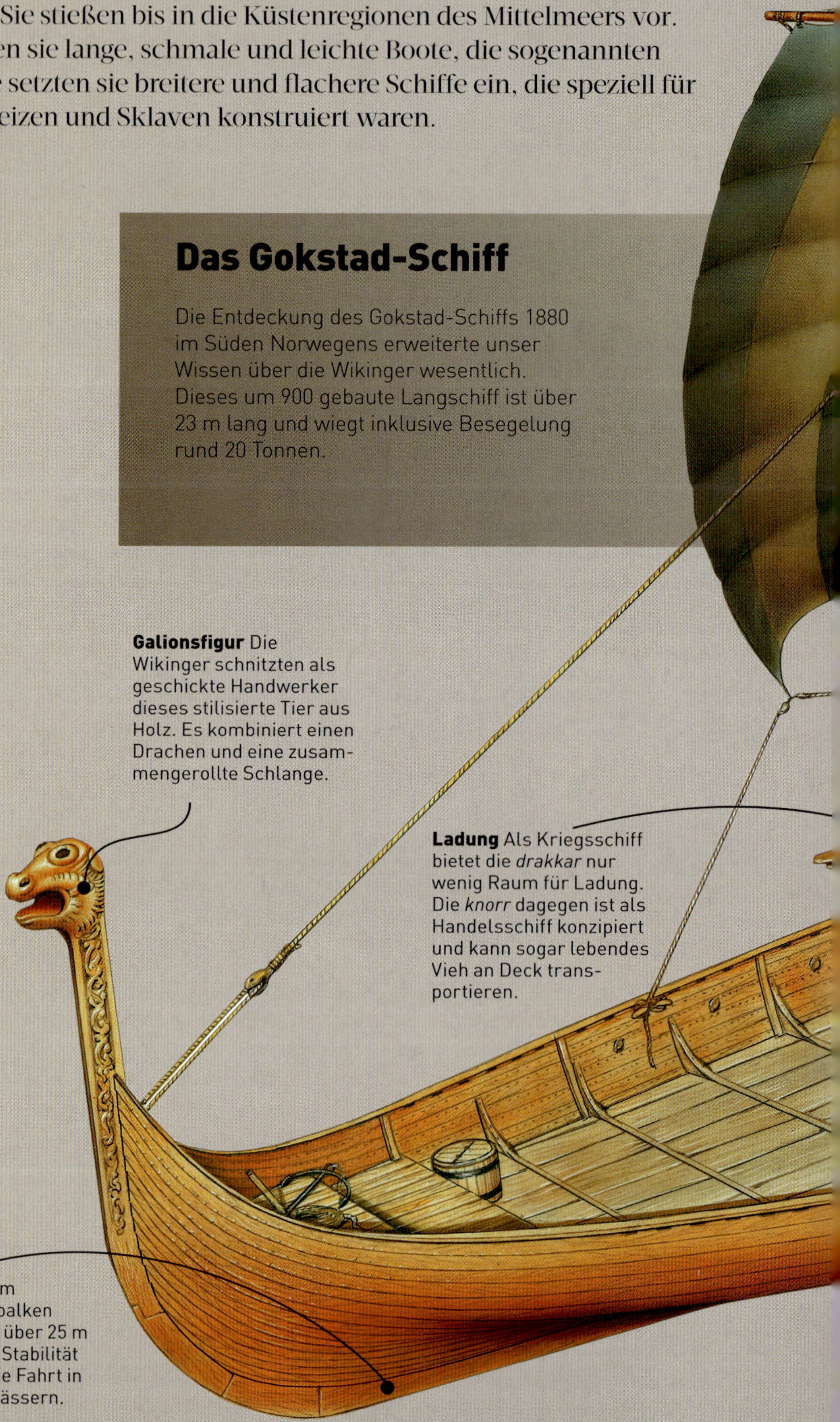

Galionsfigur Die Wikinger schnitzten als geschickte Handwerker dieses stilisierte Tier aus Holz. Es kombiniert einen Drachen und eine zusammengerollte Schlange.

Ladung Als Kriegsschiff bietet die *drakkar* nur wenig Raum für Ladung. Die *knorr* dagegen ist als Handelsschiff konzipiert und kann sogar lebendes Vieh an Deck transportieren.

Kiel Der aus einem massiven Eichenbalken gefertigte Kiel ist über 25 m lang. Er sorgt für Stabilität und ermöglicht die Fahrt in sehr flachen Gewässern.

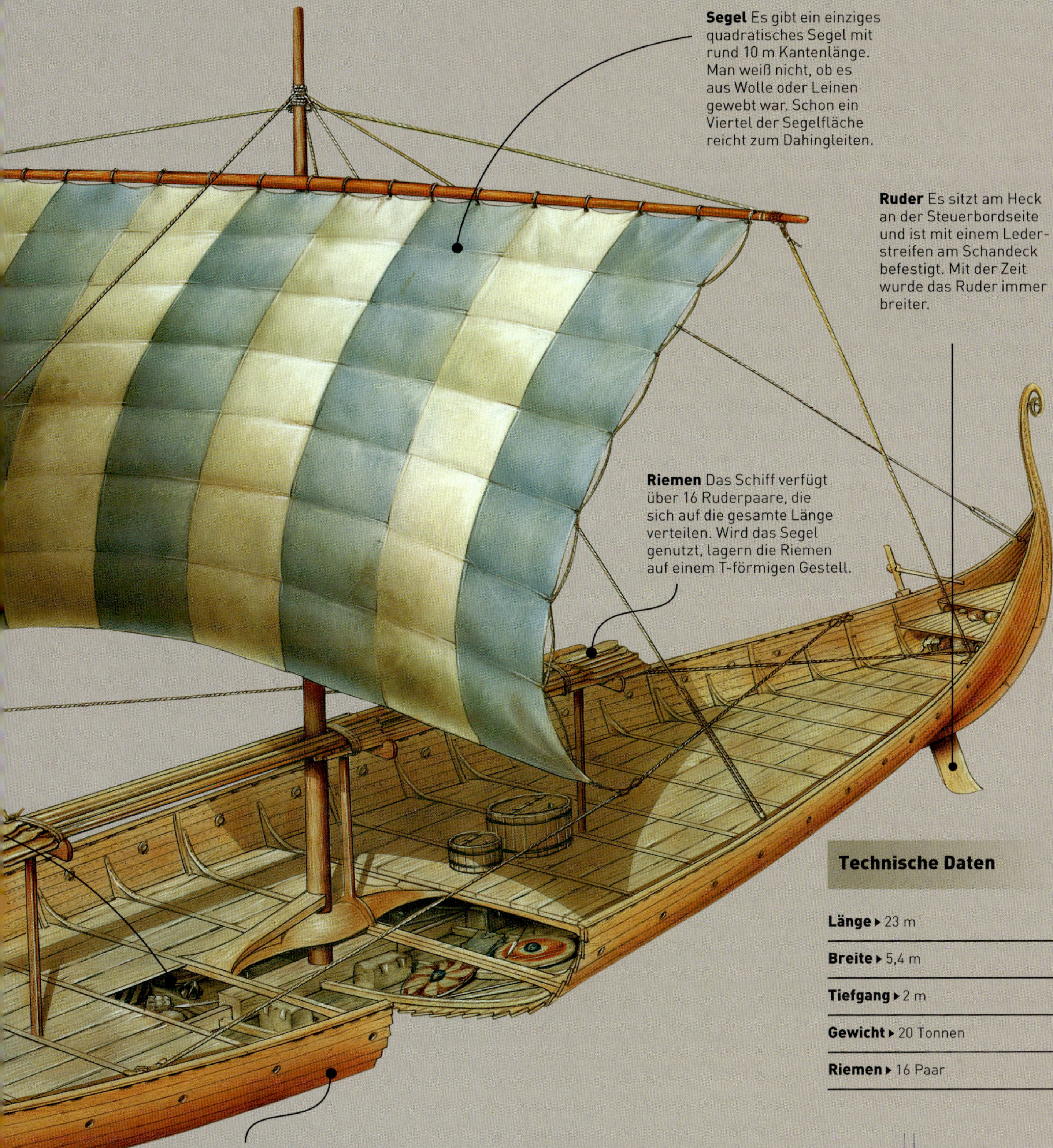

Segel Es gibt ein einziges quadratisches Segel mit rund 10 m Kantenlänge. Man weiß nicht, ob es aus Wolle oder Leinen gewebt war. Schon ein Viertel der Segelfläche reicht zum Dahingleiten.

Ruder Es sitzt am Heck an der Steuerbordseite und ist mit einem Lederstreifen am Schandeck befestigt. Mit der Zeit wurde das Ruder immer breiter.

Riemen Das Schiff verfügt über 16 Ruderpaare, die sich auf die gesamte Länge verteilen. Wird das Segel genutzt, lagern die Riemen auf einem T-förmigen Gestell.

Rumpf Die unteren Planken sind nur 2,6 cm dick. Die zehnte Reihe ist 4,3 cm dick. Sie liegt auf Höhe der Wasserlinie und muss deshalb stabiler sein.

Technische Daten

Länge ▸	23 m
Breite ▸	5,4 m
Tiefgang ▸	2 m
Gewicht ▸	20 Tonnen
Riemen ▸	16 Paar

KLINKERBAUWEISE
Der Rumpf des Gokstad-Schiffs besteht aus 16 sich überlappenden Planken, fast alle aus Eiche. Im Bootsbau nennt man diese Rumpfkonstruktion auch „Klinkerbauweise".

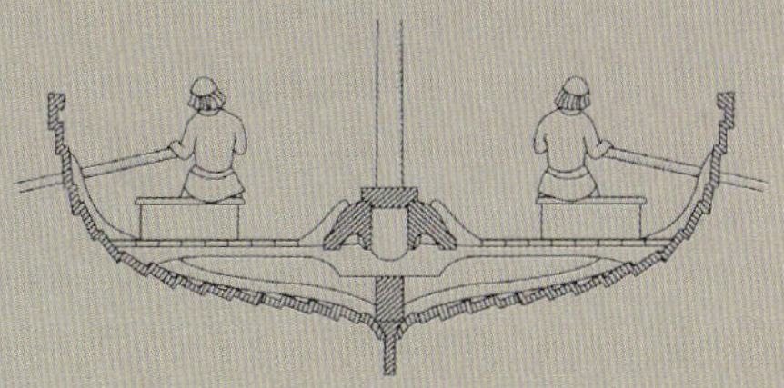

Die Armeen des Ostens

Im Mittelalter erlebte Asien den Aufstieg und Zusammenbruch großer Reiche wie auch die Entstehung von Staatenbündnissen und Feudalstaaten. Sie alle verfügten über ganz unterschiedliche Armeen, die sich oft gegenüberstanden. All diese Armeen waren beeindruckend, angefangen bei den mächtigen Regimentern der chinesischen Dynastien über die tapferen koreanischen Krieger und elitären japanischen Samurai bis hin zu den furchtlosen Mongolenhorden.

China: von Song zu Ming

Die Song-Dynastie (960–1279) schuf zur Abwehr von Nomadenüberfällen ein großes stehendes Heer mit Armbrustschützen als Eliteeinheit. Und sie nutzte das Schießpulver zur Entwicklung verschiedenster Waffen wie Feuerpfeile und Flammenwerfer. Trotz seiner enormen Militärmacht konnte sich das Chinesische Reich nicht gegen die Invasion eines anderen asiatischen Großreichs wehren: Die Mongolen beherrschten China von 1279 bis 1368, als sie schließlich von der Ming-Dynastie abgelöst wurden.

Oberkommando In seinen letzten Jahren kommandierte Kublai Khan, der an Gicht litt, von einer großen Elefantensänfte aus.

MING-DYNASTIE
Die Ming-Dynastie (1368–1644) stattete China mit einer riesigen Flotte und einem gewaltigen stehenden Heer aus. Zum Schutz vor weiteren Nomadeninvasionen wurde die Große Mauer verstärkt und erweitert.

Mächtige Mongolen

Nach Einigung der Mongolenstämme 1206 begann Dschingis Khan eine Reihe von Eroberungszügen. Das von ihm geschaffene Imperium erreichte unter seinem Enkel Kublai Khan mit Unterwerfung der chinesischen Song-Dynastie seinen Höhepunkt. Die Mongolenarmee bestand fast nur aus Reitern, die den Bogen als wichtigste Waffe benutzten. Später übernahm man chinesische Militärtechnik wie Belagerungsmaschinen und Schießpulver.

Das koreanische Königreich Goguryeo

Goguryeo war eines der Drei Reiche von Korea und bestand zwischen 37 v. Chr. und 668 n. Chr. Es umfasste den Süden der Mandschurei, den Norden und die Mitte der Koreanischen Halbinsel und den Süden der Region Primorje im heutigen Russland. Das Reich gehörte zu den mächtigsten Staaten in Ostasien und geriet wegen seiner Expansionspolitik wiederholt in Konflikt mit China.

KOREANISCHE SOLDATEN
Goguryeo verfügt neben Infanterie und Bogenschützen auch über eine hervorragende Kavallerie.

Fußsoldat — Bogenschütze — Reiter

FEUDALISTISCHES JAPAN
Im Mittelalter durchlebte Japan eine turbulente Epoche, geprägt von Bürgerkrieg und einer schwachen Zentralregierung. In dem Feudalstaat bildeten die Elitekrieger der Samurai mächtige Klans, die sich gegenseitig bekämpften. Ende des 12. Jahrhunderts besiegte die Familie Minamoto die übrigen Klans und errichtete das Shogunat, eine Militärdiktatur, die mit der Mongoleninvasion konfrontiert wurde.

Die Schlacht von Salsu

612 fiel der chinesische Kaiser Yangdi aus der Sui-Dynastie mit rund einer Million Mann in Goguryeo ein. Ein Teil seiner Soldaten wurde von den Koreanern am Fluss Salsu in einen Hinterhalt gelockt. Als die Chinesen das ausgetrocknete Flussbett durchquerten, ließ der koreanische General Eulji Mundeok den Rückhaltedamm zerstören.

Befehl: Alle vernichten!
Die Kavallerie der Goguryeo-Armee lauert den Überlebenden am Ufer auf. Nur 2700 der 300 000 Chinesen entkommen.

Ertrunken
Tausende Chinesen ertrinken in den Fluten des Salsu, ohne überhaupt gekämpft zu haben.

Die Flotte von Zheng He

Vor sechs Jahrhunderten kreuzte im Indischen Ozean eine der beeindruckendsten Flotten, die die Geschichte je gesehen hat. Der Kaiser von China hatte über 300 Schiffe mit fast 30 000 Mann unter Kommando des legendären Admirals Zheng He ausgesandt, um Küstenstädte zu erobern und neue Handelsrouten zu erschließen. Zwischen 1405 und 1433 unternahm die Flotte sieben Reisen, die bis nach Ostafrika führten.

Die Schatzschiffe

Dies waren die luxuriösesten Schiffe in Zheng Hes Flotte. Sie waren vermutlich über 100 m lang und mehr als 50 m breit. Allerdings gibt es nur wenige Funde, die genauere Angaben ermöglichen.

Größenvergleich zwischen einem Schatzschiff von Zheng He und der Santa María von Christoph Kolumbus.

ZHENG HE
Der berühmte chinesische Admiral war ein Eunuch muslimischer Herkunft, der im Verlauf von 28 Jahren sieben Reisen im Dienst der Ming-Dynastie unternahm.

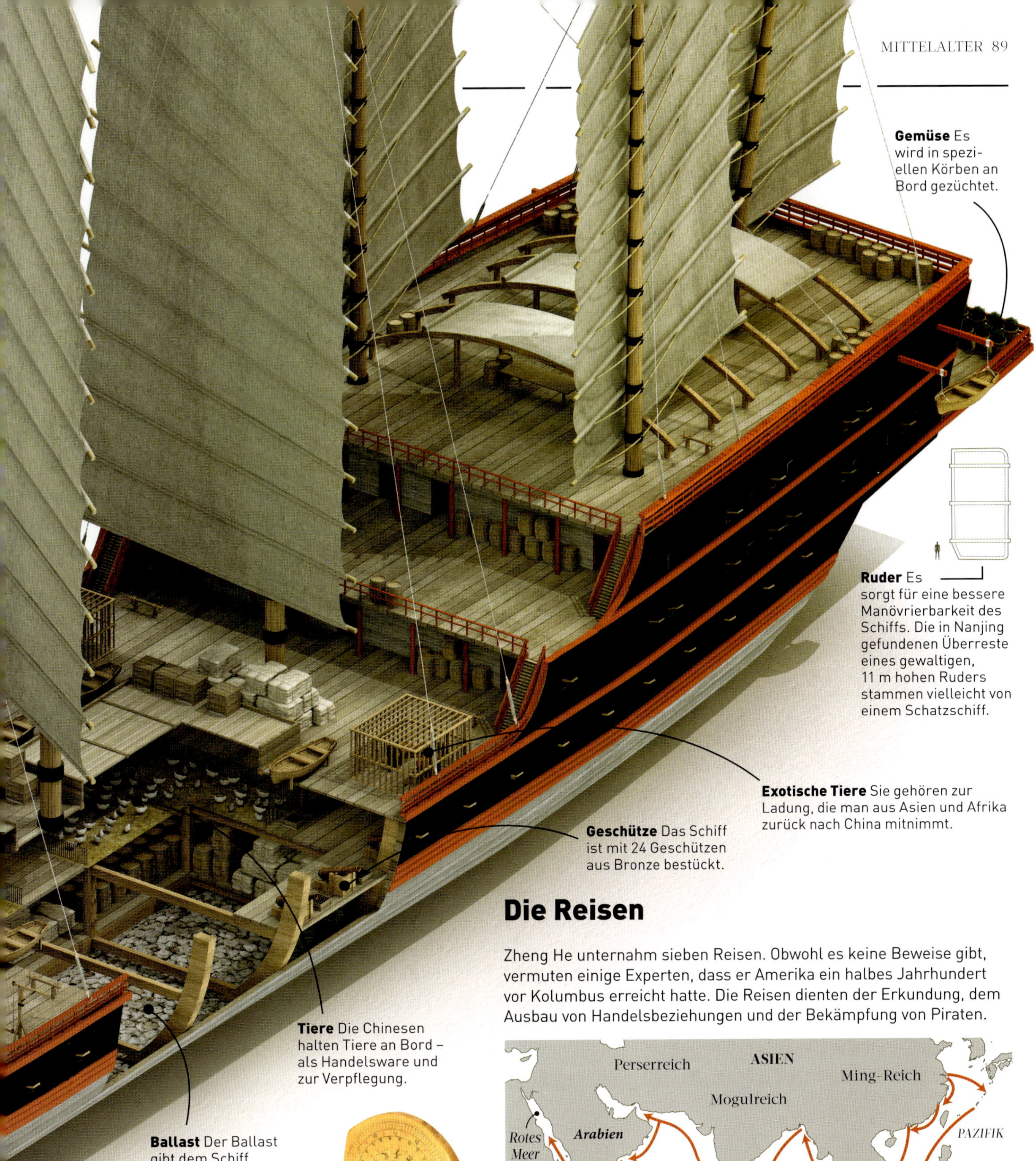

Ruder Es sorgt für eine bessere Manövrierbarkeit des Schiffs. Die in Nanjing gefundenen Überreste eines gewaltigen, 11 m hohen Ruders stammen vielleicht von einem Schatzschiff.

Die Reisen

Zheng He unternahm sieben Reisen. Obwohl es keine Beweise gibt, vermuten einige Experten, dass er Amerika ein halbes Jahrhundert vor Kolumbus erreicht hatte. Die Reisen dienten der Erkundung, dem Ausbau von Handelsbeziehungen und der Bekämpfung von Piraten.

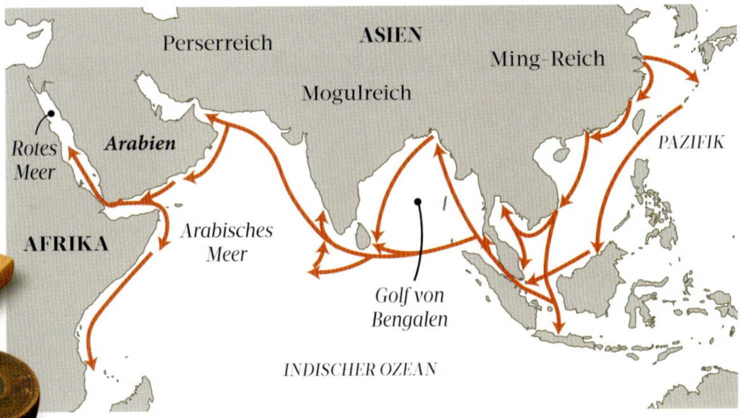

KOMPASS
Zheng He benutzt zum Navigieren den Kompass, eine Erfindung der Chinesen.

Die Samurai

Um das 10. Jahrhundert tauchten die Samurai am Hof von Kioto auf. Im Bürgerkrieg, der Japan im Mittelalter erschütterte, gewann diese Kaste professioneller Krieger an Bedeutung. Sie wurde schließlich zur mächtigen gesellschaftlichen Klasse, die das Land durch ein Militärregime beherrschte. Die Samurai waren zunächst berittene Bogenschützen und wurden dann zu Meistern im Schwert- und Nahkampf.

Der Buschido-Kodex

Die Samurai unterwarfen sich einem strengen Kodex, dem „Weg des Kriegers" (Buschido). Darin waren Loyalität und Ehre die höchsten Werte, während materielle Aspekte des Lebens als nachrangig galten. Verlor ein Krieger seine Ehre, konnte er sie nur durch rituellen Selbstmord (Seppuku oder Harakiri) wiederherstellen. Entsprechend dieser Lebensphilosophie war es das Ziel der Samurai, ein hohes Maß an physischer und geistiger Perfektion zu erreichen. Dazu gehörten die Zenmeditation und ein hartes Training in verschiedenen Kampfkünsten.

MEISTERSCHÜTZEN
Ursprünglich waren die Samurai erfahrene Reiterkrieger und exzellente Bogenschützen. Diese Waffe dominierte die japanischen Kriege bis ins 12. Jahrhundert, als sich die Samurai zu meisterhaften Schwertkämpfern entwickelten.

Technik Sie brauchen nur ein Drittel der Bogenlänge, um Pfeile mit hoher Präzision im Galopp abzuschießen.

Mempo Maske mit Nasenschutz. Sie hat manchmal Schnurrbart und Zähne, um möglichst grimmig zu wirken.

Koten Schützt die Arme.

Tekko Schützt die Hände.

Kusazuri Schützt den oberen Teil der Schenkel. Er besteht aus lackierten Eisenplatten, die mit Seidenschnüren verbunden sind.

Haidate Schützt die Innenseite der Schenkel und reicht bis unter den *kusazuri*.

Suneate Der aus Leder und Tuch gefertigte Beinschutz wird mit Bändern an den Waden befestigt.

WAFFEN
Jeder Krieger benutzte zwei Schwerter als Symbol der verschiedenen Samuraikasten. Ursprünglich waren sie gerade, später dann gebogen, um die Stabilität der Klinge zu erhöhen.

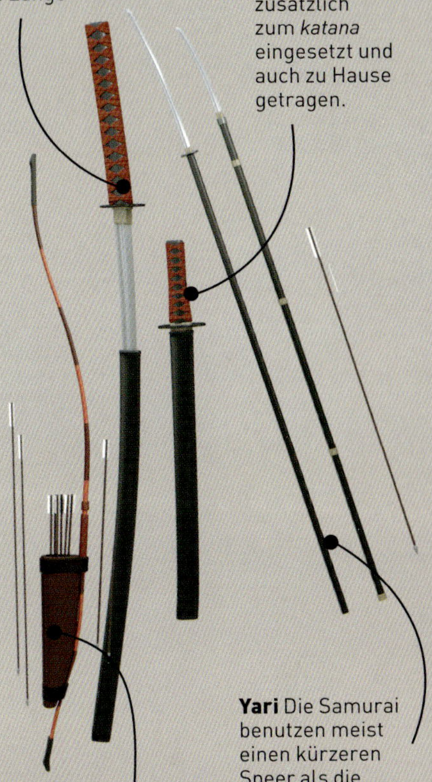

Rüstung

Die traditionelle Samurairüstung *(yoroi)* blieb über Jahrhunderte fast unverändert. Die Panzerung besteht aus verschiedenen Leder- und Metallplatten, die mit Schnüren verbunden sind. Mehrere Rüstungsteile schützen Kopf, Schultern, Arme und Hände, ein wattierter Rock bedeckt die Oberschenkel. Diese Art der Rüstung war leichter und beweglicher, schützte aber gleichzeitig besonders verwundbare Körperpartien.

WÄCHTER DES GLAUBENS

Nach Eroberung Jerusalems durch die in Syrien und Palästina beheimateten Seldschuken wuchs in der römischen Kurie der Wunsch, die heiligen Stätten der Christenheit zurückzugewinnen. Am 27. November 1095 rief Papst Urban II. zum „Heiligen Krieg" auf. Unter dem Ausruf „Deus lo vult" („Gott will es") segnete er alle, die die Reise nach Jerusalem antreten wollten, um die Stadt aus der Hand der Ungläubigen zu befreien. Allen Kreuzfahrern versprach er Immunität, die Vergebung ihrer Sünden, den Schutz ihrer Familien und ihres Eigentums. Wer dabei starb, galt als Märtyrer.

Urban II. stellte eine Armee von rund 60 000 Mann auf die Beine: Sie kamen aus der Lombardei, aus Aquitanien bis zur Normandie, Flandern, den Niederlanden, Deutschland, dem Rheinland, der Nordseeregion und Dänemark. Unter Führung von Peter dem Eremiten, einem charismatischen Prediger, zog eine sehr gemischte Truppe nach Osten. Das christliche Heer erreichte Konstantinopel, eroberte 1097 Nizäa und stieß im gleichen Jahr bis Syrien vor, wo es bis Januar 1099 lagerte. Im Juni erreichten die Truppen dann Jerusalem, das sie im Juli nach einem schrecklichen Gemetzel eroberten. Man schätzt, dass rund 14 000 Mann in der Heiligen Stadt eintrafen, von denen die meisten aber wieder in den Westen zurückkehrten. Im Jahr 1100 verblieben nur knapp 300 Kreuzfahrer in Palästina, wo man vier christliche Staaten gegründet hatte. Die Grafschaft Edessa wurde 1144 von den Türken erobert, woraufhin Papst Eugen III. zum Zweiten Kreuzzug aufrief. Das Unternehmen war glücklos, die Kreuzfahrer erlitten im Oktober 1147 in Anatolien und im Juli 1148 bei Damaskus schwere Niederlagen.

Die Finanzprobleme der Kreuzfahrerstaaten, mangelnde Unterstützung aus dem Westen und das Fehlen eines Thronerben in Jerusalem verschlimmerten die Situation. 1187 vernichtete Saladin die christliche Armee in der Schlacht bei Hattin und nahm im Oktober Jerusalem ein. Der Westen reagierte darauf mit dem Dritten Kreuzzug unter Führung der Könige aus Deutschland, Frankreich und England. Damals war die Hoheit zur See entscheidend. Zwar konnte 1191 Akkon eingenommen werden, aber die Befreiung Jerusalems 1192 schlug fehl. Danach kam auf dem Seeweg Unterstützung für das wiederhergestellte Königreich Jerusalem. Es bestand noch weitere 100 Jahre, allerdings war die Stadt Jerusalem selbst nur von 1229 bis 1244 in christlicher Hand. Zwischen 1201 und 1204 gab es einen Vierten und zwischen 1213 und 1229 einen Fünften Kreuzzug. Manche Historiker sprechen von bis zu acht Kreuzzügen, wobei nur jener des französischen Königs Ludwig IX. bis ins östliche Mittelmeer vordringen konnte. 1291 verloren die Christen endgültig die Kontrolle über Syrien und Palästina.

Ritter im Mittelalter

Im Europa des Mittelalters waren Könige zur Absicherung ihrer Macht auf die kleinen Armeen von Feudalherren angewiesen. Als berittene Elitekämpfer spielten Ritter eine besondere Rolle, und entsprechend rasch wuchs ihr Ansehen. Meist waren es junge Adlige, die sich in den Dienst ihrer Herren stellten, um Ruhm, Ehre, Titel, Land und Geld zu erlangen. Die Kreuzzüge lieferten ihnen eine neue religiöse Motivation, und der Hundertjährige Krieg brachte dann den Höhepunkt des Ritterstandes.

Schwer gepanzert

Rüstung und Kampfweise der Ritter veränderten sich über das gesamte Mittelalter nur wenig. Ihre Ausstattung bestand im Wesentlichen aus Pferd, Rüstung, Helm, Schild, Lanze und Schwert. Ihre typische Strategie im Kampf war der Angriff. Feudalheere besaßen drei Abteilungen – Vorhut, Haupteinheit und Nachhut –, die ihre Attacken in Wellen nacheinander starteten. Die Ritter setzten zunächst ihre Lanze ein, und wenn diese zerbrach, dann Schwert oder Keule.

DIE KREUZZÜGE
Nach der Aufforderung des Papstes formierte man große multinationale Ritterheere, um das Heilige Land aus Hand der Türken zu befreien. Diese Kreuzfahrer verdankten ihren Namen dem großen, auf ihrem Gewand aufgestickten Kreuz.

Eine Kunst: Anlegen der Rüstung

Das Anlegen der Rüstung mit Dutzenden Einzelteilen und einem enormen Gewicht war sehr umständlich. Zur Unterstützung hatten die Ritter deshalb Knappen.

TUCHGEWAND
Der Knappe hilft dem Ritter beim Anlegen der Rüstung über seiner Kleidung.

KETTENHEMD
Diesen Schutz legt der Ritter zuerst an. Er beginnt mit dem Beinschutz.

HALSBERGE
Sie wird mit Harnisch und Ringhaube über dem Kettenhemd getragen.

BEFESTIGUNG
Alle Teile der Rüstung werden mit Riemen, Haken, Schrauben und Nieten befestigt.

Die Rüstung

Zwischen dem 10. und 12. Jahrhundert trugen Ritter nur Kettenhemd, Helm und Schild. Zum Schutz bestimmter Körperpartien wurden gegen Ende des 12. Jahrhunderts auch Metallplatten in die Rüstung integriert. Im 14. Jahrhundert trugen Ritter dann eine komplette Panzerung. Die Erfindung von Schießpulver und Feuerwaffen machte diese Rüstungen aber hinfällig.

Templerorden

Die Arme Ritterschaft Christi und des salomonischen Tempels, bekannt als Templerorden, vollzog in den zwei Jahrhunderten ihres Bestehens (1119–1312) eine erstaunliche Entwicklung. Aus einer kleinen Militäreinheit, die zum Schutz christlicher Pilger in Jerusalem gegründet wurde, entstand eine mächtige Organisation mit politischen, ökonomischen und militärischen Interessen in ganz Europa und dem Nahen Osten.

Organisation des Ordens

Die wichtigste administrative Einheit des Templerordens war die Kommende (Komturei), ein meist aus Schenkungen gegründetes Lehnsgut. Mehrere dieser Kommenden waren zu einer Ballei zusammengeschlossen, die einer Provinz bei anderen Orden entsprach. Der Komtur war für Führung und Verwaltung dieser Kommende zuständig und leitete deren Gewinne an die Ordenszentrale weiter.

HAUPTQUARTIER Der Felsendom in Jerusalem (siehe links) diente den Templern bis zur Eroberung der Stadt durch Saladin als Hauptquartier. Dieses wurde dann nach Akkon (1191–1291) im Norden Israels und später nach Zypern (1291–1312) verlegt.

KOMMENDE Es gab ländliche und städtische Kommenden (Komtureien), die meist aus einer Burg, einer Kapelle und verschiedenen Haushalten bestanden.

Mitglieder des Ordens

Entsprechend ihrer Aufgabe und Standesherkunft unterschied man vier wichtige Gruppen bei den Mitgliedern des Ordens: Ritter, Sergeanten und Knappen, Kapläne und Arbeitsbrüder, die häusliche Dienste verrichteten und nicht am Leben des Konvents teilnahmen.

TURKOPOLEN
Sie gehören nicht zum Orden, sondern sind berittene Bogenschützen aus Byzanz, die als Söldner angeheuert werden.

KNAPPEN
Sie sind für Pflege und Transport der Ritterausrüstung verantwortlich und kämpfen normalerweise nicht.

KAPLÄNE
Sie erfüllen religiöse Aufgaben und kümmern sich auch um administrative Angelegenheiten.

SERGEANTEN
Krieger einfacher Herkunft, die nachrangige Positionen im Orden einnehmen. Sie bekommen ein Pferd und einen Knappen zugewiesen.

RITTER
Sie entstammen dem Adel und haben mindestens einen Knappen und drei Pferde. In der Kommende leben sie nach Ordensregeln, auf dem Schlachtfeld sind sie unerbittliche Krieger.

Die Ordenskapitel entscheiden

Die Kapitel waren Kollegien, in denen die eigentliche Macht im Orden ausgeübt wurde. Es gab drei Entscheidungsebenen. Das Generalkapitel, geleitet vom Großmeister und 13 Ordensmitgliedern (Zusammensetzung: acht Ritter, vier Sergeanten und ein Priester, möglichst unterschiedlicher Nationalität), traf die wichtigen Entscheidungen. Die Provinzkapitel befassten sich mit regionalen Angelegenheiten, und die Lokalkapitel waren für die Kommenden und die Regelung lokaler Aufgaben zuständig.

Unverwechselbar
Die Ritter waren die einzigen Ordensmitglieder, die den weißen Umhang und den Mantel mit dem roten Kreuz tragen durften.

HIERARCHIE DER TEMPLER
Dem Großmeister als Oberhaupt des Ordens waren alle Mitglieder zu Gehorsam verpflichtet. Er lebte in Jerusalem und war nur dem Papst und dem Generalkapitel rechenschaftspflichtig. Ihm zur Seite stand der Seneschall. Der Marschall war für das Militär zuständig, der Tressler kontrollierte die Finanzen. In der Hierarchie folgten darunter die Komture.

Die Schlacht bei Hattin

Diese Schlacht bei den Hörnern von Hattin läutete das Ende des Königreichs Jerusalem ein, das knapp ein Jahrhundert zuvor von den Christen gegründet worden war. Im Juli 1187 traf die Christenarmee, die der Stadt Tiberias zu Hilfe eilte, auf die muslimische Armee unter Saladin. Wassermangel, die glühende Wüstenhitze und eine geschickte Strategie des Muslimführers bedeuteten das Ende der christlichen Soldaten unter Führung des Guido von Lusignan.

Wasser, das entscheidende Element

Saladin wollte verhindern, dass die Christen nach Tiberias gelangten, wo sie Zugang zu Wasser hatten. Zu diesem Zweck führte er seine Truppen zu den Hörnern von Hattin, zwei erloschenen Vulkankegeln, um die Gegner abzudrängen.

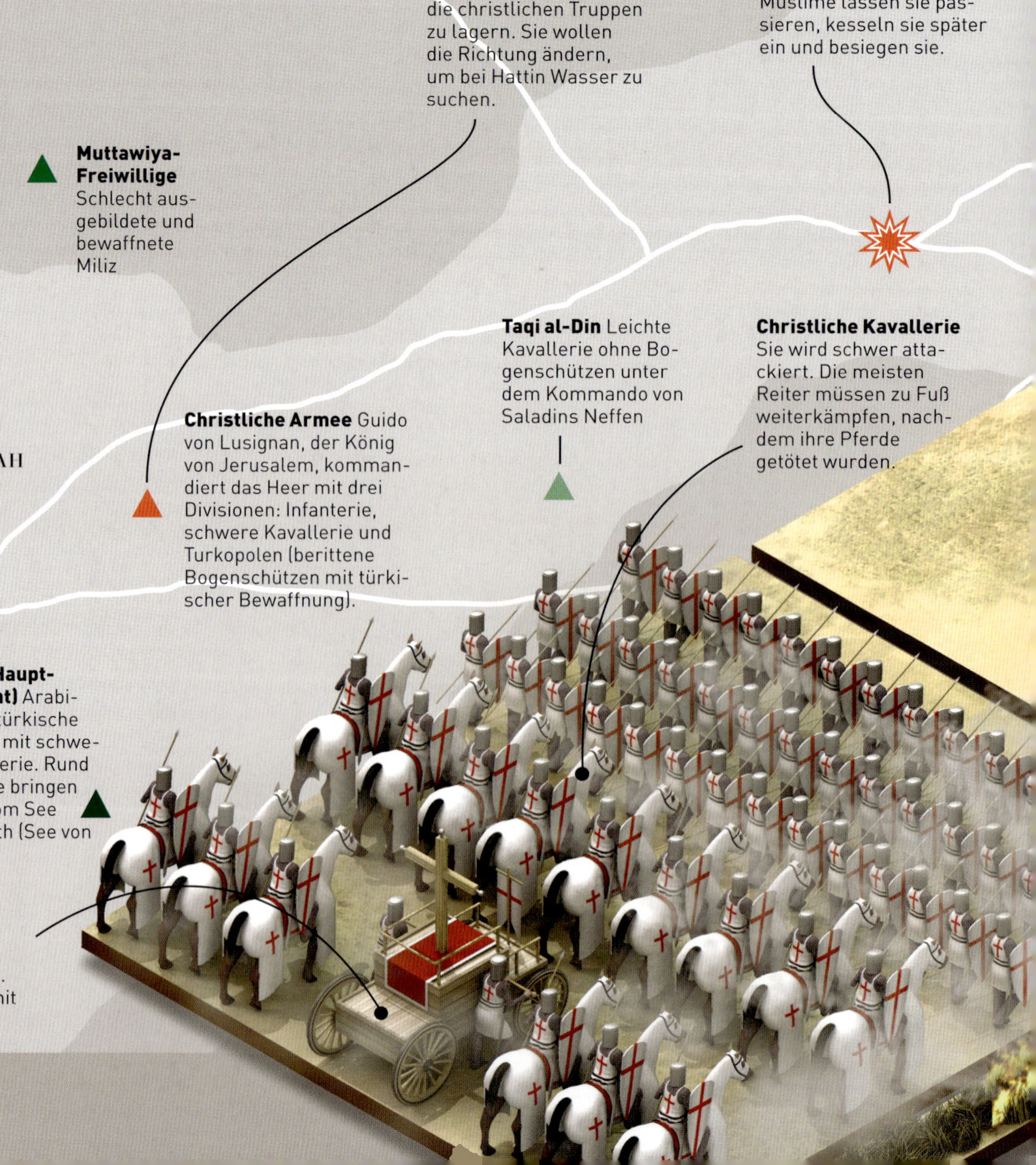

Entscheidungsangriff

Die Schlacht wurde durch einen Angriff des muslimischen Hauptkontingents auf die erschöpfte, durstige Christenarmee am Fuß der Hörner von Hattin entschieden.

KRÄFTEVERHÄLTNIS

CHRISTEN ▸ 15000 Infanteristen und 2000 Ritter, davon 500 Turkopolen

MUSLIME ▸ Rund 30000 bis 40000 Soldaten, mit Infanterie und Kavallerie

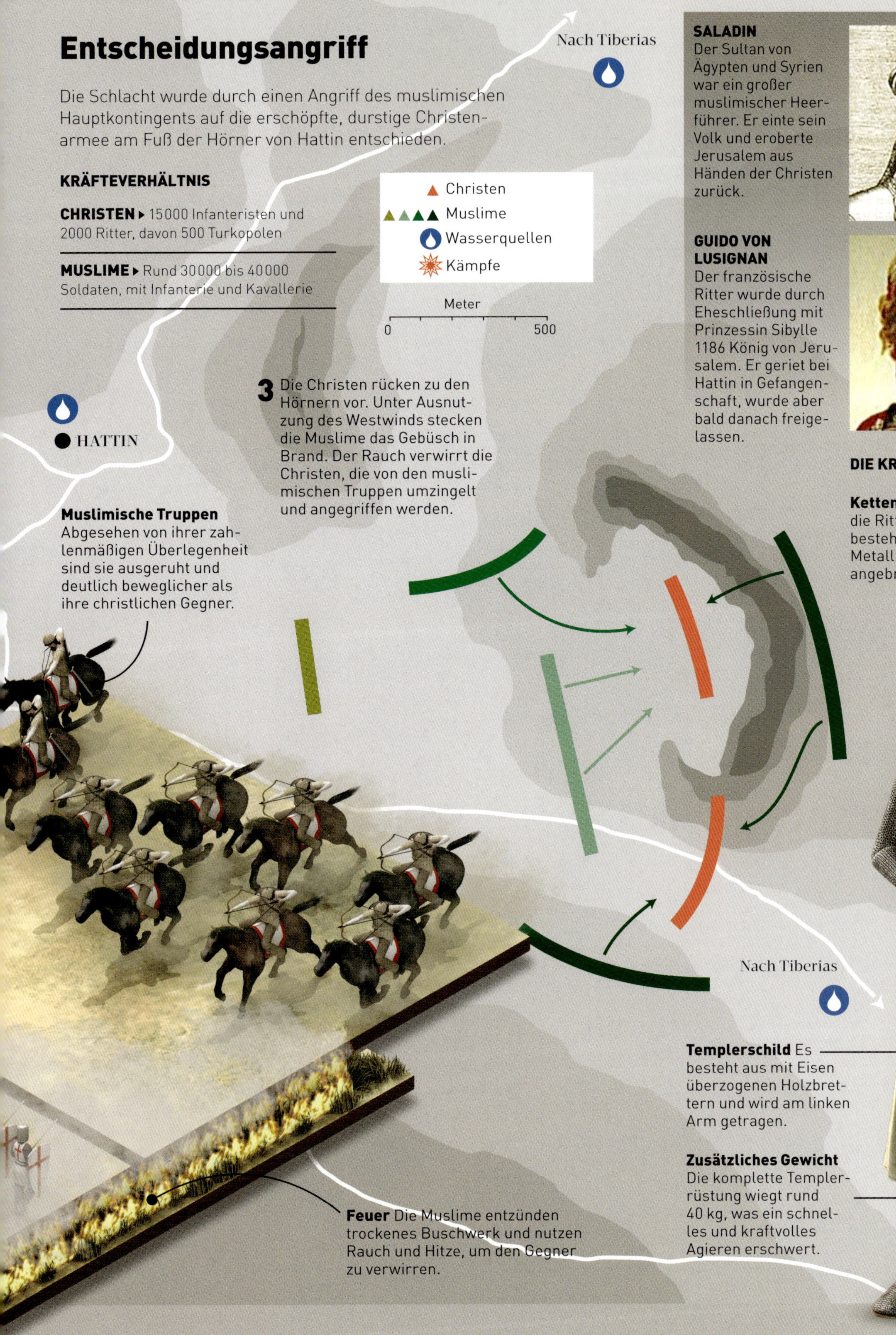

3 Die Christen rücken zu den Hörnern vor. Unter Ausnutzung des Westwinds stecken die Muslime das Gebüsch in Brand. Der Rauch verwirrt die Christen, die von den muslimischen Truppen umzingelt und angegriffen werden.

Muslimische Truppen Abgesehen von ihrer zahlenmäßigen Überlegenheit sind sie ausgeruht und deutlich beweglicher als ihre christlichen Gegner.

Feuer Die Muslime entzünden trockenes Buschwerk und nutzen Rauch und Hitze, um den Gegner zu verwirren.

SALADIN Der Sultan von Ägypten und Syrien war ein großer muslimischer Heerführer. Er einte sein Volk und eroberte Jerusalem aus Händen der Christen zurück.

GUIDO VON LUSIGNAN Der französische Ritter wurde durch Eheschließung mit Prinzessin Sibylle 1186 König von Jerusalem. Er geriet bei Hattin in Gefangenschaft, wurde aber bald danach freigelassen.

DIE KREUZFAHRER

Kettenhemd Damit schützen die Ritter ihren Körper. Es besteht aus Leder, auf dem Metallringe oder -platten angebracht sind.

Templerschild Es besteht aus mit Eisen überzogenen Holzbrettern und wird am linken Arm getragen.

Zusätzliches Gewicht Die komplette Templerrüstung wiegt rund 40 kg, was ein schnelles und kraftvolles Agieren erschwert.

Belagerung Jerusalems

Obwohl der Name auf Hebräisch „Stadt des Friedens“ bedeutet, stand Jerusalem im Zentrum zahlreicher Kämpfe. Im Mittelalter fiel die Stadt in die Hände der Byzantiner und Araber und wurde dann 1099 von den Christen erobert, die das Königreich Jerusalem gründeten. 1187 errang der Muslimführer Saladin die Kontrolle über die Heilige Stadt. Den Kreuzfahrern gelang es nur noch einmal von 1228 bis 1244, in Jerusalem Fuß zu fassen. Nach der Herrschaft der Mamelucken übernahmen schließlich die osmanischen Türken 1517 die Kontrolle über die Region.

Tod den Andersgläubigen

Die römisch-katholische Kirche nahm den Anspruch auf heilige Stätten der Christenheit in Jerusalem – die Via Dolorosa, Grabeskirche und andere – zum Anlass für die Kreuzzüge. Im Juni 1099 traf Gottfried von Bouillon, einer der Anführer des Ersten Kreuzzugs, in Jerusalem ein. Nach dem Sieg dieses Expeditionskorps kam es in der Stadt zu schweren Übergriffen gegen Muslime und Juden: Selbst Frauen, Kinder und Alte wurden von den Kreuzfahrern rücksichtslos niedergemetzelt.

Rammböcke Die Kreuzfahrer benutzen dicke Baumstämme, um Breschen in die Stadtmauer zu schlagen und sich so Zutritt zu verschaffen.

Belagerer Die Kämpfer rücken in kleinen Gruppen vor und halten ihre Schilde über den Kopf, um sich gegen Pfeile zu schützen – eine bereits von römischen Legionären erprobte Taktik.

Religiöser Beistand Während der Belagerung errichten die Kreuzfahrer am Fuß der Stadtmauer Zelte, um darin die Messe zu feiern. Bevor sie in den Kampf ziehen, legen sie noch die Beichte ab.

Stadtmauer Entlang der Stadtbefestigung gab es 43 Wachtürme und elf Stadttore, von denen nur acht erhalten sind. Die Stadtmauer ist 4,5 km lang und zwischen 5 und 15 m hoch.

Katapulte Die Kreuzfahrer schleudern mit ihren Katapulten Steine und brennendes Material in die Stadt. Die Geschütze sind aus Holz, können also ihrerseits von den Verteidigern in Brand geschossen werden.

Mobile Belagerungstürme Die Kreuzfahrer versuchen, auf Rädern montierte Holztürme näher an die Stadtmauer heranzuschieben. Diese Türme haben in etwa die Höhe der Mauer.

Militärmaschinerie Zahllose Handwerker sind ständig damit beschäftigt, die Truppen mit verschiedensten Gegenständen zu versorgen. Sie sind in Zelten abseits der Frontlinie untergebracht.

Kavallerie Während der Belagerung ist sie nicht im Einsatz. Ihre einzige Aufgabe besteht darin, einen von außen kommenden, möglichen Entlastungsangriff zugunsten der Belagerten abzuwehren.

Infanterie Sie liegt bereit, um sofort loszustürmen, sowie eine Bresche in die Mauer geschlagen ist. Die Belagerten locken manchmal die Kreuzfahrer mit bewusst freigegebenen Lücken in einen Hinterhalt.

JUSTINIANS ERBE

Nach Jahrzehnten des imperialen Niedergangs erlebte die byzantinische Armee unter Justinian I. (482–565) einen Wiederaufschwung, als der Kaiser entsprechende Finanzen bereitstellte und seine Feldherren Belisar und Narses mit der Militärführung beauftragte. Unter seinen Vorgängern Diokletian (284–305) und Konstantin dem Großen (306–337) war das Reich, das in seiner Blütezeit noch Hunderttausende Mann unter Waffen hatte, ohne ein nennenswertes System von mobilen Truppen oder Reserven verblieben. Allmählich wuchs die Zahl der Bogenschützen zu Fuß. Auch die Kavallerie gewann an Schlagkraft in Gestalt der Kataphrakten, schwer gepanzerter Reiter auf ebenfalls gepanzerten Pferden. Unter Theodosius I. (379–395) hatten auch Barbaren *(foederati)* zur Kavallerie gehört, doch seine Nachfolger Leo I. (457–474) und Zenon (474–491) reduzierten die Anzahl dieser Söldner, weil es Konflikte mit einheimischen Truppen gab. Beide Kaiser beschränkten sich auf die Sicherung des Reichs. Erst Justinian I., der von sich selbst sagte, „er schlafe nie", engagierte sich wieder stärker.

Unter Justinian gab es drei Kategorien von Soldaten: die normale, mit Lanze und Schild bewaffnete schwere Infanterie *(numeri)*, die Söldnertruppe *(foederati)* und die Haustruppen von Adligen *(bucellarii)*. Die mit Lanze und Schwert bewaffnete schwere Kavallerie und die berittenen, nicht voll gepanzerten Bogenschützen entwickelten sich in dieser Zeit zu den wichtigsten Kampftruppen.

Im 7. Jahrhundert, zur Zeit der muslimischen Eroberungen, waren im Umkreis von Konstantinopel rund 25 000 Mann stationiert. Die Armeen besaßen eine durchschnittliche Stärke von 20 000 Soldaten, aber die Gesamtzahl der im Dienste des Reichs stehenden Kämpfer lag deutlich höher. Die byzantinische Armee legte großen Wert auf die Panzerung und konnte Reiter und Pferde über große Distanzen per Schiff transportieren, die nach dem Entladen sofort einsatzbereit waren. Die Byzantiner bauten als Erste auch Schiffe mit Spanten, und ihr gebräuchlicher Schiffstyp, die Dromone, war mit zwei Ruderreihen ausgestattet. An Bord eines Schiffs kämpften mehr als 100 Mann. Sie beschossen den Gegner mit Katapulten und versprühten das sogenannte „griechische Feuer", eine brennbare Flüssigkeit, deren genaue Zusammensetzung nicht bekannt ist.

Dank dieser Überlegenheit konnte Byzanz die Vandalen 533 in der Schlacht bei Tricamarum, die Ostgoten 552 in der Schlacht von Taginae und das Perserreich 628 bezwingen. Doch im 7. und 8. Jahrhundert verlor es, durch ein Jahrhundert Kriegsanstrengungen stark geschwächt, große Teile seines östlichen Territoriums: Syrien, das Heilige Land, Ägypten, Nordafrika und fast ganz Italien fielen in feindliche Hände.

Byzantinische Kataphrakten

Die Kataphrakten, mit schweren Rüstungen geschützte Reiter auf ebenfalls gepanzerten Pferden, waren die Eliteeinheit der byzantinischen Armee. Über mehrere Jahrhunderte trugen sie entscheidend zu byzantinischen Siegen bei. Nach der Niederlage gegen die Türken in der Schlacht von Manzikert (1071) gab man diese Kavallerie fast ganz auf.

Gepanzerte Reiter

Die Reihen der byzantinischen Kataphrakten waren von zerstörerischer Wirkung und praktisch undurchdringbar. Die disziplinierten Soldaten bildeten – anders als die mittelalterlichen Ritter – Kampfeinheiten unter einer gemeinsamen Führung. Sie waren wendiger einsetzbar und beherrschten taktische Varianten wie Frontalattacken, Zangenbewegungen, Doppelflanken- und Keilangriffe sowie Störmanöver.

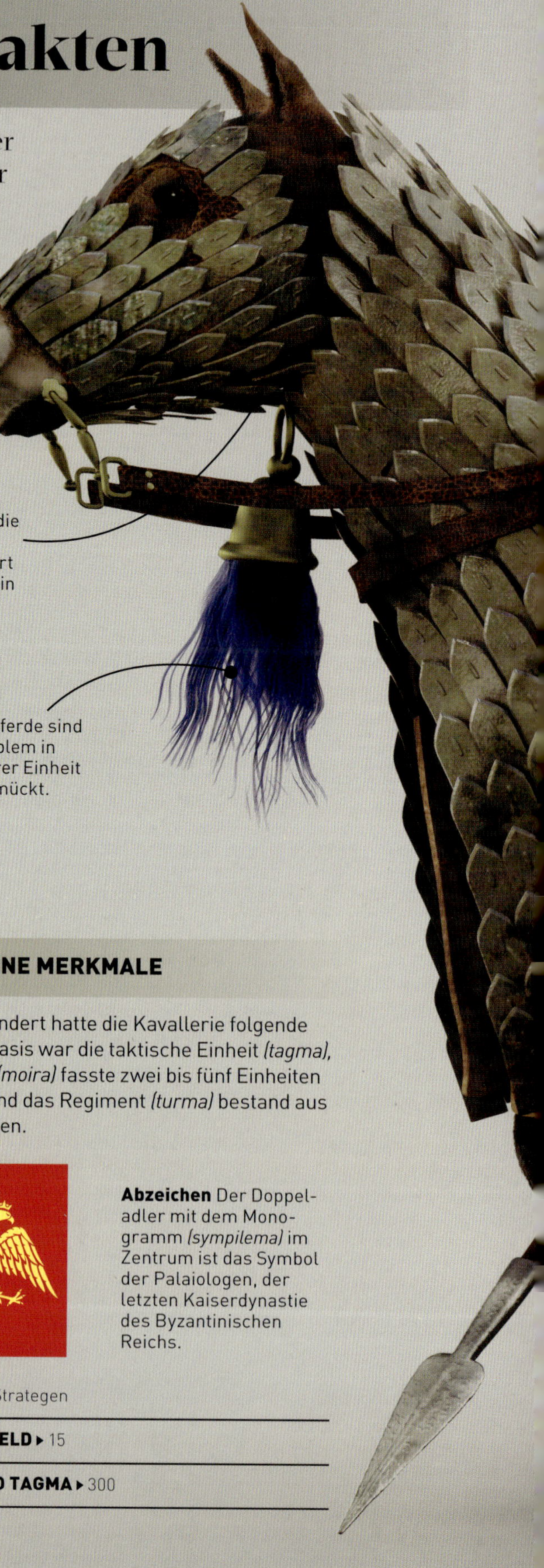

Pferd Auch die Pferde sind voll gepanzert und tragen ein Stirnschild.

Emblem Die Pferde sind mit einem Emblem in den Farben ihrer Einheit *(tagma)* geschmückt.

GLANZVOLLE ZEITEN

Die Kataphrakten waren Elitetruppen, mit denen General Belisar im 6. Jahrhundert die Reichsgrenzen im westlichen Mittelmeer ausdehnte. Im 10. Jahrhundert ersann Kaiser Nikephoros II. neue Taktiken, um Stärke und Mobilität der Kataphrakten in seinen Feldzügen zu nutzen.

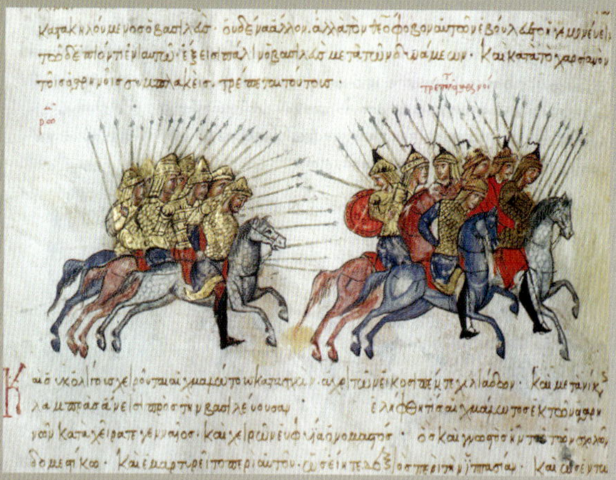

BYZANTINER GEGEN ARABER Darstellung einer Schlacht aus dem Jahr 842 in der Chronik des byzantinischen Geschichtsschreibers Johannes Skylitzes

ALLGEMEINE MERKMALE

Im 10. Jahrhundert hatte die Kavallerie folgende Gliederung: Basis war die taktische Einheit *(tagma)*, die Abteilung *(moira)* fasste zwei bis fünf Einheiten zusammen, und das Regiment *(turma)* bestand aus drei Abteilungen.

Abzeichen Der Doppeladler mit dem Monogramm *(sympilema)* im Zentrum ist das Symbol der Palaiologen, der letzten Kaiserdynastie des Byzantinischen Reichs.

KOMMANDO ▸ Strategen

TAGMATA IM FELD ▸ 15

SOLDATEN PRO TAGMA ▸ 300

UNDURCHDRINGBAR

Nach der Schlacht steckten zahlreiche Speerspitzen in der Rüstung von Kaiser Alexios I. Komnenos, doch keine war bis zum Körper durchgedrungen: ein Beweis für die Effizienz der Rüstung.

Die Schlacht von Manzikert

Im August 1071 wurde die byzantinische Armee von Romanos IV. Diogenes im Osten der heutigen Türkei von den Seldschuken, die unter Befehl von Alp Arslan standen, geschlagen. Die unzureichende Führung und zahlreiche Deserteure auf byzantinischer Seite sorgten für Chaos in der Schlacht und für eine vernichtende Niederlage. Manzikert markierte den beginnenden Niedergang des Byzantinischen Reichs und öffnete den Weg zur türkischen Dominanz in Anatolien.

Kampf

Der byzantinische Kaiser Romanos IV. Diogenes führte eine große Armee an die Ostgrenze des Reichs, um Vorstöße der Seldschuken nach Anatolien zu beenden. In Manzikert trafen sie auf die Truppen von Sultan Alp Arslan.

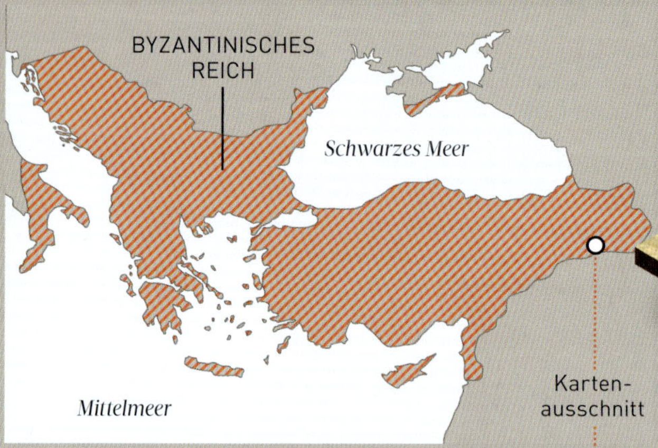

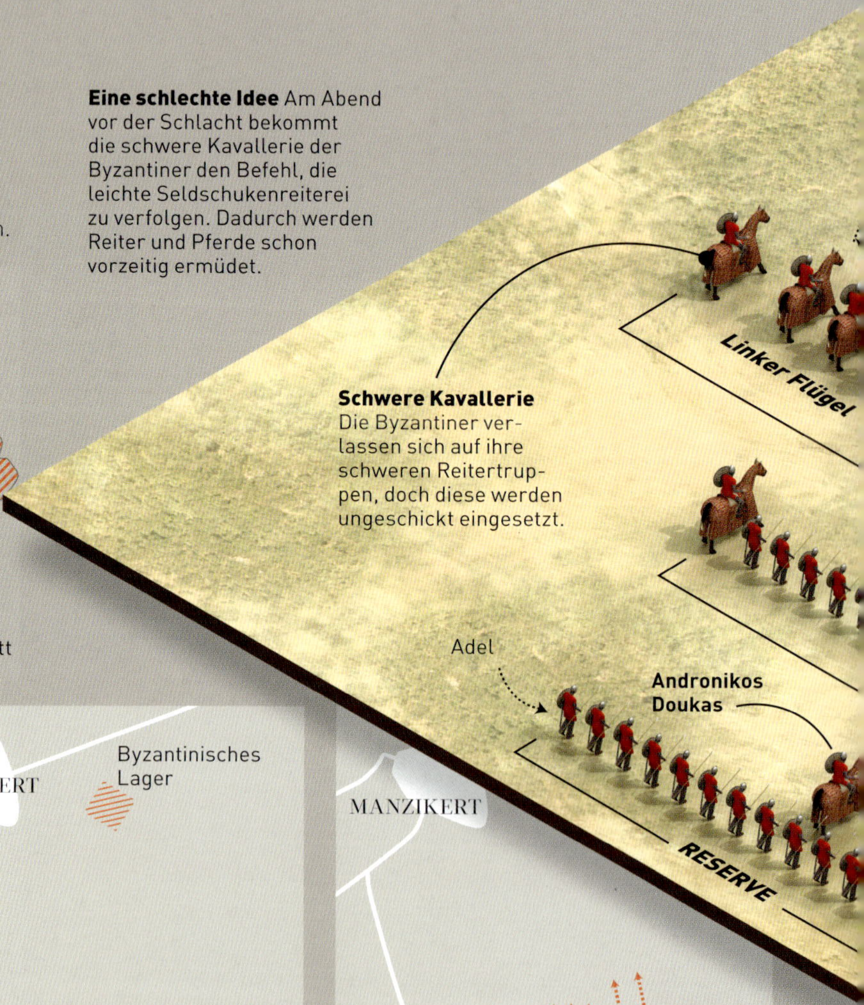

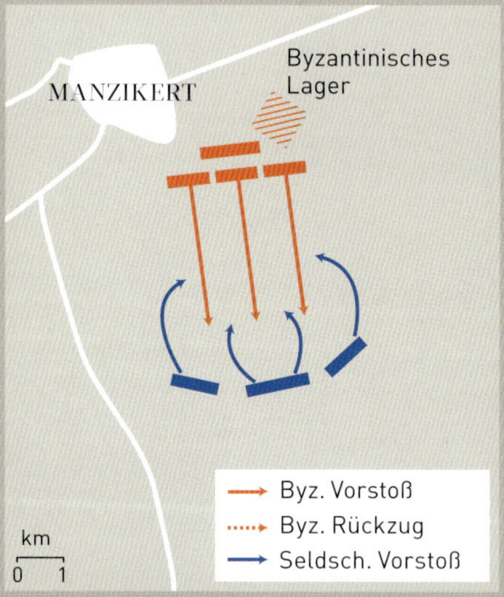

1 Nach einem Hagel seldschukischer Pfeile befiehlt der byzantinische Kaiser einen Angriff seiner schweren Kavallerie auf das Zentrum des Gegners. Dieses weicht aber zurück, während die Flügel gleichzeitig vorrücken. Flanken und Nachhut der Byzantiner geraten unter Pfeilbeschuss.

2 Die byzantinischen Truppen sammeln sich und versuchen einen neuen Angriff. Die Blockade ihrer Flügel durch die Seldschuken hält aber stand, wodurch sich Lücken zwischen Flanken und Zentrum der Byzantiner auftun.

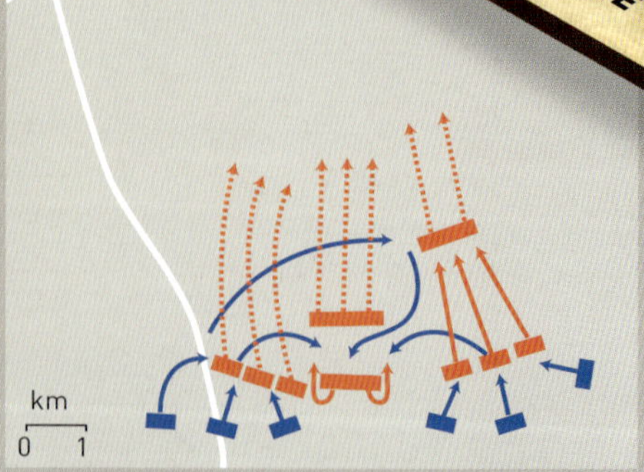

3 Romanos IV. befiehlt den Rückzug. Die Kavallerie der Seldschuken nutzt die Gelegenheit zum Angriff. Zuerst flieht der rechte Flügel der Byzantiner, dann auch der linke. Das Zentrum der kaiserlichen Armee wird von den Seldschuken eingekesselt, die Niederlage der Byzantiner ist damit besiegelt.

Duell der Kavallerien

Die Schlacht von Manzikert war ein strategisches Duell zwischen der schweren byzantinischen Kavallerie und der leichten Reiterei der Seldschuken, die letztlich siegreich blieb.

KRÄFTEVERHÄLTNIS

BYZANTINER ▸ Zwischen 40000 und 60000 Mann, darunter Byzantiner und Söldner.

SELDSCHUKEN ▸ Rund 30000 Mann, überwiegend Reiter der leichten Kavallerie

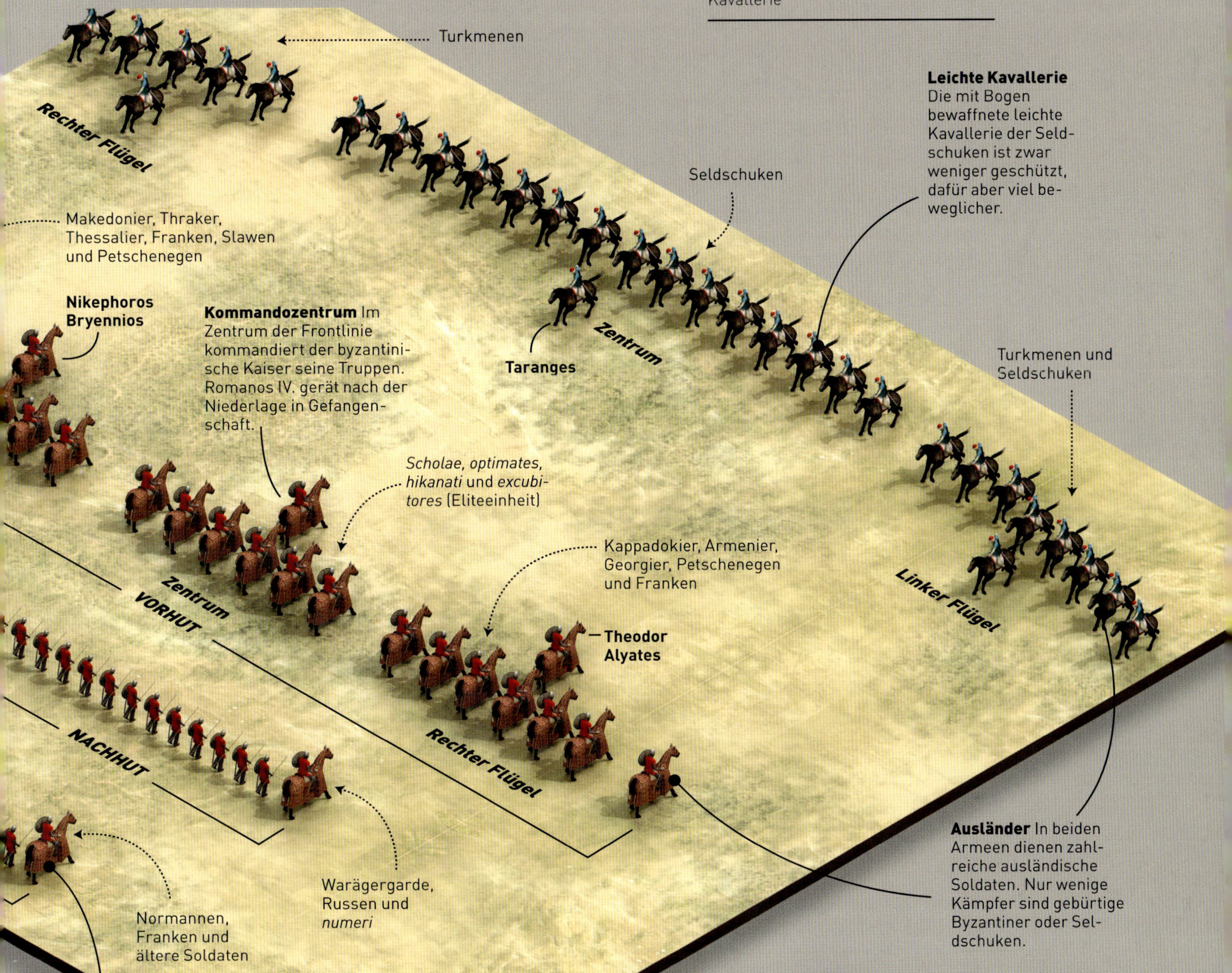

ROMANOS IV. DIOGENES
Der byzantinische Kaiser regierte nur drei Jahre. Nach der Niederlage von Manzikert wurde er abgesetzt und getötet.

◂ ALP ARSLAN
Der zweite Sultan der Seldschuken starb nur ein Jahr nach Manzikert durch die Hand eines bereits gefangenen Gegners.

NOMADEN-KRIEGER

Unter Dschingis Khan (1162–1227) entwickelte sich die mongolische Armee zu einer der effizientesten und diszipliniertesten Truppen weltweit. Obschon sie Elemente von verschiedensten Stämmen und Kulturen übernommen hatte, war sie bemerkenswert kohärent und professionell. Historiker schrieben dies den religiösen Toleranzprinzipien, die ihr Anführer vertrat, und seinem Pragmatismus zu. Dschingis Khan führte auch eine nach dem Dezimalsystem gestaffelte Organisation ein, mit Einheiten von zehn *(arban)*, 100 *(zagún)*, 1000 *(mingam)* und 10 000 Mann *(tumen)*. Selbst in der kleinsten Einheit mit nur zehn Mann dienten Soldaten verschiedener Ethnien und Herkunft, was den Geist der Brüderlichkeit stärkte. Die für Entscheidungen auf dem Schlachtfeld zuständigen Offiziere wurden nach Leistung und nicht nach Stand ausgewählt. Die Truppen, die ohne eine Infanterie auskamen, operierten sehr schnell und verbreiteten Angst und Schrecken. Jeder Soldat besaß mindestens vier Pferde, was die Mobilität enorm verbesserte. Die Mongolen legten bis zu 400 km in nur drei Tagen zurück, was ihnen zur damaligen Zeit einen gewaltigen Vorteil gegenüber ihren Gegnern verschaffte. Die Männer verband ab frühester Kindheit eine intensive Beziehung mit Pferden. Reiter und Pferd waren an das Nomadenleben gewöhnt und entwickelten ein enges Vertrauensverhältnis. Die Soldaten trugen nur die notwendigsten Gerätschaften bei sich und ließen ihre Pferde unterwegs auf den besten Weiden grasen. Sie waren ausgezeichnete Jäger, die die Jagd als eine Art militärisches Training ausübten. Nachdem die Reiter das Wild eingekesselt hatten, wurde bloß die Beute erlegt, die auch zur Verpflegung benötigt wurde. Aus Respekt vor dem Tier sollten die Soldaten es mit einem einzigen Schuss töten.

Die große Effizienz seiner Armee ermöglichte dem Mongolenreich eine rasche Ausdehnung seines Hoheitsgebiets. Das wiederum machte den Ausbau eines Kommunikationssystems erforderlich, um Botschaften von einem Ende des Reichs zum andern zu übermitteln. Zu diesem Zweck schuf man eine Truppe besonders schneller Reiter und ein Netzwerk aus Raststationen *(örtöö)*. In den rund 35 km voneinander entfernten Stationen wurden jeweils berittene Boten von lokalen Familien mit Essen und Wasser versorgt. Die Soldaten trugen nur die allernötigste Ausrüstung bei sich: einen Kompositbogen mit Köcher und Pfeilen, ein kurzes Schwert und einen Dolch, einen Schild aus Weidengeflecht und einen Speer. Hinzu kam ein wasserdichtes Lederbündel zum Durchqueren von Flüssen. Unter Dschingis Kahns Nachfolgern im 13. und 14. Jahrhundert führte man für die Offiziere Helme ein. Diese waren zum Teil mit Federn verziert und bestanden aus Lederkappen, die mit kunstvoll gearbeiteten Stahlplatten besetzt waren.

Mongolische Reiter

Dschingis Khans Armee bestand fast ausschließlich aus Reitern, die in schwere und leichte Kavallerie eingeteilt waren. Ihre Stärke bezog sie aus ihrer außergewöhnlichen Mobilität, der Effizienz eigens entwickelter Taktiken und einer speziellen Ausbildung für diese Art der Kriegsführung. Mongolische Krieger waren nicht nur großartige Reiter und Bogenschützen, sondern besaßen auch eine überraschende Zähigkeit, die sie dem harten Leben in den eurasischen Steppen verdankten.

Zum Kämpfen geboren

In der mongolischen Gesellschaft waren alle körperlich geeigneten Männer zwischen 16 und 60 Jahren Krieger. Die Reitertruppe bestand etwa aus 60 % leichter und 40 % schwerer Kavallerie. Beide ergänzten sich taktisch: Zur Angriffswucht der schweren Abteilung kam der Pfeilhagel der leichten. Die Reiter waren im Umgang mit Pfeil und Bogen so geschickt, dass sie im Galopp schießen, nachladen und mit höchster Präzision treffen konnten.

GRAUSAME BELAGERER

Eigentlich bevorzugten die Mongolen den Kampf im offenen Gelände, wo ihre Reiterei wirkungsvoll zum Einsatz kam, doch sie lernten bald das Belagern von Städten. Dabei gingen sie mit großer Grausamkeit vor, setzten ganze Städte in Brand und metzelten nach deren Einnahme Männer, Frauen und Kinder nieder.

Unter Befehl von Hülegü Khan belagern die Mongolen 1258 Bagdad und nehmen die Stadt ein.

ALLGEMEINE MERKMALE

Jeder Krieger war für sein Essen und seine Ausrüstung verantwortlich und besaß mindestens drei Ersatzpferde. Durch den ständigen Wechsel des Reitpferds waren große Entfernungen in kürzester Zeit zu bewältigen.

Abzeichen Die Schwarze Standarte *(khar sulde)* bestand aus Rosshaar und wurde nur im Krieg benutzt.

ARMEEN IM FELD ▸ Zwischen 5 und 8 (150 000 bis 240 000 Mann)

TUMEN PRO ARMEE ▸ 3 (30 000 Mann)

HISTORISCHE SIEGE ▸ Schlacht am Indus (1221), Schlacht an der Kalka (1223), Schlacht vom Köse Dağ (1243)

BOGENSCHIESSEN

Ein Bogen erfordert je nach Einsatzzweck und Bauweise eine bestimmte Schusstechnik. Die Mongolen hatten eine eigene Art, Pfeile abzuschießen.

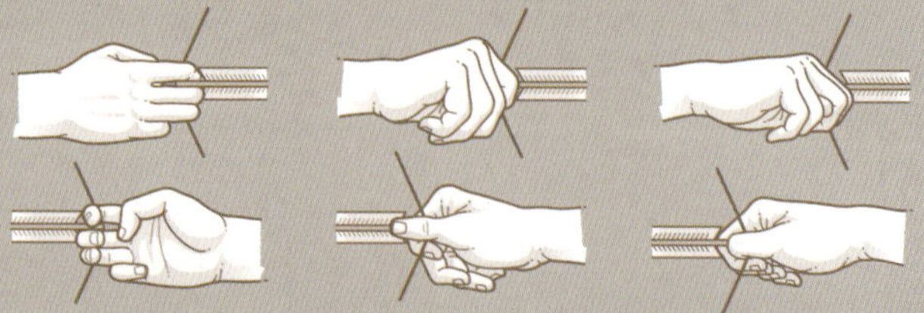

Mediterran Der Pfeil wird mit dem Zeigefinger – ohne Mithilfe der Fingerspitze – gehalten. Mittel- und Ringfinger spannen die Sehne.

Klemmgriff Das Pfeilende wird zwischen Zeigefinger und Daumen eingeklemmt. Die Sehne wird mit Mittel- und Ringfinger gespannt.

Mongolengriff Der Daumen, der kräftigste Finger, spannt die Sehne. Zeige- und Ringfinger umschließen den Daumen und verstärken den Griff.

Helm Für den Kampf wird die traditionelle Wollmütze durch einen Helm aus Leder oder Eisen ersetzt.
Rüstung Ein unter der Lederrüstung getragenes Seidenhemd dämpft die Wirkung von Pfeiltreffern.
Bogen Es gibt zwei Bogentypen, einen für kurze und einen für große Distanzen. Der große Bogen schießt über 300 m weit.
Pfeifende Pfeile Diese Pfeile dienen der Übermittlung von Signalen. Wenn die Luft durch Öffnungen in der Spitze strömt, entstehen Pfeiftöne.
Schutz Manchmal wird die Rüstung durch Schulterpolster und Armmanschetten aus Leder ergänzt.
Säbel Anstelle des Schwerts wird ein leichter, gebogener Kurzsäbel benutzt, eine typische Waffe der Kavallerie.
Pferde Die kleinen, aber schnellen und zähen Reittiere gehören zu den Przewalskipferden.
Sattel Unter dem Sattel transportiert man als Proviant rohes Fleisch, das beim Reiten langsam zarter wird.
Schild Häufig wird ohne Schild gekämpft. Die Schilde sind klein und bestehen aus mit Leder bezogenem Weidengeflecht.
Steigbügel Die kurzen Steigbügel sorgen für eine stabile Position beim Abschießen der Pfeile.
Köcher Jeder Reiter hat zwei Köcher mit mindestens 60 Pfeilen unterschiedlicher Art dabei.

Schlacht bei Muhi

Unter der Herrschaft von Ögedei, dem Sohn Dschingis Khans, setzten die Mongolen ihre Vorstöße nach Westen mit erfolgreichen Feldzügen in Polen und Ungarn fort. Durch ihren überwältigenden Sieg über die Ungarn bei Muhi wurde eine drohende Invasion der Mongolen in Westeuropa immer wahrscheinlicher. Die Schlacht am 11. April 1241 forderte Tausende Opfer, zerschlug Ungarn und öffnete den Eindringlingen aus der Steppe das Tor zum alten Kontinent. Nur der Tod des Mongolenherrschers hielt seine Armeen davon ab, mit der Eroberung Europas fortzufahren.

Schlacht an der Brücke

Die steinerne Brücke über den Sajó spielte eine wichtige Rolle in der Schlacht bei Muhi. Entscheidend war letztlich aber die Strategie der Mongolen, die ungarischen Truppen zu umzingeln.

1 Nachdem die Mongolen beim Versuch, die Brücke zu überqueren, am Vorabend überrascht wurden, haben sie sich zurückgezogen. Am frühen Morgen greift Prinz Batu mit seiner Division die ungarischen Bewacher der Brücke mit großen Katapulten an. Gleichzeitig setzen andere Divisionen im Norden und Süden über den Fluss.

2 Den Europäern scheint der Sieg im Zentrum sicher, doch die Ankunft von General Subutai verändert die Situation. Die Ungarn werden mit Katapulten, „Feuerpfeilen" und möglicherweise Sprengraketen attackiert. Die dadurch verängstigten Europäer fliehen.

KRÄFTEVERHÄLTNIS

UNGARN ▸ 25 000 Mann, darunter Ungarn, Tempelritter, Ritter des Deutschen Ordens und Kumanen.

MONGOLEN ▸ Rund 30 000 Mann

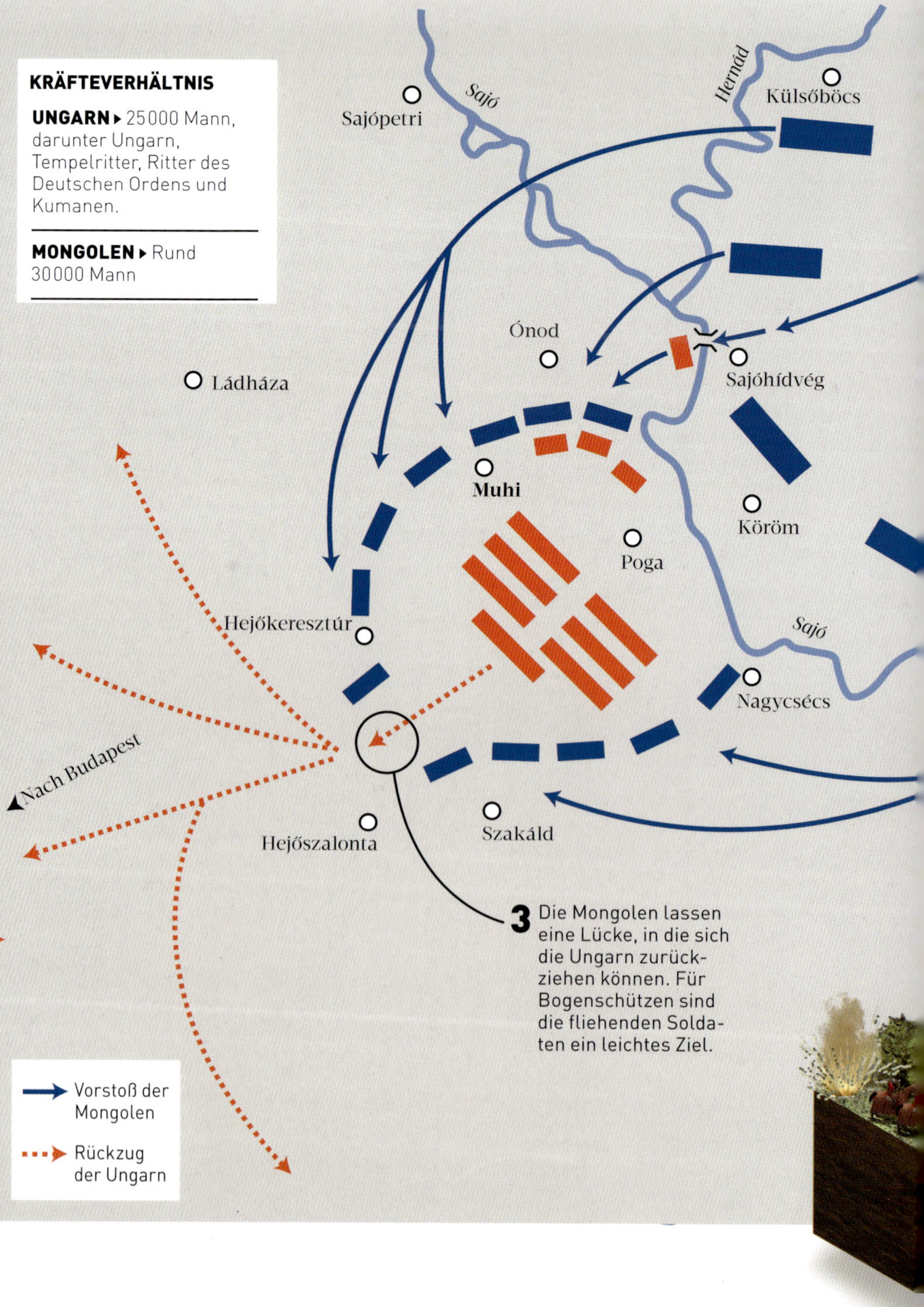

3 Die Mongolen lassen eine Lücke, in die sich die Ungarn zurückziehen können. Für Bogenschützen sind die fliehenden Soldaten ein leichtes Ziel.

Die Kraft des Feuers

Vermutlich setzten die Mongolen bei der Schlacht von Muhi erstmals Schießpulver ein, das sie aus China mitgebracht hatten. Geschichtsbücher erwähnen „Feuerpfeile", doch was genau damit gemeint ist, bleibt unklar.

Feuerpfeile Dies könnten Raketen, vielleicht sogar solche mit Explosionswirkung, gewesen sein, die gegen gepanzerte Feinde abgeschossen wurden.

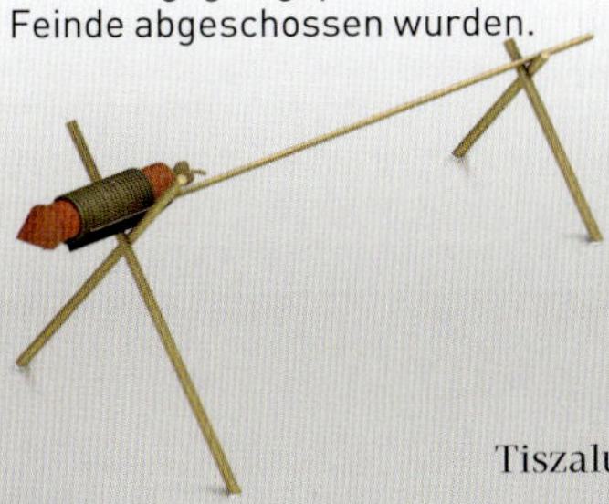

Ballisten Die großen Geschütze können schwere und große Projektile verschießen.

Katapulte Die von den Mongolen perfektionierten Wurfmaschinen schleudern große Steine oder Brandbomben.

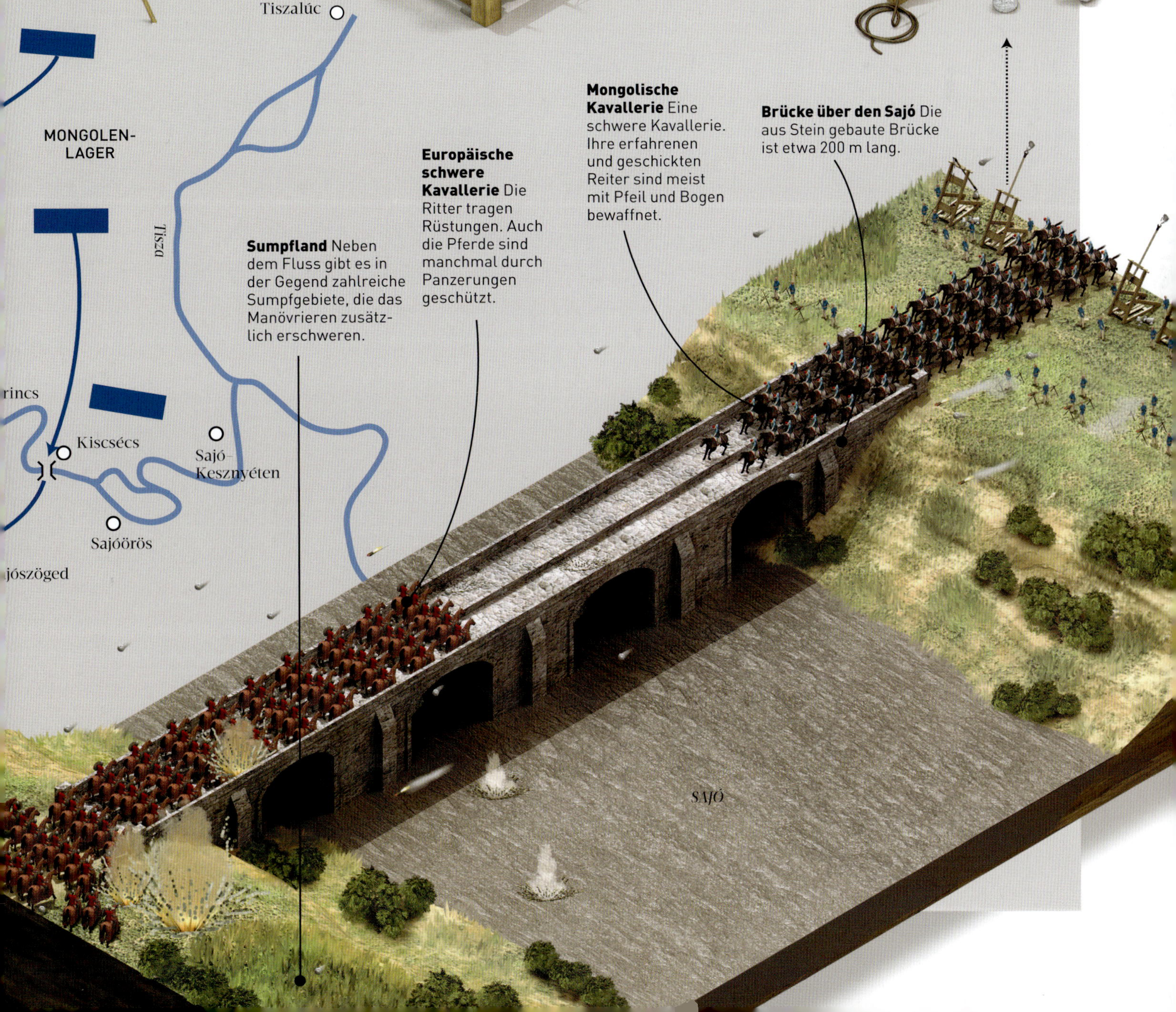

Sumpfland Neben dem Fluss gibt es in der Gegend zahlreiche Sumpfgebiete, die das Manövrieren zusätzlich erschweren.

Europäische schwere Kavallerie Die Ritter tragen Rüstungen. Auch die Pferde sind manchmal durch Panzerungen geschützt.

Mongolische Kavallerie Eine schwere Kavallerie. Ihre erfahrenen und geschickten Reiter sind meist mit Pfeil und Bogen bewaffnet.

Brücke über den Sajó Die aus Stein gebaute Brücke ist etwa 200 m lang.

KAPITEL 3

NEUZEIT

3 **EINLEITUNG**

DAS ZEITALTER DES SCHIESSPULVERS

Die Epoche zwischen dem 16. und 19. Jahrhundert war die Zeit der großen europäischen Seemächte. Der technische Fortschritt hatte enormen Einfluss auf Fertigung und Gebrauch von Waffen, auf militärische Strategien und Taktiken. Die Armeen wurden modernisiert und zu Berufstruppen, Revolutionen veränderten die Welt, und die europäischen Staaten erhielten weitgehend ihr heutiges Bild.

Im 16. Jahrhundert trugen Christen aus dem Norden und Westen im Mittelmeer heftige Konflikte mit Muslimen aus dem Süden und Osten aus. Es war die Zeit der Kanonen und Segel. Kriegsschiffe ersetzten den Rammsporn am Bug durch ein Deck für die Artillerie, die ab 1530 dann Metallprojektile benutzte. Der spanische König Philipp II. bot fast 200 Galeeren mit jeweils bis zu 400 Mann Besatzung auf. Diese Schiffe trugen ein großes Hauptgeschütz, zwei bis vier schwere und verschiedene leichte Kanonen. Ihnen fiel die Hauptrolle in den großen Schlachten zu, die meist in Angriffen auf Festungen bestanden oder bei wichtigen Ankerplätzen ausgetragen wurden wie in Preveza (1538), Djerba (1560), Malta (1565), Lepanto (1571) und Tunesien (1573). Das 16. Jahrhundert war auch das Goldene Zeitalter der Konquistadoren. Interessanterweise kam es – gerade als die Osmanen das europäische Festland bedrohten – zu einer nie da gewesenen Expansion der Europäer auf den Weltmeeren. Die Spanier beherrschten Atlantik, Mittelmeer und Pazifik, die Portugiesen, Briten und Niederländer waren im Indischen Ozean und dem Chinesischen Meer präsent.

An Land prägten drei Entwicklungen diesen Zeitabschnitt: die Revolution im Festungsbau, die Verbreitung und Verbesserung von Feuerwaffen und die zunehmende Mannschaftsstärke der Armeen. Diese gingen weniger gegen andere Armeen als gegen befestigte Städte vor. Im 16. und 17. Jahrhundert, einer besonders kriegerischen Epoche der europäischen Geschichte, gab es weitaus mehr Belagerungen als offene Schlachten. Kaiser Karl V. stattete sein Militär mit Uniformen, Musik, festen Regimentern, Geistlichen, Ärzten und einem besseren Waffenarsenal aus. Zu Zeiten von Fernando Álvarez de Toledo, dem dritten Herzog von Alba, gehörten dann Musketen mit Gabelstock dazu, die aus 180 m Entfernung eine Eisenrüstung durchschlagen konnten.

Im 16. Jahrhundert, als die Konflikte meist um dynastische Rechte gingen, lagen Frankreich und Spanien fast permanent im Krieg. Das Osmanische Reich, die Habsburger und Schweden erlebten nur jedes dritte Jahr eine Kampfpause, Spanien nur jedes vierte, Polen und Russland sogar nur jedes fünfte Jahr. In 200 Jahren verstrichen nur zehn Jahre, in denen der ganze Kontinent in Frieden lebte.

Das 17. Jahrhundert, in dem vor allem um die Kontrolle über Ländereien und aus religiösen Gründen gekämpft wurde, war das „Jahrhundert der Soldaten". Zehn bis zwölf Millionen Europäer standen unter Waffen, doch die knappen Mittel führten zu Problemen mit Disziplinlosigkeit, Deserteuren und Meutereien in den Armeen, die auch Söldner einschlossen. Im Dreißigjährigen Krieg (1618–1648) gab es über 300 Werber aus der Schweiz und Deutschland, die ganze Armeen anheuerten und den Kriegsparteien andienten. Auch die Strategie veränderte sich: Man bildete Linienformationen mit drei Reihen aus Musketieren, die einander abwechselten, um so ein konstantes Sperrfeuer zu ermöglichen. 1616 gründete Johann VII. Graf zu Nassau-Siegen, der auch ein Militärhandbuch verfasst hatte, die erste Militärakademie in Europa.

Nach dem Sieg über Spanien 1659 schuf Frankreich ein neues Modell mit einer festen Armee, das von Preußen und Russen übernommen wurde. Unter Ludwig XIV. (1643–1715) kamen 350 000 Mann dazu, und er richtete 1675 das erste Kriegsministerium mit einer nach Dienstgraden strukturierten Hierarchie ein. 1699 kam die Steinschlossmuskete auf und löste die langsamen Luntengewehre ab. 1703 rüstete Frankreich die Musketiere mit Bajonetten aus. Die Schlachtordnung sah zwei bis drei Linien Infanterie im Zentrum vor, Kavallerie an den Flügeln, wobei die Dragoner auch zu Fuß kämpften, und Artillerie über die gesamte Breite der Front. Ehrgeizige Könige und Staatsmänner schürten die Konflikte zwischen den Reichen. In Westeuropa kämpften England, Spanien und die Niederlande gegen Frankreich, im Osten lagen Österreich, Frankreich, Schweden und Russland miteinander im Krieg. Nach dem Pfälzischen (1688–1697) und dem Spanischen Erbfolgekrieg (1701–1714) markierte 1715 der Tod Ludwigs XIV. das Ende einer französischen Ära und den Aufstieg Preußens zur Großmacht.

In Preußen stellte König Friedrich Wilhelm I. (1713–1740) eine Armee mit 80 000 Mann auf und schuf das preußische Offizierkorps, die beste Berufsarmee in Europa. Er beförderte seine Offiziere bis in höchste gesellschaftliche Positionen. Friedrich der Große (1740–1786) verwandelte das Land in eine große Militärmacht mit einem Staat, der im Wesentlichen der Unterstützung

der Armee diente. Dann brach der Siebenjährige Krieg (1756–1763) aus, ein Konflikt mit globalen Dimensionen, der in Europa, Nordamerika und Südasien ausgetragen wurde. Eine neue Ära brach an, in der militärische Erfordernisse die Regierungsgeschäfte prägten und über das Schicksal europäischer Staaten entschieden.

Während die Engländer ihre Vormacht auf See festigten und in Indien eine Armee gründeten, die von Sepoys (nach britischem Vorbild trainierten indischen Soldaten) unterstützt wurde, verbreiteten sich in Europa neue Waffen und neue Ideen für die Kriegsführung. Nach 1750 ergänzte man die europäischen Armeen um leichte Infanterieabteilungen, die sich in der Schlacht zu Linien- und Säulenformationen ordneten. Geschütze wurden verbessert, Kanonenrohre aus einem Stück gegossen und dann aufgebohrt, was die Schussweite verbesserte. Zusätzlich gründete man, etwa in Frankreich, Kadettenschulen und stellte Berufsoffiziere ein.

Zwischen 1763 und 1815 veränderten sich die Welt und der Krieg grundlegend. Im Amerikanischen Unabhängigkeitskrieg (1775–1783) spielten Partisanen und Scharfschützen eine wichtige Rolle, und es formierte sich eine „Volksarmee". Der Frieden von Paris, der 1783 die Unabhängigkeit der Vereinigten Staaten anerkannte, und die Französische Revolution von 1789 brachten fundamentale Veränderungen. Nach Auflösung der Armee des Ancien Régime gehörte dem Bürgersoldaten die Zukunft. 1790 war Frankreich eine Nation unter Waffen mit einer Million politisch erzogener Soldaten. Wirkungsvolle Taktiken und mobile Kanonen verhalfen ihnen 1792 zu ersten Siegen. Allerdings sollten Napoleons unstillbare Machtgier, die Plünderungen seiner Truppen und die Fortschritte der gegnerischen Armeen, etwa in England und Preußen – dort schuf man eine Kriegsschule für die Offiziersausbildung –, der französischen Vorherrschaft auf dem Kontinent bald ein Ende setzen. 1815, nach 25 Jahren Krieg zwischen den europäischen Mächten, überflügelten die Engländer als Herren der Meere und des Welthandels alle anderen Staaten. Ein Wendepunkt war die Schlacht bei Trafalgar, bei der Admiral Horatio Nelson, der Erfinder des taktischen Kampfes von Schiff gegen Schiff und des Aufbrechens der feindlichen Formation, den Tod fand.

Der Krimkrieg (1853–1856), bei dem die Russen in das Territorium des stark geschwächten Osmanischen Reichs einfielen, gilt als letzter Krieg in diesem Abschnitt der Neuzeit. Viele Historiker setzen ihr Ende mit der Unterzeichnung der ersten Genfer Konvention 1864 an, dem ersten internationalen Abkommen zum Schutz der Opfer bewaffneter Konflikte. Im Amerikanischen Bürgerkrieg (1861–1865) kündigten sich dann bereits die militärischen Praktiken des 20. Jahrhunderts an.

Zeitleiste und wichtige Schlachten

Zwischen dem 16. und 19. Jahrhundert spielten Kriegsschiffe eine große Rolle beim Wettrüsten, das sich alle europäischen Mächte lieferten. Jeder wollte die neuesten Waffen besitzen. Die meisten Schiffe verfügten über mehr Geschütze als manche Festung an Land. Die Flotten verschlangen, genau wie die Armeen, Unsummen an Geld, und die wachsenden Berufstruppen hatten einen umso höheren Nachrüstungsbedarf.

1498
Vasco da Gama umschifft das Kap der Guten Hoffnung.

1501
Isabella I. von Kastilien erlaubt den Einsatz schwarzer Sklaven in Amerika.

1522
Magellan segelt um die Welt.

1525
Niederlage der Franzosen bei Pavia in Italien

1526
Die Türken unter Süleyman I. besiegen die Ungarn in der Schlacht bei Mohács.

1545
Das Konzil von Trient tritt zusammen und schafft die Grundlagen für die Gegenreformation.

1571
Don Juan de Austria und die Heilige Liga besiegen die Osmanen in der Seeschlacht von Lepanto.

1588
Sieg der Engländer über die spanische Armada

1600
Gründung der Britischen Ostindienkompanie

1618
Beginn des Dreißigjährigen Kriegs

1654
Russland und Polen kämpfen um die Vorherrschaft in der Ukraine.

1660
Restauration der Monarchie in England

1701–1714
Spanischer Erbfolgekrieg

1703
Gründung von Sankt Petersburg

1500 — 1700

1514
Die Osmanen besiegen die Safawiden in der Schlacht bei Tschaldiran.

1517
Luther veröffentlicht seine 95 Thesen: Beginn der Reformation und Kirchenspaltung.

1519
Hernán Cortés beginnt die Eroberung Mexikos.

1533
Pizarro erobert Cuzco, das Inkareich geht unter.

1558
Karl V., Kaiser des Heiligen Römischen Reichs und König von Spanien, stirbt.

1562
Ausbruch der Hugenottenkriege zwischen Protestanten und Katholiken in Frankreich.

1592
Erste japanische Invasion in Korea

1598
Ende der Hugenottenkriege mit dem Edikt von Nantes

1642–1651
Bürgerkrieg in England

1689
Peter der Große, Zar in Russland

1700–1721
Nordischer Krieg zwischen Russland und Schweden

Standarten mit den Wappen von Aragón, León und Kastilien bei der feierlichen Beisetzung Karls V.

DIE EROBERUNG VON TENOCHTITLÁN

Ab Mai 1521 belagerte Hernán Cortés mit rund 1000 Spaniern Tenochtitlán, die Hauptstadt der Azteken, und eroberte sie am 13. August. In knapp drei Monaten starben 100 000 Azteken.

Eine Insel, 13 Boote
Um die mitten in einem großen See gelegene Stadt zu erobern, lässt Cortés 13 kleine Boote bauen, die jeweils am Bug eine Kanone haben.

1721
Einführung von Gewehren in Amerika

1769
Erfindung der Dampfmaschine

1775–1783
Amerikanischer Unabhängigkeitskrieg

1793
König Ludwig XVI. wird hingerichtet. Frankreich erklärt Großbritannien, den Niederlanden, Spanien und den italienischen Gebieten den Krieg.

1799
Napoleon stürzt durch einen Staatsstreich das Direktorium und führt das Konsulat ein.

1805
Napoleon siegt in der Schlacht bei Austerlitz über Russland und Österreich.

England besiegt die französisch-spanische Flotte in der Schlacht von Trafalgar.

1808
Napoleons Einmarsch auf der Iberischen Halbinsel stößt auf Widerstand spanischer Guerillas.

1835
Texas wird von Mexiko unabhängig.

1839–1842
Opiumkriege in China

1861–1865
Amerikanischer Bürgerkrieg (Sezessionskrieg)

1862
Der US-Kongress schafft die Sklaverei in den Südstaaten ab.

1863
Sieg der Unionisten in der Schlacht bei Gettysburg (Sezessionskrieg)

1864
Erste Genfer Konvention

Die Proklamation von Abraham Lincoln, mit der er als Präsident der USA die Abschaffung der Sklaverei verkündet

1884
Die Berliner Kongokonferenz teilt Afrika unter den europäischen Mächten auf.

1900

1732
Preußen führt die allgemeine Wehrpflicht ein.

1756
Preußen marschiert in Sachsen ein, Beginn des Siebenjährigen Kriegs

1783
Russland annektiert die Krim.

1789
Französische Revolution

Der Sturm auf die Bastille

1803
Briten besiegen die Marathen in Assaye (Indien).

1804
Napoleon wird zum französischen Kaiser gekrönt.

1815
Schlacht bei Waterloo: Die Allianz aus Engländern, Niederländern und Preußen besiegt Napoleon.

1816
Shaka wird Herrscher der Zulu und dehnt seine Herrschaft in Afrika aus.

1853–1856
Krimkrieg zwischen Russland und dem Osmanischen Reich, das von Frankreich und England unterstützt wird.

1857
Aufstand gegen die britische Kolonialherrschaft in Indien

1876
Schlacht am Little Bighorn: Die Sioux und Cheyenne schlagen die US-Kavallerie vernichtend.

1879
Die Zulu besiegen die Briten bei Isandhlwana.

Zulukrieger auf einem Stich aus dem 19. Jahrhundert

Berühmte Militärführer

Sie herrschten über Reiche, kolonisierten neue Welten, richteten weltweit Handelsrouten ein und nutzten die technischen Fortschritte ihrer Zeit, um gewaltige Armeen aufzurüsten, die sich nahezu alle zu Berufsheeren entwickelten. In der Neuzeit befanden sich Kaiser, Könige und Staatsmänner über knapp drei Jahrhunderte fast ununterbrochen im Krieg. Taktiken und Strategien der Kriegsführung wurden dadurch immer perfekter.

1494–1566

SÜLEYMAN I.
Der Sultan mit dem Beinamen „der Prächtige" förderte Wissenschaft und Kunst. Als osmanischer Herrscher (1520–1566) führte er seine Armee persönlich bei der Eroberung von Belgrad, Rhodos, Ungarn und bei der Belagerung Wiens 1529 an. Auch nach seinem Tod wuchs das Reich weiter.

1500–1558

KARL V.
Der Kaiser des Heiligen Römischen Reichs und König von Spanien (als Karl I.) herrschte über ein riesiges Imperium. Als glühender Verteidiger des Katholizismus kämpfte er gegen Luthers Reformation und die Bedrohung durch die Türken. Er starb zurückgezogen in einem Kloster im spanischen Yuste.

1672–1725

PETER I., DER GROSSE
Er wurde 1682 zum russischen Zaren gekrönt und beschloss, sein Land nach westlichem Vorbild zu modernisieren. Er schuf ein stehendes Heer und verwandelte Russland in eine Großmacht. Zar Peter gründete Sankt Petersburg und lag beständig im Krieg mit den Türken.

1712–1786

FRIEDRICH II., DER GROSSE
Der preußische König reformierte und professionalisierte seine Armee, die eine der besten ihrer Zeit wurde. Seine militärischen Erfolge während des Siebenjährigen Kriegs vergrößerten Preußens Territorium und etablierten es als neue europäische Großmacht.

> *„Auf See kämpfen wir auf Entfernung wie von Stadtmauern und Festungen aus, nur selten kommen wir auf Nahkampfdistanz heran.“*
>
> Fernão de Oliveira, *Arte da guerra do mar* (1555)

TAUSENDE MANN AN BORD
Die Schotten bewaffneten als Erste sogenannte Großschiffe. 1688 umfasste die niederländische Flotte 102 Kriegsschiffe, die französische 221 und die englische 173. England stach mit 45000 Mann in See, als es Spanien 1690 bezwang.

1758–1805

HORATIO NELSON
Mit zwölf Jahren trat er in die englische Armee ein, mit 20 war er Kapitän. Er kämpfte in Amerika gegen die 13 abtrünnigen Kolonien und wurde während der napoleonischen Kriege zum Admiral befördert. Die Schlacht bei Trafalgar gewann er, fand dabei aber den Tod.

1769–1821

NAPOLEON BONAPARTE
Dieser Ausnahmestratege diente während der Französischen Revolution als Offizier. 1799 übernahm er durch einen Staatsstreich die Macht. Mit seinen Feldzügen brachte er fast ganz Europa unter seine Kontrolle. Nach der Niederlage bei Waterloo starb er im Exil auf Sankt Helena.

1809–1865

ABRAHAM LINCOLN
Der Gegner der Sklaverei wurde 1860 zum Präsidenten der USA gewählt. Seine Wahl beschleunigte die Sezession der Südstaaten. Im anschließenden Amerikanischen Bürgerkrieg führte er die Union zum Sieg. Er wurde von einem Anhänger der Südstaaten ermordet.

um 1831–1890

SITTING BULL
Der Häuptling der Sioux führte den Aufstand verschiedener Indianerstämme gegen die Regierungstruppen an, die ihr Land besetzt hatten. In der Schlacht am Little Bighorn gelang ihm ein wichtiger Sieg. Man verbannte ihn in ein Reservat, wo er später umgebracht wurde.

Waffen der Neuzeit

Mit der Verbreitung von Feuerwaffen änderte sich auch die Kriegsführung in der Neuzeit. Bogen und Armbrust mussten Arkebusen, Musketen und Gewehren weichen, die mobile Artillerie brachte Kanonen auf die Schlachtfelder. Die ersten Feuerwaffen waren allerdings schwer und langsam, weshalb bis ins 17. Jahrhundert für die Infanterie der Spieß, für die Kavallerie Schwert und Säbel wichtige Waffen blieben.

Musketen und Gewehre

Mit Weiterentwicklung der Feuerwaffen verbesserten sich ihre Feuerkraft und Genauigkeit. Auf die ersten Arkebusen und Musketen mit Luntenschloss folgten Mitte des 16. Jahrhunderts solche mit Radschloss. Diese schnelleren, einfacher zu benutzenden Musketen wurden zu den bevorzugten Waffen der damaligen Armeen. Zur gleichen Zeit tauchten auch Patronen auf, die Schießpulver und Kugel vereinten. Die im 19. Jahrhundert entwickelten Weitschussgewehre erreichten ihren Höhepunkt in Form von Hinterladern (die Patrone wird von hinten in die Kammer geschoben) mit gezogenem Lauf (mit spiralförmigen Nuten), die wesentlich treffgenauer waren.

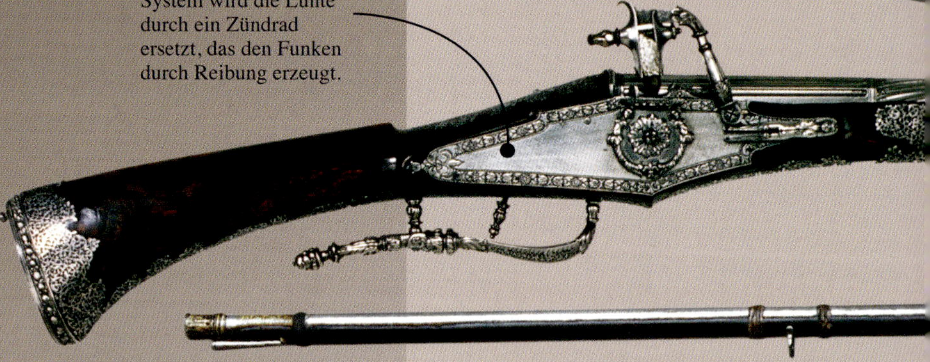

17. Jahrhundert
Muskete Bei diesem System wird die Lunte durch ein Zündrad ersetzt, das den Funken durch Reibung erzeugt.

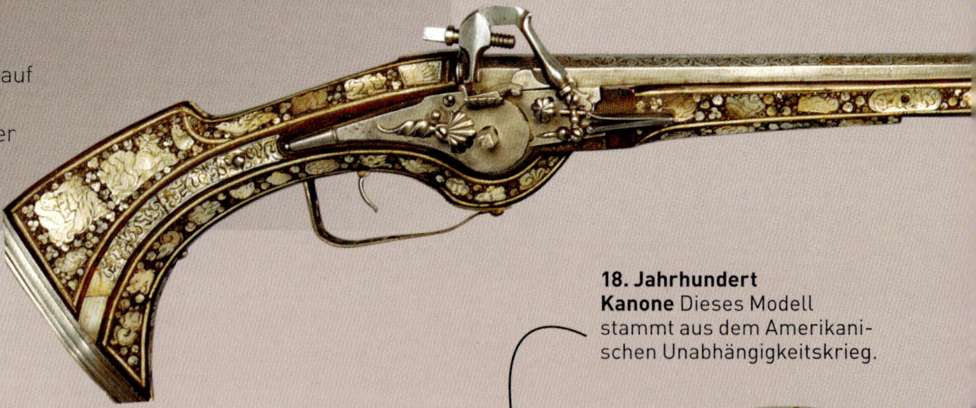

18. Jahrhundert
Kanone Dieses Modell stammt aus dem Amerikanischen Unabhängigkeitskrieg.

Bajonette Sie werden an Gewehren und Musketen befestigt, zunächst in Form von Dolchen und Säbeln, später als Tüllenbajonett (ganz links), das leichter und billiger ist.

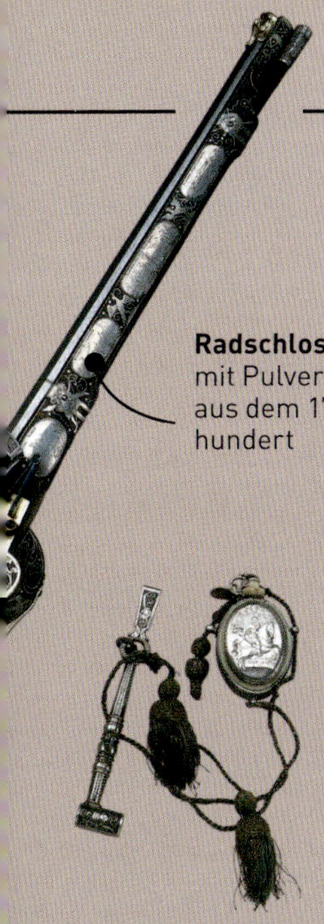

Radschlosspistole mit Pulverflasche aus dem 17. Jahrhundert

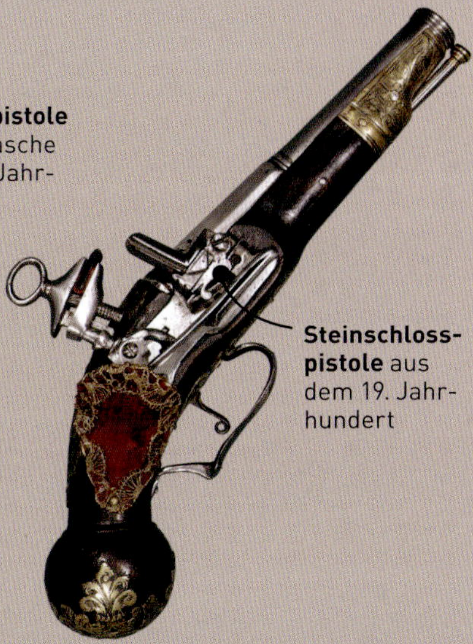

Steinschlosspistole aus dem 19. Jahrhundert

Pistolen

Ab dem 16. Jahrhundert nahmen Kavalleriekorps neben dem Schwert auch Karabiner (kürzer und leichter als Musketen) und Pistolen in ihr Waffenarsenal auf. Radschlossmusketen, die keine Lunte benötigten, erwiesen sich als sehr praktisch für Reiter, und bald danach kamen die ersten Steinschlosspistolen auf.

Hellebarde, Spieß und Schwert

Bis weit ins 17. Jahrhundert benutzte die Infanterie neben Feuerwaffen noch Hellebarden und Spieße (mehrere Meter lange Lanzen). Mitte des 17. Jahrhunderts übernahm dann das Musketenbajonett die Funktion des Spießes. Die schwere Kavallerie verwendete auch im 18. und 19. Jahrhundert weiterhin Schwerter, die leichte Kavallerie hingegen Säbel.

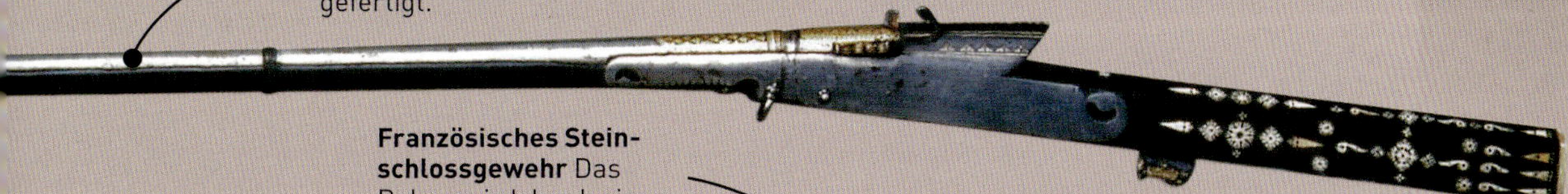

Indische Muskete Musketen mit Luntenschloss werden in Indien bis ins 19. Jahrhundert gefertigt.

Französisches Steinschlossgewehr Das Pulver wird durch einen Feuerstein gezündet.

Hellebarde Die Infanterie verwendet sie bis Anfang des 17. Jahrhunderts.

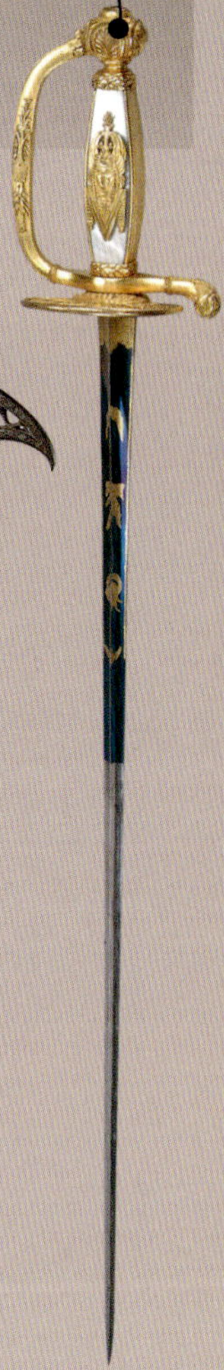

19. Jahrhundert Schwert Dieses Schwert gehörte Napoleon.

Gatling-Repetiergeschütz Das 1861 patentierte Geschütz wird erstmals im Amerikanischen Bürgerkrieg eingesetzt. Es feuert 400 Schuss pro Minute ab.

Artillerie

Die ersten Geschütze waren unbeweglich und wurden deshalb vorrangig bei Belagerungen eingesetzt. Mit Aufkommen der mobilen Artillerie im 18. Jahrhundert, mit verbesserten Kanonen und Projektilen wurden die Geschütze stärker und treffsicherer. Und sie wurden zu einem wesentlichen Bestandteil moderner Armeen. Gegen Ende des 19. Jahrhunderts entwickelte man die ersten Maschinengewehre, die Waffen der Zukunft.

Siouxkrieger

Das Volk der Sioux gehört zu den Indianerstämmen Nordamerikas, die besonders zähen Widerstand gegen den weißen Mann leisteten. Als Volk mit langer Kriegertradition glaubten die Sioux an den ruhmvollen Kampf, der dem Stamm so Respekt einträgt. Zwischen 1854 und 1890 erhoben sie sich in den sogenannten Siouxkriegen gegen die mächtige US-Armee.

Schnell wie der Blitz

Die Sioux übernahmen rasch die von den Europäern mitgebrachten Pferde und machten sie zu einem wesentlichen Bestandteil ihrer Kampftaktik, die auf Tempo und Überraschung basierte. Sie waren Experten im Legen von Hinterhalten und verschwanden sofort nach dem Zuschlagen wieder. Auf dem Schlachtfeld griffen sie in Wellen an und stürmten in großer Zahl gegen die Schwachstellen der gegnerischen Linie, bis diese aufbrach.

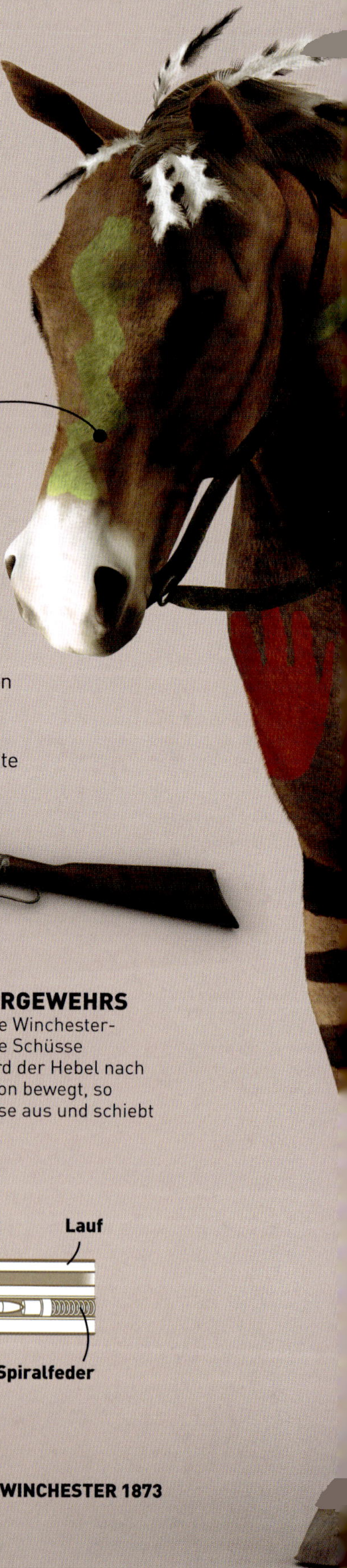

Pferd Die wilden, von den Indianern gezähmten Mustangs stammen von Pferden ab, die die Spanier nach Amerika mitgebracht hatten.

SITTING BULL

Zu den Häuptlingen der Sioux gehörten unter anderem Red Cloud, Crazy Horse und Sitting Bull, der nicht nur ein militärischer, sondern auch ein spiritueller Anführer war. Zwischen 1868 und 1876 war er der wichtigste Siouxhäuptling und verantwortlich für den berühmten Sieg am Little Bighorn über das 7. Kavallerieregiment unter George Custer.

Tatanka Iyotanka Unter diesem Namen war Sitting Bull bei seinem Volk bekannt. Das Porträt zeigt den Häuptling 1881 im Dakota-Territorium, neun Jahre vor seinem Tod.

EINSATZ VON GEWEHREN

Ab Mitte des 19. Jahrhunderts beschafften sich die Indianer Winchester-Gewehre und nutzten sie im Kampf. Trotzdem kam auch weiterhin der ihnen bestens vertraute Bogen zum Einsatz.

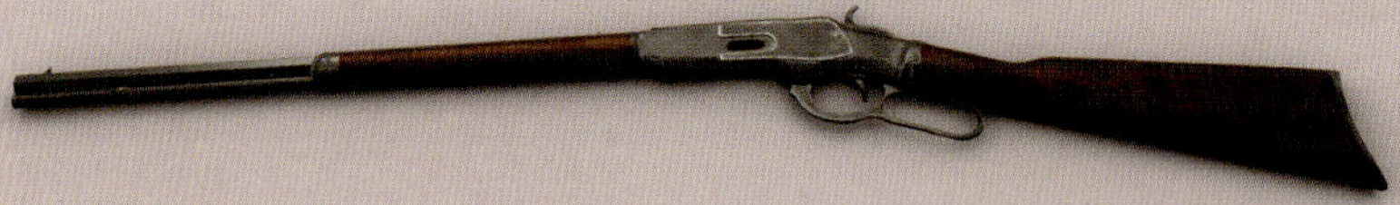

FUNKTIONSWEISE EINES REPETIERGEWEHRS

Die Sioux setzten dieses mechanisch bediente Winchester-Repetiergewehr ein. Man kann damit mehrere Schüsse hintereinander ohne Nachladen abgeben. Wird der Hebel nach unten und dann zurück in die Ausgangsposition bewegt, so wirft ein Mechanismus die leere Patronenhülse aus und schiebt eine neue Patrone in die Kammer.

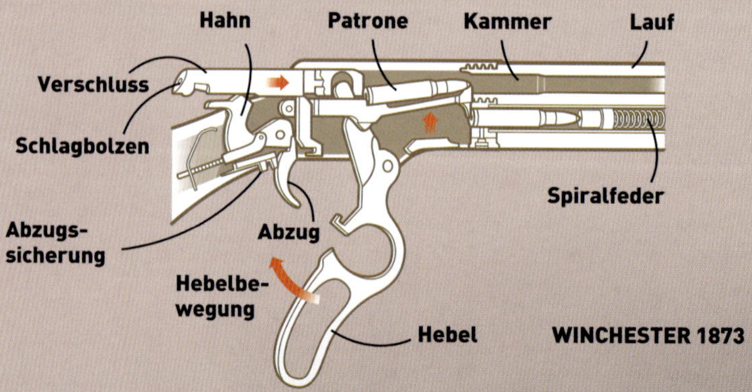

WINCHESTER 1873

Schild Der typische, aus Holz und Leder gefertigte Schild schützt gegen Pfeile, nicht aber gegen Gewehrkugeln.

Kopfschmuck Oft zeigen die Federn an, wie viele Feinde ihr Träger im Kampf getötet hat.

Symbole Die Kriegsbemalung besteht aus Symbolen, die zum einen schützen sollen und zum anderen auf die Eigenschaften des Kriegers hinweisen. Eine Hand zeigt etwa an, wie oft er im Kampf siegreich war.

Sattel Als Sattel dient eine reich verzierte Decke. Manche Reiter benutzen auch Steigbügel.

KRIEGSBEMALUNG

Jedes Zeichen und jede Farbe hatten ihre spezielle Bedeutung. Rot stand für Krieg, Grün für Widerstand, Gelb für den Willen, bis zum Tod zu kämpfen, und Schwarz für einen auf dem Schlachtfeld erfahrenen Krieger.

Bär Mut und Führungsstärke

Adler Klug, würdig und stark

Gebrochener Pfeil Friede, Ende des Kriegs

Pfeilspitze Warnung

Bogen Jeder Krieger baut sich seinen Bogen aus Holz. Die Sehne besteht aus getrockneten Därmen oder Sehnen.

Tomahawk Diese Axt ist die bevorzugte Handwaffe. Die Sioux nutzen sie auch als sehr präzise Wurfwaffe.

Bemalung Die Indianer der Great Plains schmücken auch ihre Pferde mit Farbe.

Gamaschen Schützende Hosenbeine aus Leder

Mokassins

Kopf Der Axtkopf bestand ursprünglich aus Knochen. Nach dem Kontakt mit den Europäern ist er meist aus Metall gefertigt.

Pfeife Manche Tomahawks haben eine Bohrung im Stiel, damit man sie als Pfeife nutzen kann.

Die Schlacht von Gettysburg

Die Wahl von Abraham Lincoln, einem Gegner der Sklaverei, zum Präsidenten der Vereinigten Staaten von Amerika führte 1860 zur Abspaltung von elf Südstaaten, die sich zur Konföderation zusammenschlossen. 1861 brach der Bürgerkrieg zwischen Norden und Süden aus. Er dauerte vier Jahre und forderte rund 600 000 Tote. Viele moderne Historiker sehen in der vom 1. bis 3. Juli 1863 ausgetragenen Schlacht von Gettysburg (Pennsylvania) den entscheidenden Wendepunkt, der den Amerikanischen Bürgerkrieg mit dem späteren Sieg der Union entschied.

Drei Tage unter Feuer

Die Schlacht war eine Abfolge extrem heftiger Kämpfe, an denen rund 150 000 Mann beteiligt waren und die in drei Tagen etwa 50 000 Opfer forderten.

Kräfteverhältnis

UNION ▸ 83 000 Mann	KONFÖDERATION ▸ 75 000 Mann
OPFER	**OPFER**
Gefallene ▸ 3155	**Gefallene** ▸ 4708
Verletzte ▸ 14 531	**Verletzte** ▸ 12 693
Gefangene oder Vermisste ▸ 5369	**Gefangene oder Vermisste** ▸ 5830

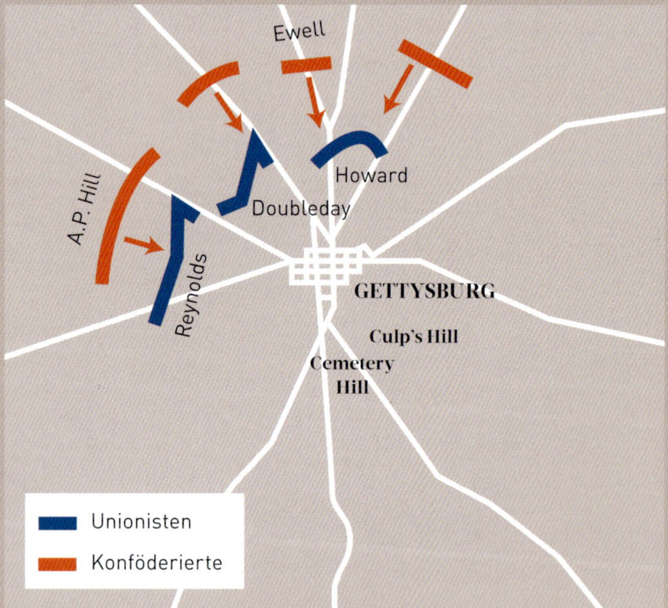

1. JULI

Schon früh werden Truppen westlich von Gettysburg positioniert. Die Kämpfe nehmen an Heftigkeit zu, als weitere Truppen eintreffen. Am Nachmittag ziehen sich die Unionstruppen in Richtung Gettysburg zurück und formieren sich am Cemetery Hill und Culp's Hill neu.

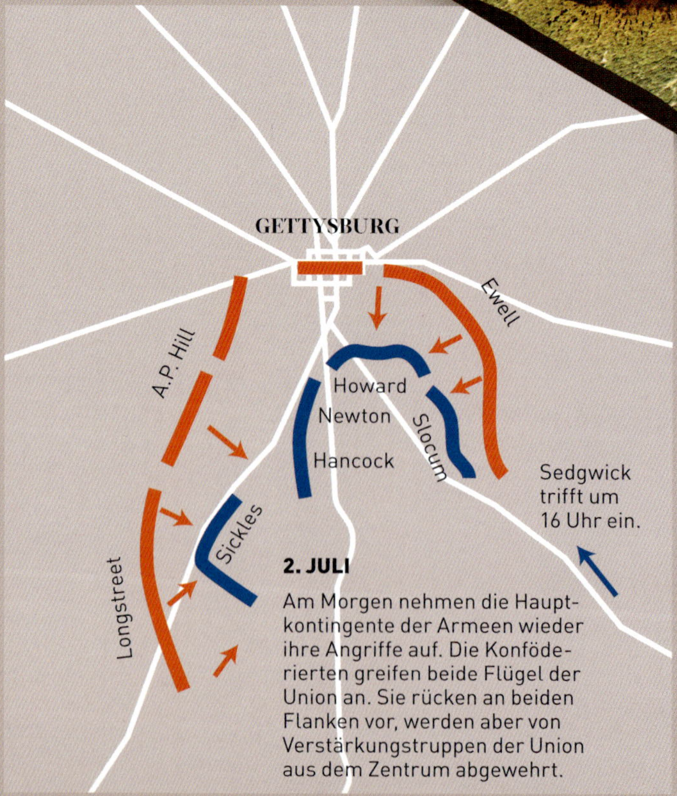

2. JULI

Am Morgen nehmen die Hauptkontingente der Armeen wieder ihre Angriffe auf. Die Konföderierten greifen beide Flügel der Union an. Sie rücken an beiden Flanken vor, werden aber von Verstärkungstruppen der Union aus dem Zentrum abgewehrt.

Gescheiterter Angriff

Einer der blutigsten Momente der Schlacht ist der schwere Artilleriebeschuss der Konföderierten. Es folgt ein Angriff der Fußsoldaten, der von Artillerie und Infanterie der Union abgewehrt wird.

3. JULI

Die Angriffe auf den rechten Flügel der Union werden fortgesetzt. Die Konföderierten können nach heftigem Artilleriebeschuss die Linien der Union durchbrechen, werden aber unter schweren Verlusten zurückgeschlagen. Im Osten der Stadt treffen die Kavallerien aufeinander, es gibt Tausende von Toten. Die Konföderierten entschließen sich zum Rückzug.

ROBERT EDWARD LEE
Der Sohn eines Helden des Unabhängigkeitskriegs war zunächst als Kommandeur der Union vorgesehen. Er lehnte ab und wechselte als Oberbefehlshaber zu den Konföderierten. Er führte sie in Gettysburg an.

GEORGE GORDON MEADE
Er übernahm nur drei Tage vor der Schlacht das Kommando über die Unionstruppen in Gettysburg. Man lobte ihn zwar für seinen Erfolg, kritisierte aber, dass er den Feind abziehen ließ.

Zulukrieger

Das britische Empire breitete sich um 1878 rasch in Afrika aus und unterwarf die Völker in den besetzten Gebieten. Das Zulukönigreich im heutigen Südafrika verblieb als einer der letzten unabhängigen indigenen Staaten. Dieses um 1820 gegründete Reich blühte auf und war eine mächtige Regionalmacht. Der 1873 zum König gekrönte Cetshwayo modernisierte seine Armee. Dies erwies sich als wichtiger Faktor bei der Kriegserklärung an die Briten 1879.

Disziplin und Loyalität

Die Zulu verfügten über kein stehendes Heer, doch ihre Soldaten waren äußerst diszipliniert. Mit 18 bis 20 Jahren wurden die Jungen in die Kriegerkaste aufgenommen und einem Regiment zugeordnet. Erfüllt von tiefer Loyalität gegenüber dem König und ihren Kameraden, führten sie ihre Feldzüge. Diese dauerten nie länger als drei Monate, denn die Zulu suchten die Entscheidungsschlacht, um danach nach Hause zurückzukehren.

HELDEN VON ISANDHLWANA

Im Dezember 1878 forderten die britischen Behörden von König Cetshwayo die Auflösung seines Königreichs. Als er nicht reagierte, marschierten die Briten im Januar 1879 im vollen Vertrauen auf ihre Waffen im Zuluterritorium ein. Am 22. Januar wurden sie aber von den Zulu bei Isandhlwana vernichtend geschlagen. Nach Auslöschung eines ihrer Infanteriebataillone gingen die Briten entschlossen gegen die Zulu vor.

Isandhlwana Das britische Regiment unter Lord Chelmsford versucht, den Ansturm der Zulu abzuwehren.

BÜFFELHÖRNER

Die Zulu benutzten diese einfache, aber tödliche Formation zur Umzingelung ihrer Gegner. Die erfahrensten Krieger positionierten sich im Zentrum, die jüngsten an den Flügeln, auch „Hörner" genannt.

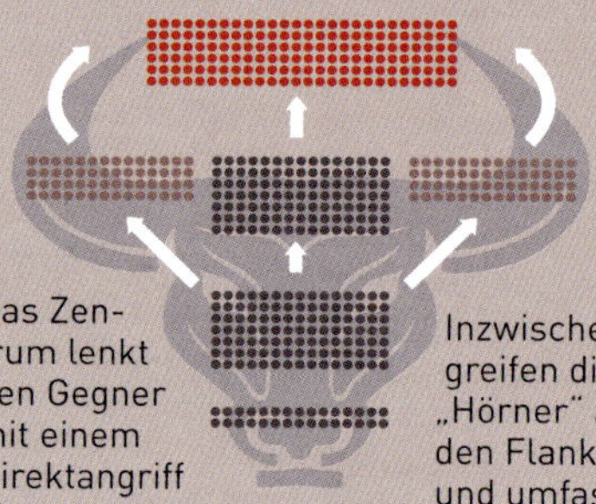

Das Zentrum lenkt den Gegner mit einem Direktangriff ab.

Inzwischen greifen die „Hörner" an den Flanken an und umfassen sie.

STRUKTUR DER TRUPPEN

Die Zuluarmee *(impi)* war in Regimenter *(amabutho)* gegliedert, die von einem erfahrenen Krieger *(indhuna)* kommandiert wurden.

Farbe und Muster des Schilds zeigen das Regiment und die Kategorie des jeweiligen Kriegers an.

Oberkommando ▸ Der König

Anzahl der Regimenter *(amabutho)* ▸ 12

Truppenstärke *(impi)* ▸ 22000

Historische Siege ▸ Isandhlwana, Intombe, Hlobane (alle 1879)

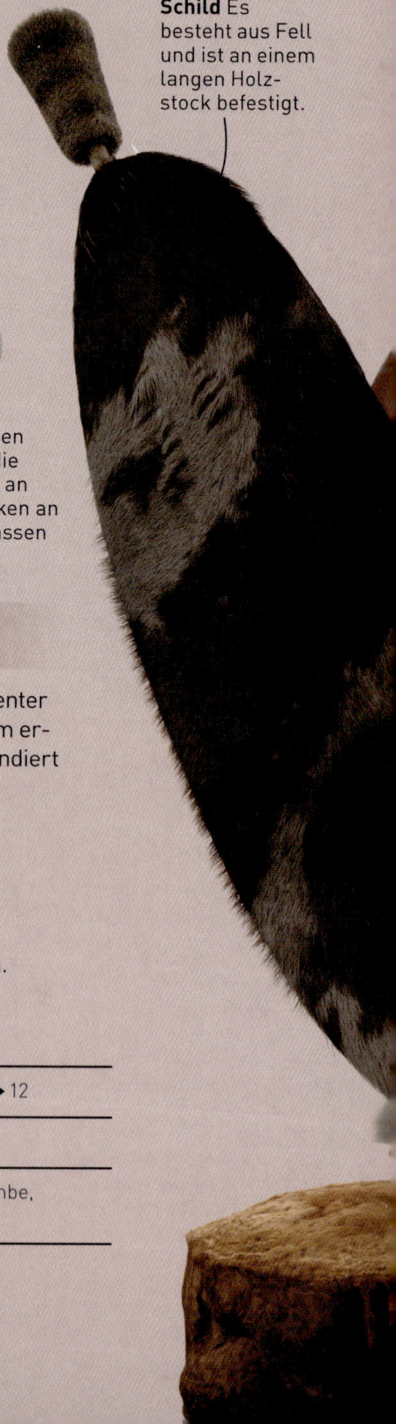

Schild Es besteht aus Fell und ist an einem langen Holzstock befestigt.

Iklwa Dieser Speer mit kurzem Stiel und großem Blatt ist praktisch ein Schwert. Er wird im Nahkampf verwendet.
Bewaffnung Neben dem Kurzspeer *(iklwa)* und einer Holzkeule kommen auch Wurfspeere *(assegai* und *isiJula)* zum Einsatz.
IsiJula-Speere
Keule
Iklwa
Griff
Stiel
Kopfschmuck mit Federn Zusammen mit dem Schild verweist er auf das Regiment des Kriegers.
Kragen Er ist aus Leopardenfell gearbeitet und wird nur von den angesehensten Kämpfern getragen.
IsiNene Der Lendenschurz aus Antilopen- oder Gazellenfell wird um die Hüfte geschlungen.
Zeichen Die weißen Zeichen auf dem Schild verweisen auf den Status: Je mehr Zeichen, umso angesehener ist der Krieger.
AmaShoba Diesen Schmuck aus Tiermähnen und Fellstücken bindet sich der Krieger um Arme und Beine.

Koreanisches Schildkrötenschiff

Als die Japaner gegen Ende des 16. Jahrhunderts versuchten, als Auftakt zu einer Invasion in China zunächst die Koreanische Halbinsel zu erobern, stießen sie auf heftigen Widerstand. Als sehr effizient erwies sich die koreanische Flotte der „Schildkrötenschiffe", deren Oberdeck durch dicke, möglicherweise eisenverstärkte Platten geschützt und mit großen Stacheln besetzt war. Die Spitzen sollten weniger vor Pfeil- und Kanonenbeschuss als vor Entermanövern schützen.

Vorläufermodelle

Vielleicht entstand das koreanische Schildkrötenschiff im Rückgriff auf ältere Schiffe, die mit einer „Schale" versehen waren. Sie fanden zwei Jahrhunderte zuvor Verwendung, wie alte Abbildungen belegen.

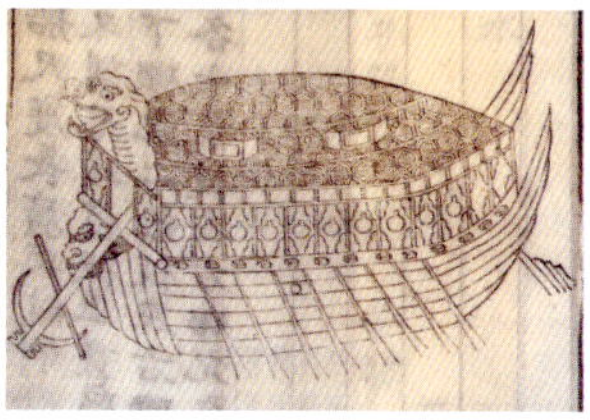

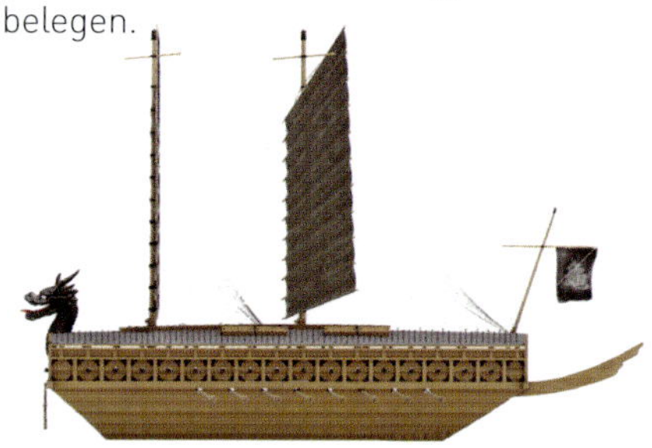

40 m

Vermutlich waren diese Schiffe knapp 40 m lang, doch Genaueres ist nicht bekannt.

Drachenkopf Er ziert den Bug. Sehr wahrscheinlich verbergen sich darin ein Geschütz und Flammenwerfer.

Anker Der große Anker aus Holz ist ein weiteres auffälliges Merkmal dieses Schifftyps.

I SUN-SIN
Der Sohn eines Admirals verteidigte sein Land gegen Angriffe der mächtigen japanischen Marine. Bis heute ist er wegen seines Muts und Einfallsreichtums berühmt. Er fiel 1598 im Kampf.

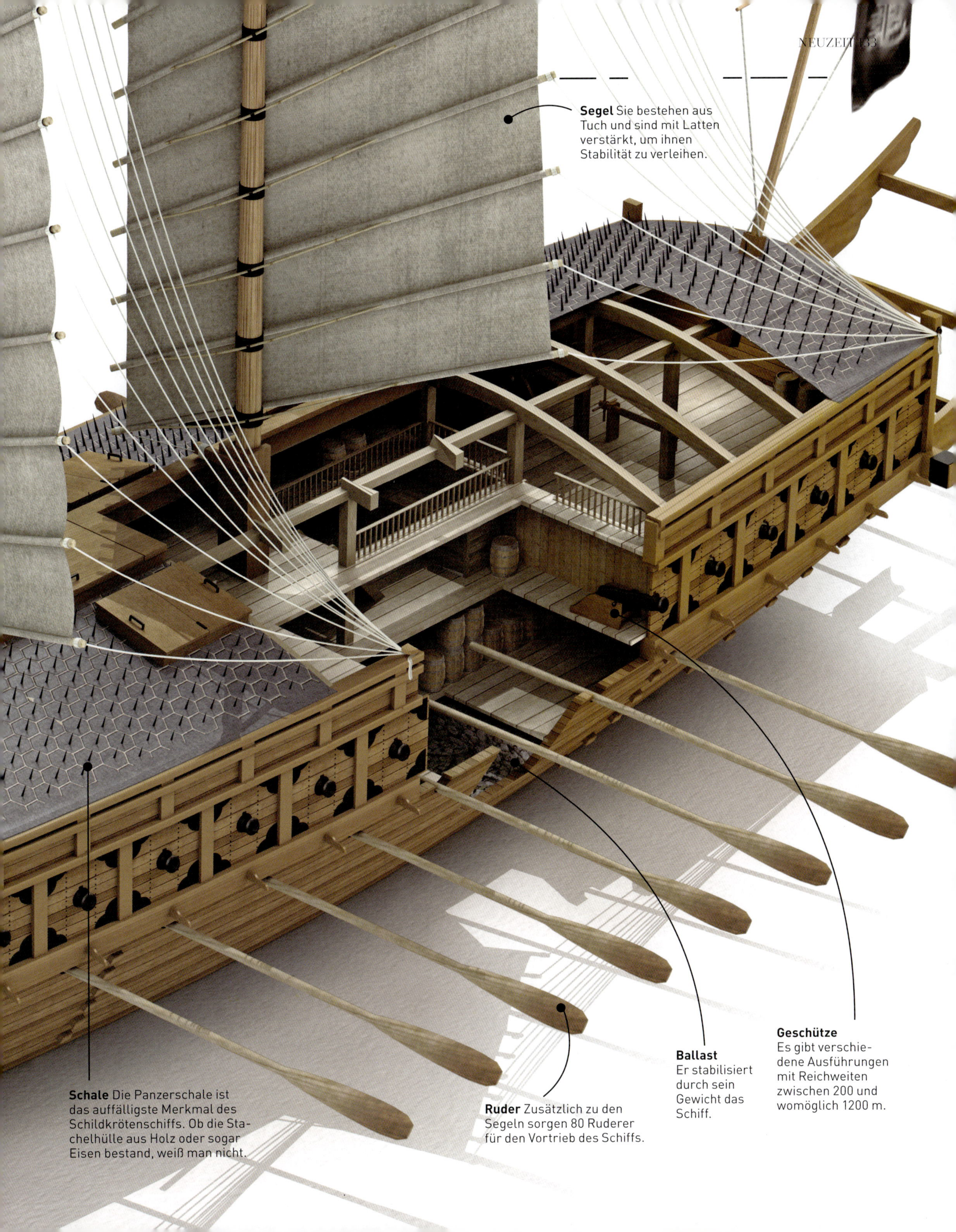
Segel Sie bestehen aus Tuch und sind mit Latten verstärkt, um ihnen Stabilität zu verleihen.
Schale Die Panzerschale ist das auffälligste Merkmal des Schildkrötenschiffs. Ob die Stachelhülle aus Holz oder sogar Eisen bestand, weiß man nicht.
Ruder Zusätzlich zu den Segeln sorgen 80 Ruderer für den Vortrieb des Schiffs.
Ballast Er stabilisiert durch sein Gewicht das Schiff.
Geschütze Es gibt verschiedene Ausführungen mit Reichweiten zwischen 200 und womöglich 1200 m.

Die preußische Armee

Im 18. Jahrhundert blickte ganz Europa voller Bewunderung auf die preußische Armee. Sie war berühmt für eiserne Disziplin und Effizienz und bildete die Machtbasis Preußens unter König Friedrich II. in einer Zeit, als die großen europäischen Mächte auf Schlachtfeldern um die Vorherrschaft rangen. Friedrich der Große schuf eine äußerst professionelle Streitmacht, die schneller und beweglicher agierte als ihre Gegner. So gelangen ihm häufig Siege gegen deutlich größere Armeen.

Mobilität und Effizienz

Friedrich II. legte großen Wert auf die Ausbildung der Männer, um aus ihnen qualifizierte Soldaten zu machen. Er verbesserte die Mobilität seiner Armee, und eine seiner wichtigsten Neuerungen war die Schaffung einer mobilen Artillerie. Die dazugehörigen leichten Geschütze konnten im Galopp in den Abschnitt des Schlachtfelds gebracht werden, wo sie gerade benötigt wurden, oder an strategisch wichtige Stellen. Um die Autonomie seiner Truppen im Feld zu erhöhen, wurden die Regimenter mit Proviant und Munition für neun Tage ausgestattet.

Friedrich der Große (1712–1786)

Knapp ein Jahr nach seiner Krönung 1740 startete er mit dem Einmarsch in die österreichische Provinz Schlesien seinen ersten Feldzug. Seinen größten Sieg errang er am 5. Dezember 1757 in Leuthen während des Siebenjährigen Kriegs, in den ganz Europa verstrickt war. In Leuthen stand er mit nur 36 000 Soldaten den 80 000 Mann starken Österreichern gegenüber. Nach dem Kriegsende 1763 gelang Preußen der Aufstieg zu einer europäischen Großmacht.

Die Grenadiere Zur Unterscheidung von den Jägern tragen sie eine hohe Grenadiermütze mit Blechschild. Neben der Muskete trägt der Grenadier einen Säbel und Beutel für Munition und Granaten bei sich.

Uniformen und Waffen

Die preußische Armee bot ein eindrucksvolles Bild. Die Uniformen unterschieden sich farblich je nach Regiment und Rang. Die Infanterie trug für gewöhnlich einen langen dunkelblauen Rock mit rotem Revers.

Grenadier **Unteroffizier** **Offizier**

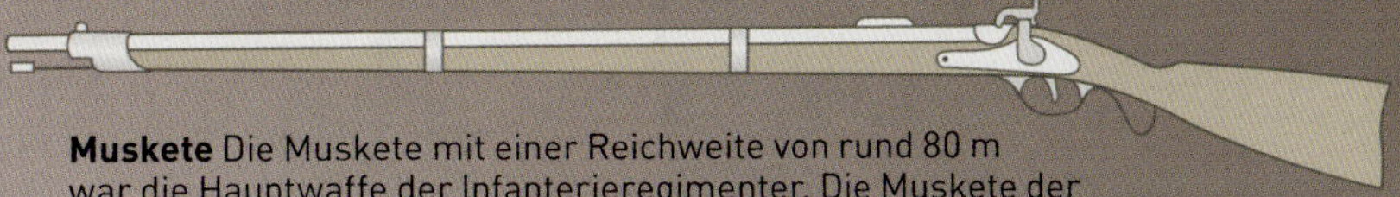

Muskete Die Muskete mit einer Reichweite von rund 80 m war die Hauptwaffe der Infanterieregimenter. Die Muskete der Grenadiere besaß einen längeren Lauf als die der Kürassiere. Für den Nahkampf wurde ein Bajonett aufgepflanzt.

DIE OSMANISCHE ARMEE

DIE SOLDATEN DES SULTANS

Von Mitte des 15. bis fast zum Ende des 17. Jahrhunderts besaßen die Osmanen eine der fortschrittlichsten Armeen der Welt. Auf der Basis eines Rekrutierungssystems, das die Vergabe von Lehensgütern im Austausch gegen militärische Unterstützung gewährte, entstand ein schlagkräftiges Militärpotenzial. Die Truppen eroberten Ägypten, beherrschten im 16. Jahrhundert das Mittelmeer, kämpften über Jahre an einer Grenze des Reichs mit Österreich, an der anderen mit den persischen Safawiden.

Ihre nomadischen Militärtaktiken glichen jenen der Mongolen. Schon sehr früh nutzten die Osmanen auch Musketen und Arkebusen. Ihre Landstreitkräfte umfassten Infanterieeinheiten und leichte Kavallerie. Neben Bataillonen mit Söldnern bestand das Gros der Truppen aus bestens trainierten Infanterieeinheiten, mit den Janitscharen als militärischer Elite und Leibwache des Sultans. Sie waren nicht nur geschickt im Umgang mit Feuerwaffen, sondern benutzten auch die gefürchteten Krummdolche und gebogenen Schwerter, mit denen man den Gegner mit einem Hieb enthaupten konnte. Die Janitscharen organisierten sich in verschiedenen Untergruppen. Im 17. Jahrhundert gab es Janitscharen, die vor Ort in das wirtschaftliche und politische Leben der Städte integriert waren *(yerli)*, aber auch Truppen, die direkt dem Sultan unterstanden *(kapıkulu)*.

Unter den Kavalleriekorps fanden sich eine für ihren Mut bekannte Reitereinheit *(akıncı)*, die sich zuerst in den Kampf stürzte, und eine Eliteeinheit *(sipahi)* mit ähnlichem Status, wie ihn die europäischen Ritter im Mittelalter hatten. Diese Lehnsmänner erhielten ihr Land direkt vom Sultan und durften als Gegenleistung für ihre militärischen Dienste alle Erträge ihres Gutes behalten. In Kriegszeiten rekrutierten sie ihre Bediensteten als Soldaten.

Die Osmanen besaßen auch eine schlagkräftige Marine. Obwohl der Seekrieg nicht zu ihrer kulturellen Tradition gehörte, übernahmen sie von ihren Gegnern rasch das Wissen zum Bau von Kriegsschiffen. Im 13. Jahrhundert kontrollierten sie die gesamte anatolische Küste und bereiteten die Eroberung Kretas vor. Im 15. Jahrhundert gelangte ihre Armee bis auf den Balkan und an die italienische Küste. Die Blütezeit brach dann im 16. Jahrhundert an: Die Osmanen besiegten die römische und spanische Flotte und stießen bei ihren Raubzügen bis zu den Küsten der Iberischen Halbinsel und Afrikas vor. Doch die Schlacht bei Lepanto 1571 brachte die entscheidende Wende. Nach dieser Niederlage gelang es den Osmanen nie mehr, die Herrschaft auf See zurückzugewinnen – der Niedergang als Großmacht war offensichtlich. Beim Versuch, in Ungarn einzudringen, brachte die Schlacht bei Zenta 1697 gegen Österreich dann die endgültige Niederlage der osmanischen Armee.

Die Janitscharen

Der osmanische Sultan Murad I. gründete gegen Ende des 14. Jahrhunderts die Janitscharen, eine Eliteeinheit der Infanterie, die sich vorrangig aus Sklaven und Kriegsgefangenen rekrutierte. Aus dieser Leibgarde des Sultans entstand das erste stehende Heer der Osmanen. Die Janitscharen waren das meistgefürchtete Regiment in der Glanzzeit des Osmanischen Reichs zwischen dem 16. und 17. Jahrhundert.

Blüte und Niedergang

Im 14. Jahrhundert gab es nur rund 1000 Janitscharen, doch gegen Ende des 18. Jahrhunderts war ihre Zahl auf 100 000 angewachsen. Das einstige, durch militärische Erfolge gewonnene Prestige war verblasst. Sultan Mahmud II. verfügte 1826 die Auflösung der militärisch zwar obsoleten, politisch aber sehr mächtigen Einheit. Ihre Rebellion ließ Mahmud niederschlagen und Tausende von Janitscharen exekutieren (siehe rechts).

Uniform Anders als westliche Ritter, die Farben und Wappen ihrer Familie tragen, verwenden die Janitscharen ausschließlich die Farben des Sultans als Zeichen ihrer Loyalität.

Kılıç Im Nahkampf kommen meist Axt oder Säbel *(kılıç)* zum Einsatz, obwohl der *yatağan* das eigentliche Kennzeichen des Regiments ist.

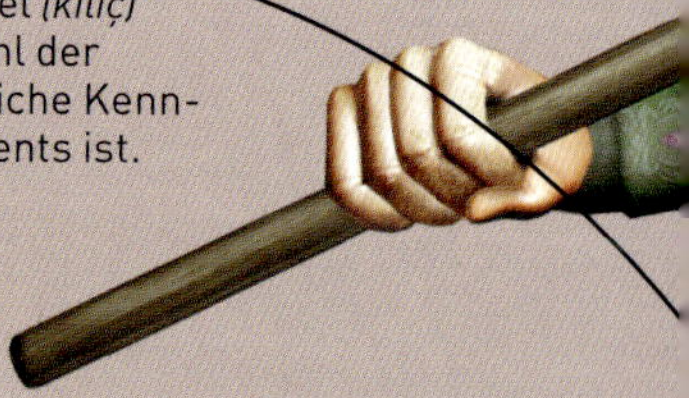

ERFOLG
Die Janitscharen nahmen an allen Feldzügen des Osmanischen Reichs teil, also auch an der Schlacht bei Mohács (1526), bei der Einnahme von Konstantinopel (1453) und Bagdad (1638).

Schlacht bei Mohács gegen die Ungarn

IHRE GEGNER
In seiner langen Geschichte sah sich das Osmanische Reich mit verschiedensten Gegnern konfrontiert: mit Byzantinern, Mongolen, christlichen Kreuzfahrern und persischen Safawiden.

Malteserritter
Sie kämpfen vom 9. bis zum 17. Jahrhundert gegen den Islam.

Flügelhusaren
Die ursprünglich aus Polen kommenden Husaren bilden eines der besten Kavalleriekorps des 17. Jahrhunderts.

Haube An der Filzhaube *(keçe)* kann vorn eine prunkvolle Federhülse befestigt werden.

Lanze Nur die Palastgarde ist mit Lanzen bewaffnet. Sie benutzt auch Streitkolben, eine zwar unhandliche Waffe, die aber in Hand von trainierten Kämpfern tödlich ist.

Sklavensoldaten

Zunächst rekrutierte man Kriegsgefangene und Sklaven. Später kam die Knabenlese zur Anwendung, bei der die Söhne christlicher Balkanvölker aus dem osmanischen Herrschaftsgebiet verschleppt wurden. Sie wurden streng nach islamischer Tradition erzogen und hart trainiert. Angelockt durch Prestige und Sold, traten später auch freie Muslime dem Korps bei.

Schild Der hölzerne Schild dient dem Schutz vor Pfeilen sowie Hieb- und Stichwaffen. Die aufkommenden Feuerwaffen machen ihn nutzlos.

Dolch Er dient als eine Art Reservewaffe für den Nahkampf, wenn andere Waffen nicht brauchbar sind.

Schuhwerk Die Janitscharen tragen Stiefel aus Pferdeleder. Es sind robuste Marsch- und bequeme Kampfstiefel.

WEITERE WAFFEN

In Gebrauch waren Lanzen, Pfeil und Bogen, Schwerter und Äxte und seit Aufkommen der Feuerwaffen auch Arkebusen.

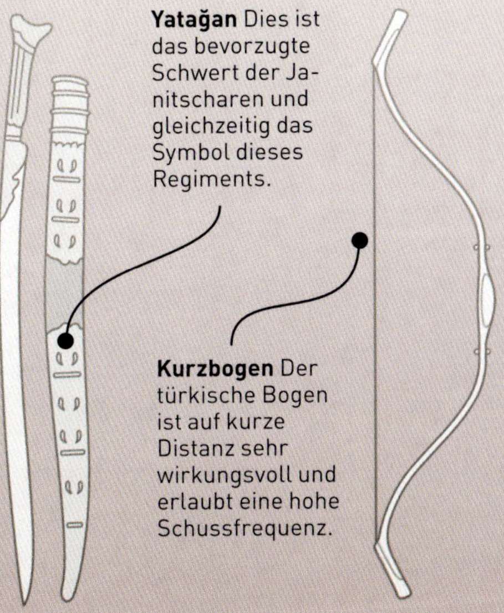

Yatağan Dies ist das bevorzugte Schwert der Janitscharen und gleichzeitig das Symbol dieses Regiments.

Kurzbogen Der türkische Bogen ist auf kurze Distanz sehr wirkungsvoll und erlaubt eine hohe Schussfrequenz.

Die osmanische Kavallerie

Die Kavallerie der türkischen Armee bestand aus einer leichten Reiterei *(akıncı)* und einer schweren *(sipahi)*. Die leichte Kavallerie mit jungen, rekrutierten Soldaten griff zuerst in den Kampf ein. Die schwere Kavallerie wurde von Landbesitzern gestellt, die vom Sultan ein Lehnsgut *(tımar)* erhielten und dafür Militärdienst leisteten.

Die Sipahi

Sultan Mehmed II. (1451–1481) baute diese schwere Kavallerie auf, die sich zur größten der sechs Reiterdivisionen der osmanischen Armee entwickelte. Wann immer der Sultan ihre Unterstützung für einen Feldzug brauchte, hatten die Landbesitzer eine bestimmte Anzahl Reiter oder Sipahi bereitzustellen. Die Zahl richtete sich jeweils nach ihrem Rang in der Einheit und der Größe des Lehens.

RUNDUM GEPANZERT

Die Sipahi trugen einen sehr flexiblen Ganzkörperpanzer, der besten Schutz bot. Er bestand aus einem Kettenhemd und verschiedenen mit Riemen und Spangen verbundenen Metallplatten.

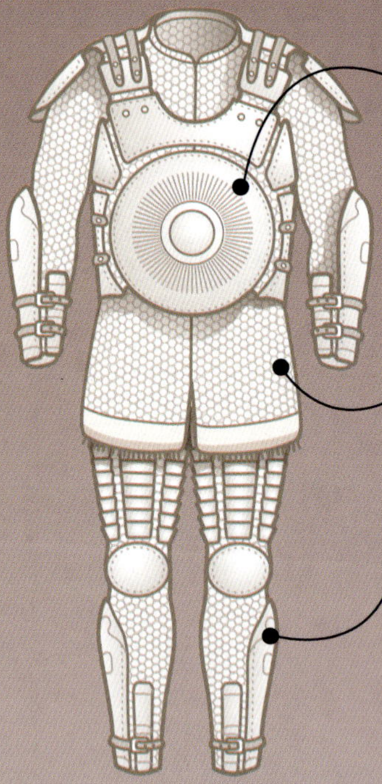

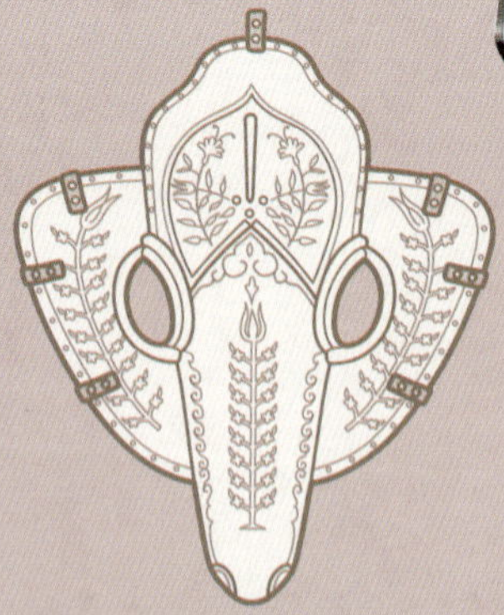

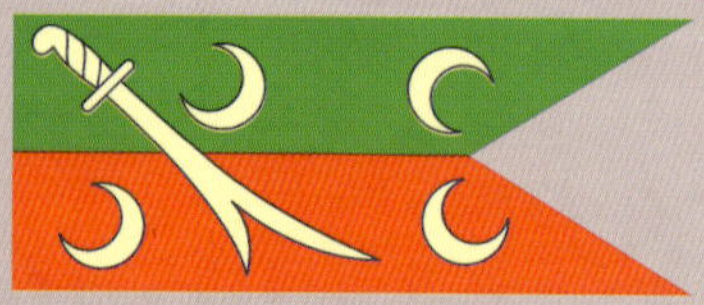

Standarte Emblem der Elitekavallerie

WEITERE WAFFEN

Die Sipahi benutzten neben anderen Waffen auch verschiedene Äxte *(aydoğan, teber* und *sağir)* und Keulen *(bozdoğan* und *şeşper).*

Die Schlacht bei Lepanto

Als die Osmanen 1570 die Insel Zypern angriffen, rief Venedig seine Bürger zur Verteidigung der christlichen Besitzungen im Mittelmeer auf. Papst Pius V. initiierte die Gründung der Heiligen Liga, bestehend aus Venedig, Spanien, Malta, Genua und dem Papst. Ihre Flotte unter dem Kommando von Don Juan de Austria setzte der türkischen Bedrohung in der Schlacht von Lepanto am 7. Oktober 1571 ein Ende. Dies war das größte Aufeinandertreffen von Galeeren in der Geschichte.

Kampf an drei Fronten

Die Schlacht von Lepanto wurde an drei Fronten ausgetragen, wobei einzelne Schiffe die Abschnitte wechselten, um anderen beizustehen.

1 NORDFLANKE
Die Türken ergreifen die Initiative und versuchen, die Christen an der Küste zu umfassen. In einem riskanten Manöver umgreift der rechte christliche Flügel die osmanischen Schiffe, drängt sie zur Küste ab und zerstört viele von ihnen.

2 ZENTRUM
Die Flaggschiffe beider Flotten treffen direkt aufeinander. Um sie herum drängen sich Dutzende christlicher und türkischer Galeeren. Nach eineinhalb Stunden ist das Zentrum der osmanischen Flotte vernichtet und ihr Kommandeur gefallen.

3 SÜDFLANKE
Der osmanische Kommandeur versucht, eine Bresche zwischen Zentrum und Südflanke der christlichen Flotte zu schlagen. Die Christen schicken Verstärkung. Unter schweren Verlusten müssen die Osmanen fliehen.

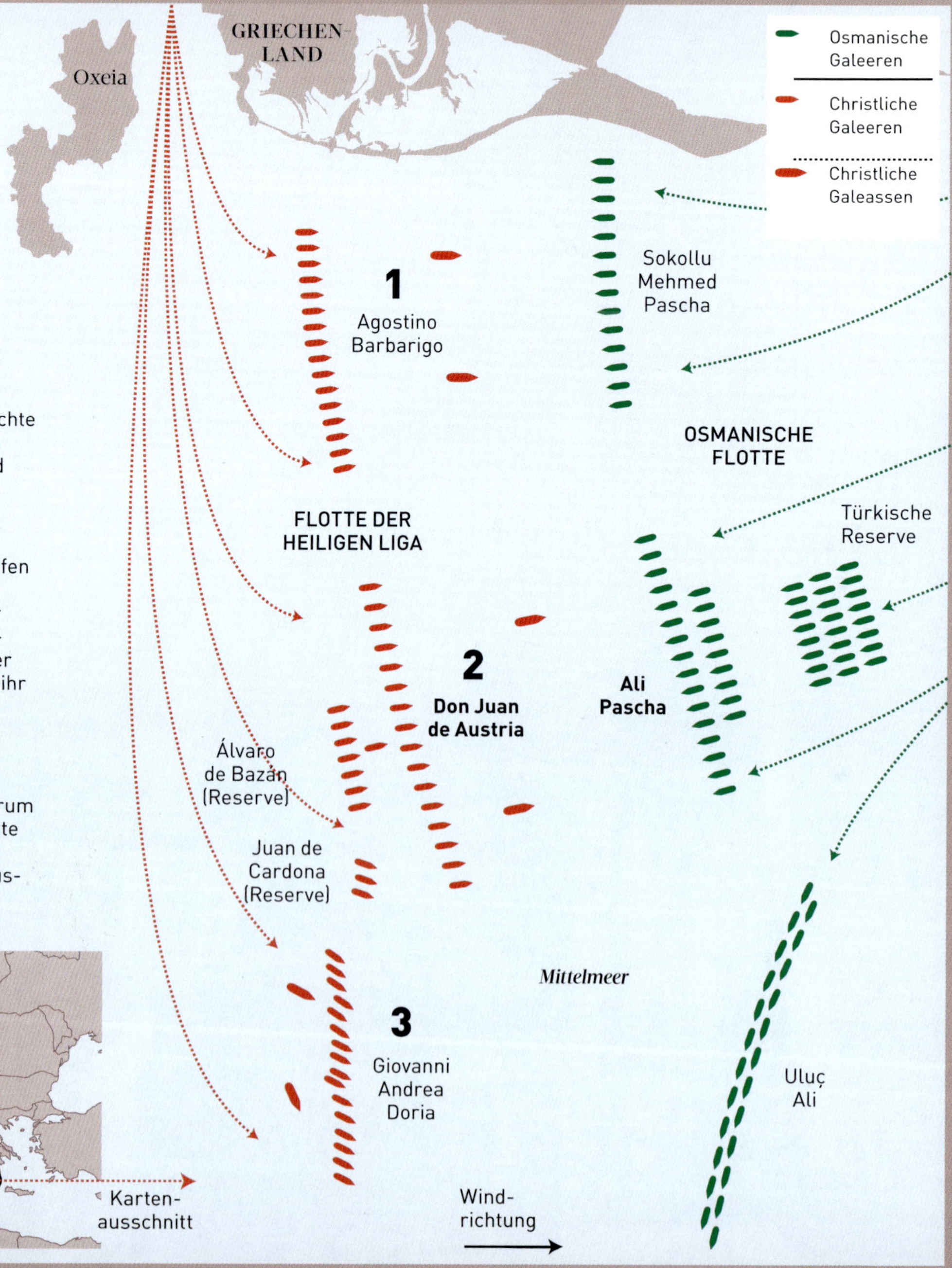

MIGUEL DE CERVANTES SAAVEDRA
Der Autor von *Don Quijote* nahm als 24-Jähriger an der Schlacht von Lepanto teil. Durch eine Kugel aus einer Arkebuse blieb seine linke Hand für immer gelähmt, was ihm den Beinamen „der Einhändige von Lepanto" einbrachte.

Die Schlacht

Die Schlacht der Galeeren begann mit Artilleriefeuer zur Schwächung des Gegners. Dann griff man für gewöhnlich an und versuchte, die feindlichen Schiffe zu entern, um sie im Nahkampf zu bezwingen.

Segeln gegen den Wind Es fordert viel Kraft von den Ruderern und verlangsamt die Fahrt, doch die Manövrierbarkeit auf engem Raum ist besser.

Segeln mit dem Wind Das Schiff erreicht eine höhere Geschwindigkeit, ist im Gefecht aber schlechter zu manövrieren.

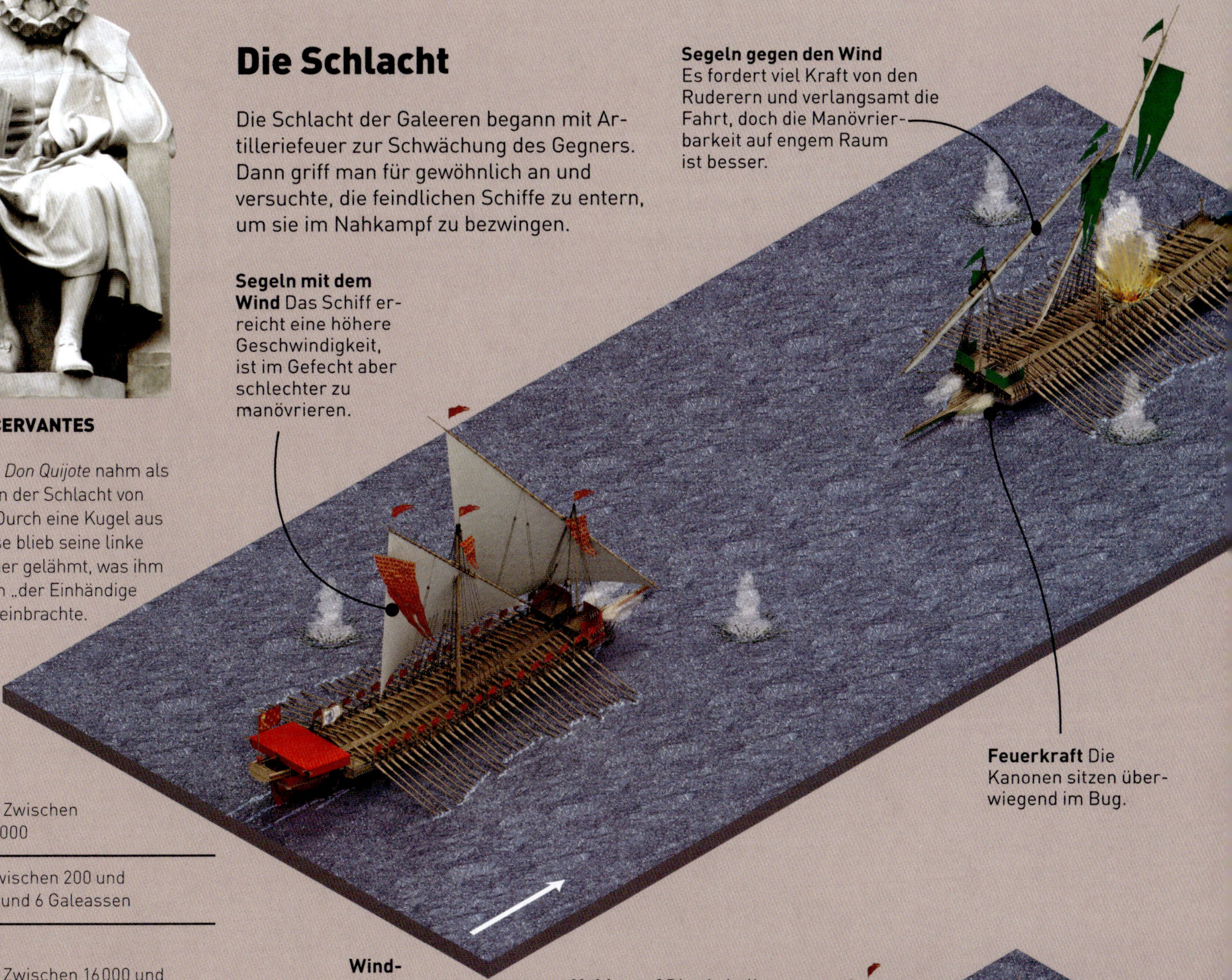

Feuerkraft Die Kanonen sitzen überwiegend im Bug.

Kräfteverhältnis

Heilige Liga

SOLDATEN ▸ Zwischen 20000 und 28000

SCHIFFE ▸ Zwischen 200 und 229 Galeeren und 6 Galeassen

Osmanen

SOLDATEN ▸ Zwischen 16000 und 30000

SCHIFFE ▸ 280 (rund 200 Galeeren)

Nahkampf Die christlichen Soldaten sind durch Rüstungen und Feuerwaffen besser für das Entern ausgestattet.

Ruderer Die Ruderer, meist Sklaven oder Sträflinge, sind ans Schiff gekettet. Oft werden sie nach erfolgreichem Einsatz zur Belohnung freigelassen.

Venezianische Galeassen Sie sind größer als Galeeren und schwer bewaffnet. Die Galeassen werden in vorderster Linie eingesetzt und fügen den gegnerischen Schiffen, die sich zum Angriff formieren, schwere Schäden zu.

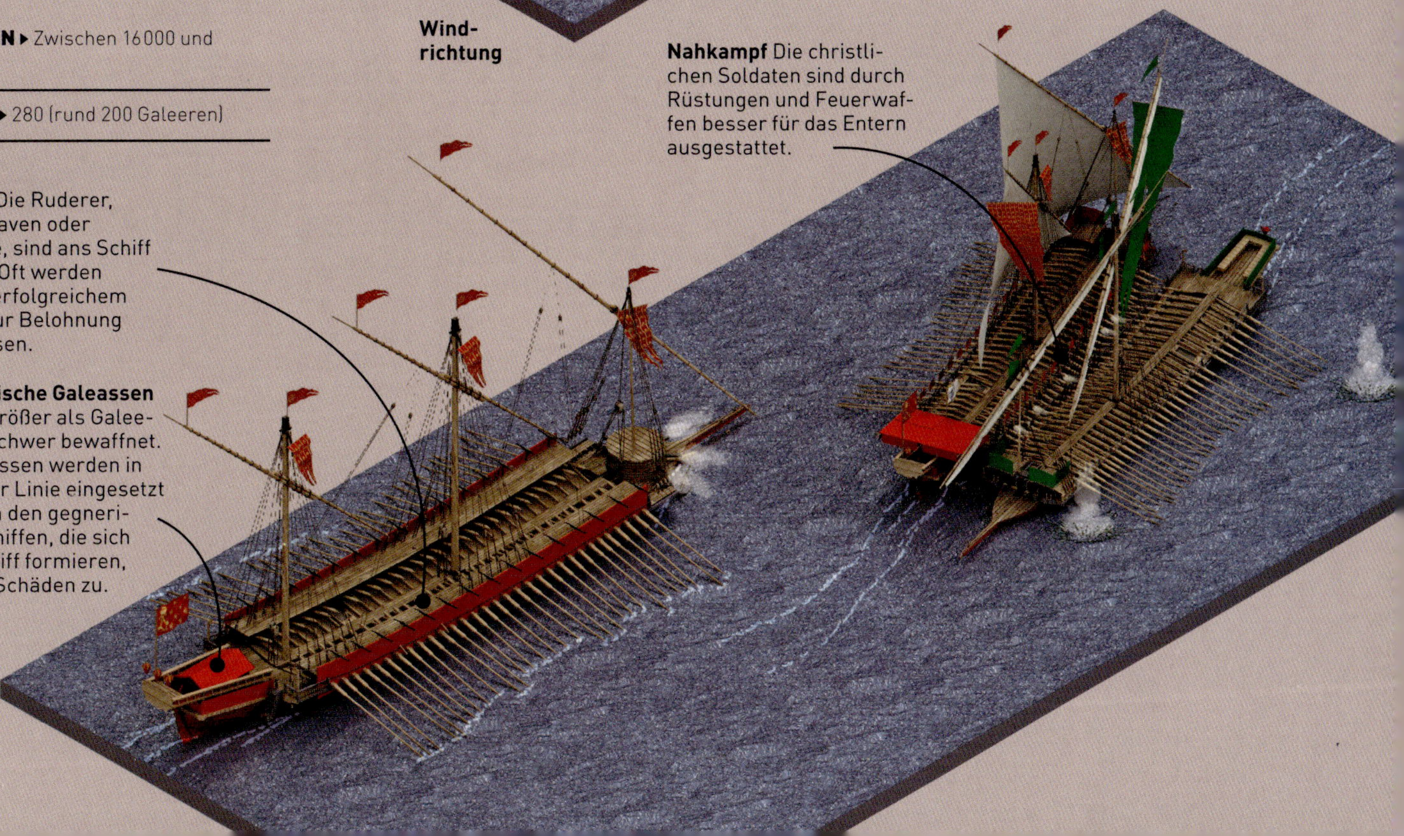

Die königliche Galeere

Die mächtige *La Real*, das Flaggschiff von Don Juan de Austria, war die größte Galeere ihrer Zeit. Das beeindruckende Schiff war 1568 in Barcelona gebaut, rundum kunstvoll verziert, und sein Rumpf glänzte in Rot und Gold. Bei der Schlacht hatte es 400 Seeleute und Soldaten und etwa 236 Ruderer an Bord.

Die Königin der Meere

Die Galeeren beherrschten im 16. und 17. Jahrhundert die Weltmeere. Es waren großartig konstruierte Schiffe aus Holz, die von Dutzenden Ruderern und bei entsprechendem Wind mithilfe großer Segel angetrieben wurden.

BUGBEWAFFNUNG
Meist befinden sich die schwersten Geschütze am Bug.

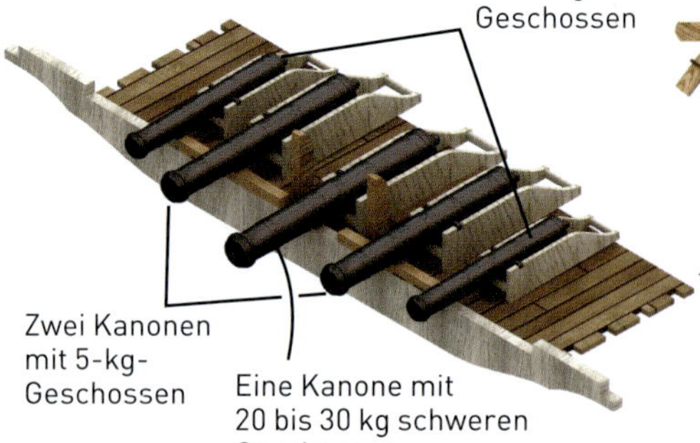

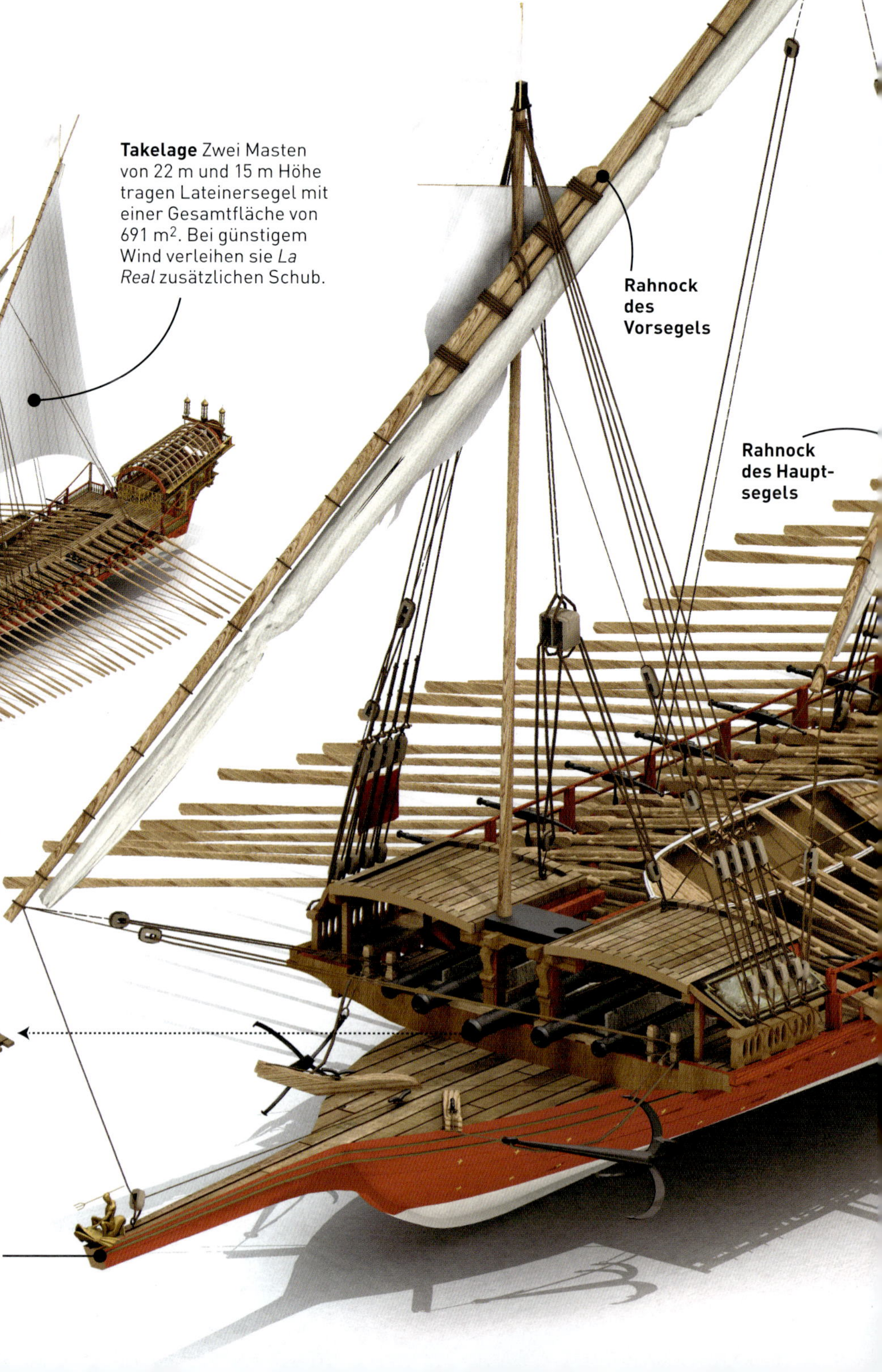

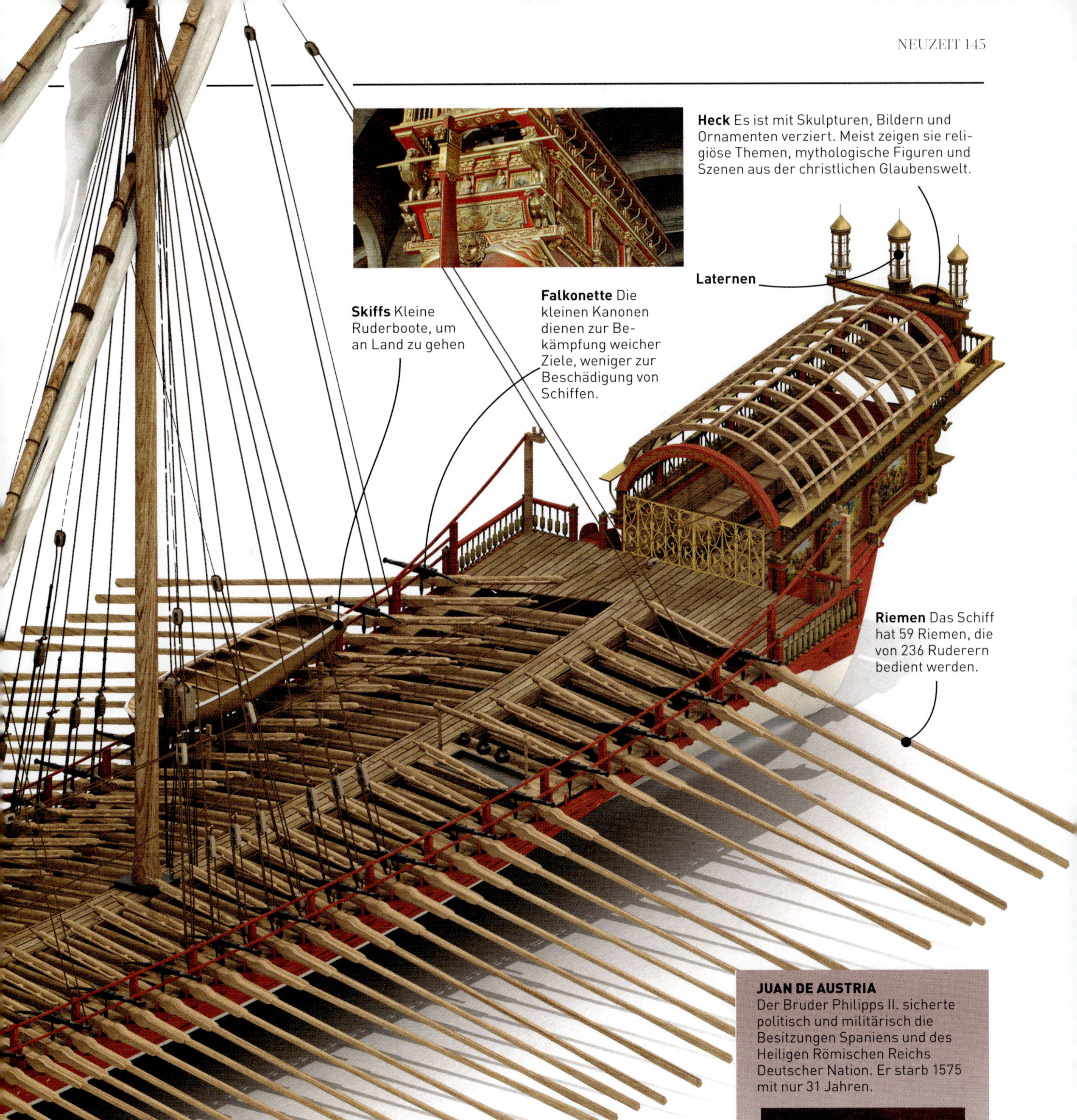

JUAN DE AUSTRIA
Der Bruder Philipps II. sicherte politisch und militärisch die Besitzungen Spaniens und des Heiligen Römischen Reichs Deutscher Nation. Er starb 1575 mit nur 31 Jahren.

BÜRGER-SOLDATEN

Vor Napoleon hatte es noch nie eine Armee aus Bürgersoldaten gegeben. Nie zuvor hatten Truppen vergleichbare Vorstellungen und Vorgaben wie jene der Französischen Revolution von 1789 übernommen: Aufopferung für den Gemeinnutz, Brüderlichkeit unter Gleichen und eine Militärkarriere, die nur auf Talent beruht. All das machte die Armee des französischen Kaisers zu einem Korps, das Europa mehr als 25 Jahre lang mit einer bis dahin nicht gekannten Eroberungswelle überzog.

Die napoleonische Armee setzte auch eine neue Form der Kriegsführung ein. Ihr ging es nicht vorrangig um die Niederwerfung des Gegners, die Einnahme seiner Gebiete oder um die symbolische Besetzung der Hauptstadt, sondern um die völlige Vernichtung. Und es gab eine wesentliche Verbesserung der Heeresstruktur. Die traditionelle Organisation in Infanterie-, Kavallerie- und Artillerieregimenter wurde zugunsten von Divisionen abgeschafft, die wie kleine Armeen agierten. Sie umfassten jeweils alle Waffengattungen, sodass sie getrennt handeln und mehrere Fronten gleichzeitig abdecken konnten. Diese autonomen Kampfeinheiten vereinfachten die Logistik und konnten leichter Manöver um den Gegner herum ausführen – dadurch wurden viele ihrer Einsätze zu wahren Meisterstücken der Militärstrategie.

Doch es existierten noch weitere Besonderheiten. Die Armee verließ sich nicht auf Nachschublinien, sondern lebte von dem, was sie vor Ort vorfand. Durch Plünderungen versorgte man sich mit allem Nötigen, sei es Essen, Waffen oder Munition, weshalb französische Soldaten ebenso gefürchtet wie verachtet wurden. Die Taktiken waren äußerst flexibel. Als erste Armee nahm sie Landvermesser, Kartografen und Ingenieure in ihre Ränge auf, die das Land erkundeten und Karten anfertigten, um die Marschälle bei der strategischen Planung zu unterstützen. Die Armee verstand sich auf eine offensive Nutzung ihrer Vorteile und setzte ihre Eroberungen fort, auch wenn die Hauptschlacht bereits geschlagen war.

Die Artillerie war eine weitere große Stärke der napoleonischen Armee. Die Ausstattung mit Geschützen erreichte ein enormes Ausmaß. In der Schlacht bei Wagram brachte Napoleon 554 Kanonen in Stellung. Für den Nachschub an Munition sorgten spezielle private Transportunternehmen mit ihren Fuhrwerken. Die Entlastung von der Nachschubfrage ermöglichte der Armee eine größere Mobilität im Vergleich zu anderen Truppen. Die Franzosen marschierten mit 120 Schritten pro Minute, ihre Gegner brachten es nur auf 70 Schritte. Die Hauptkontingente der Infanterie stellten Schützen, Grenadiere und Scharfschützen, während die Dragoner zur Kavallerie gehörten.

Napoleons Armee

Nach der Revolution von 1789 wurde Frankreich von verschiedenen benachbarten Monarchien angegriffen. Mit dem Aufstieg Napoleons ging die französische Armee dann zur Offensive über, eroberte fast ganz Europa und beherrschte knapp ein Jahrzehnt lang die Schlachtfelder. Dieser Erfolg war eng mit den militärischen Visionen Napoleons verknüpft, aber auch einer großartigen Armee zu verdanken, die rund 690 000 Soldaten umfasste.

Taktische Perfektion

Napoleon setzte bei seiner Taktik auf sehr bewegliche und angriffslustige Einheiten. Anders als die anderen Armeen jener Zeit organisierte er sein Heer in Divisionen aus Infanterie, Kavallerie und Artillerie. Jede Division bildete eine kleine Armee, war autonom und frei in ihren Aktionen. Die Kommandeure trafen die Entscheidungen nach ihrer persönlichen Einschätzung, was die Armee flexibler machte.

Aufbau eines Imperiums

1789–1800 ▸ Napoleon erobert Ägypten und sichert die annektierten Gebiete in Italien.

1801–1806 ▸ Von Venedig zieht er nach Österreich, besetzt Preußen und Polen und gründet den Rheinbund.

1807–1810 ▸ Mit der Annexion Spaniens und Portugals erreicht sein Imperium die größte Ausdehnung.

Revolutionäre Armee Nach der Revolution ersetzt man die königliche Armee durch Truppen, deren Bürgersoldaten aus der Bevölkerung rekrutiert werden. 1793 erfolgt eine große Einberufung.

Infanterie 1804 umfasst die Infanterie rund 350 000 Mann. Sie absolvieren lange, oft wochenlang dauernde Märsche. In der Schlacht suchen sie mit aufgepflanztem Bajonett den Nahkampf.

Der Aufstieg Napoleons

Nach erfolgreichen Feldzügen in Italien und Ägypten kehrte er als Held nach Frankreich zurück. 1799 übernahm er die Regierung und wurde zum Ersten Konsul ernannt, 1804 erfolgte die Krönung zum Kaiser der Franzosen. Er reformierte die Armee, in die er seine Ideen und seine Persönlichkeit einbrachte. So sicherte er sich die Verbundenheit und Verehrung der Soldaten.

GENERAL WINTER
Der wohl größte strategische Fehler war Napoleons Invasion in Russland 1812. Bei Borodino errang er einen Pyrrhussieg und besetzte Moskau, das die Russen zuvor aber in Brand gesteckt hatten. Sein berühmter Rückzug mitten im russischen Winter bedeutete das Ende der Grande Armée: Nur 93 000 der ursprünglich 690 000 Soldaten überlebten den Feldzug.

Die Soldaten der Grande Armée

Napoleon gab der von ihm geschaffenen Armee, mit der er in England einmarschieren wollte, 1805 den Namen „Grande Armée“. Sein Ziel erreichte er zwar nicht, doch er schuf eine großartige Streitmacht – die größte in Europa – mit einer schlagkräftigen Kavallerie. Selbst auf entbehrungsreichen Feldzügen zeigten die Soldaten der Großen Armee enorme Disziplin und Stärke, motiviert durch Pflichtgefühl, Patriotismus und den Hunger nach Ruhm.

Fußsoldaten und Reiter

Napoleon kleidete seine Kavallerie in prächtige Uniformen und verordnete ihr ein strenges Training. Sie bestand aus verschiedenen Einheiten: Kürassieren, Husaren, Chasseuren, Carabiniers, Lanciers und Dragonern, die gegnerische Linien aufbrachen und an zentralen Punkten eingriffen. Die Fußsoldaten mit ihren Regimentern der leichten und der Linieninfanterie konnten in wenigen Monaten Hunderte von Kilometern marschieren. Ihnen zogen die Voltigeure in dichten Kolonnen voran und stürzten sich in den Nahkampf.

Linieninfanteristen Sie bilden die Basis der französischen Fußtruppen. Ihre Waffen sind Muskete und Bajonett, manchmal auch der Säbel.

Voltigeure Sie brechen als Plänkler die feindlichen Linien auf.

Husaren Die leichten Kavalleriekorps sind auf Erkundung und Verfolgung spezialisiert.

Mamelucken Eine kleine Eliteeinheit der napoleonischen Kavallerie besteht aus ägyptischen Soldaten.

EINE MULTINATIONALE TRUPPE

In der Großen Armee dienten Soldaten aus Frankreich, aber auch aus verbündeten oder unterworfenen Staaten. In ihren Reihen versammelten sich eineinhalb Millionen Franzosen und über 700 000 Soldaten aus Polen, Italien, Sachsen, Bayern, Ägypten und anderen Ländern.

Kürassiere

Diese schwere Kavallerie war als Armeekorps eigentlich aus der Mode gekommen, wurde aber von Napoleon wiederbelebt. Er setzte seine 15 Regimenter zum Aufbrechen der britischen Karreeformation ein.

Helm Der Schweif aus Rosshaar und Federn wird für Paraden angelegt.

Panzer Er schützt im Nahkampf und vor Schüssen aus großer Entfernung.

Gut gerüstet Die Bewaffnung besteht aus einem geraden Schwert, zwei Pistolen und einem kurzen Karabiner.

Stiefel Die hohen Stiefel eignen sich gut zum Reiten, sind beim Kampf zu Fuß aber unpraktisch.

Garde Impériale

Die aus den erfahrensten Soldaten formierte Kaiserliche Garde war die Elitetruppe der französischen Armee. Sie bestand aus Infanterie, Artillerie und Kavallerie. Man unterschied die besonders angesehene „Alte Garde", daneben die „Junge" und „Mittlere Garde".

Fellmütze Die berühmte Bärenfellmütze der Alten Garde

Feuerkraft Sie benutzen eine Muskete Modell IX vom Kaliber 12,5 mm.

Geschützte Füße Die Gamaschen bestehen aus Leder. Im Tornister wird ein Ersatzpaar mitgeführt.

Die Schlacht bei Austerlitz

Napoleons Truppen standen in der Schlacht bei Austerlitz am 2. Dezember 1805 den vereinigten Armeen Österreichs und Russlands unter Führung von Zar Alexander I. von Russland und Kaiser Franz I. von Österreich-Ungarn gegenüber. Der französische Kaiser lieferte eine Demonstration seines strategischen Genies, die ihm seinen denkwürdigsten Sieg bescherte und die Dritte Koalition beendete.

Vorbereitung

Nach der Einnahme Wiens setzte Napoleon der russischen Armee weiter nach. Angesichts des bevorstehenden Winters und der zu erwartenden alliierten Verstärkung suchte der französische Kaiser möglichst bald eine Entscheidung. Diese fiel in Austerlitz (heute Tschechische Republik), wo er seine Gegner zu einem vorzeitigen Angriff ermutigte.

KRÄFTEVERHÄLTNIS

Franzosen

MANN ▸ 73 000

KANONEN ▸ 130

VERWUNDETE ▸ 8000

Alliierte

Mann ▸ 85 000

ÖSTERREICHER ▸ 15 000

RUSSEN ▸ 70 000

KANONEN ▸ 278

VERWUNDETE ▸ 16 000

PRATZEBERG
Von diesem strategisch wichtigen Hügel ließ sich das gesamte Schlachtfeld überblicken. Napoleon erlaubte den Alliierten die Einnahme des Hügels und gab ihnen so das Gefühl der Überlegenheit. Seine Täuschungsstrategie funktionierte wie geplant. Als die Alliierten ihren Angriff starteten, nahm er den Pratzeberg selbst ein.

DIE KONSEQUENZEN
Nach der Niederlage musste Österreich einem Frieden zustimmen und seine italienischen Besitzungen abtreten. Nun war der Weg für Napoleon frei, um in Süddeutschland einzumarschieren und den Rheinbund als Pufferstaat zwischen Frankreich und Preußen zu gründen.

DREIKAISERSCHLACHT
Die Schlacht bei Austerlitz wird häufig so bezeichnet, denn an ihr waren die Kaiser aus Frankreich, Österreich-Ungarn und Russland beteiligt – drei der mächtigsten Männer im Europa jener Zeit.

ALEXANDER I.
(1777–1825)
Russischer Zar

FRANZ I.
(1768–1835)
Kaiser von Österreich und als Franz II. auch Kaiser des Heiligen Römischen Reichs Deutscher Nation

NAPOLEON I.
(1769–1821)
Seit 1804 Kaiser der Franzosen

TAKTIK

Napoleon nutzte den dichten Nebel, der das Schlachtfeld und einen Großteil seiner Truppen verhüllte: Nur sein schwacher rechter Flügel blieb sichtbar. Die Alliierten griffen in ihrer Siegesgewissheit an und vernachlässigten die Deckung des Zentrums. Einmal aufgespalten, konnten sie den französischen Angriff nicht mehr zurückschlagen.

1 Alliierter Angriff
Die Alliierten greifen den scheinbar schwachen rechten Flügel der Franzosen an. Da dieser aber verstärkt wurde, ziehen sie Truppen von ihrer zentralen Position auf dem Pratzeberg ab, die nun geschwächt ist.

2 Französischer Sieg
Napoleon besetzt den Pratzeberg und spaltet die gegnerischen Truppen in zwei Verbände. Die Franzosen besiegen den rechten Flügel, der sich zurückzieht. Anschließend wird der linke Flügel vernichtet.

TOD AUF DEM SEE
Angesichts der Angriffe, die von allen Seiten kommen, fliehen die russischen Soldaten des linken Flügels über den gefrorenen Satczaner Teich. Die Franzosen beschießen die Eisfläche mit ihren Geschützen, sodass viele Soldaten im eisigen Wasser umkommen.

Die Schlacht bei Waterloo

Der 18. Juni 1815 war ein entscheidendes Datum in der Geschichte Europas. An diesem Tag wurde bei Waterloo in Belgien eine Schlacht geschlagen, die der napoleonischen Ära ein Ende setzte. Die Armeen einer Allianz aus Briten, Niederländern, Preußen und weiteren deutschen Kräften besiegten die kaiserlich französischen Truppen. Die Schlacht forderte Tausende von Opfern auf beiden Seiten. Napoleon war geschlagen und wurde auf die Insel Sankt Helena verbannt, wo er sechs Jahre später starb.

Die letzte große Schlacht

Die alliierten Truppen hatten eine erhöhte Stellung bezogen, von wo sie die Bewegungen der Franzosen beobachten konnten, ohne gesehen zu werden. Zusätzlich befestigte man an der Front die Gutshöfe Hougoumont, La Haye Sainte und Papelotte.

KRÄFTEVERHÄLTNIS

Frankreich
MANN ▸ 72 500

KANONEN ▸ 246

Allianz
MANN ▸ 120 000

KANONEN ▸ 290

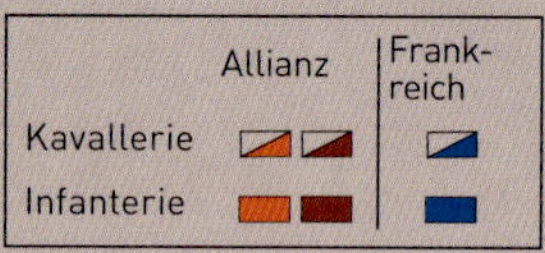

NAPOLEONS RÜCKKEHR
Nach seiner Niederlage im Februar 1815 war Napoleon ins Exil auf die Insel Elba verbannt worden, doch bereits ein Jahr später gelang ihm die Flucht. Am 20. März zog er, ohne dass ein Schuss fiel, im Triumph in Paris ein. Die Siebte Koalition war entschlossen, sich ihm in den Weg zu stellen.

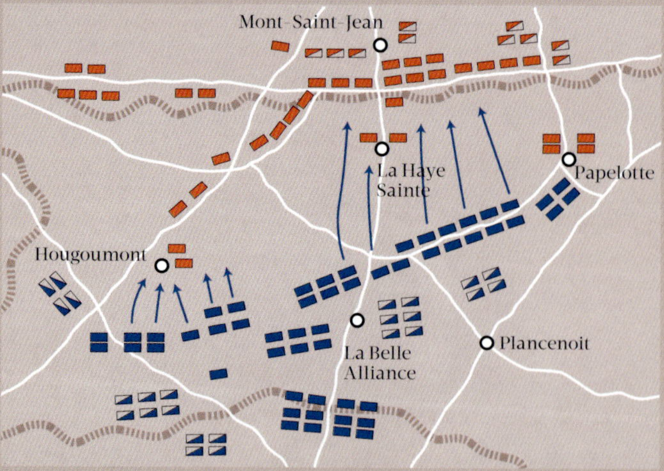

1 ZIEL: DIE GUTSHÖFE
Die Schlacht beginnt mit einem Ablenkungsangriff auf das Gut Hougoumont, um dann den eigentlichen Angriff gegen das Zentrum der Alliierten zu führen. Die Briten tappen aber nicht in die Falle. Die Kämpfe um die Gutshöfe Hougoumont und La Haye Sainte fordern unter den Franzosen viele Opfer.

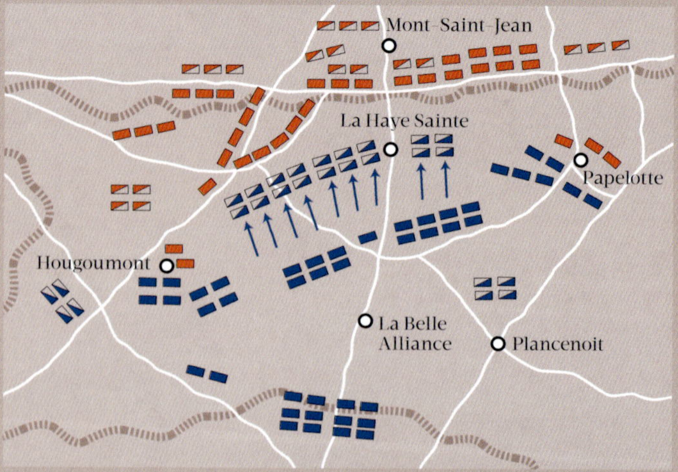

2 KAVALLERIEANGRIFF
Die Alliierten stellen ihre Positionen neu auf. Die Franzosen deuten dies als Rückzug und setzen ihre Kavallerieangriffe fort. Doch sie werden von den Alliierten zurückgeschlagen, die sich in Karrees formiert haben und dem Gegner schwere Verluste beibringen.

Unbezwingbares Karree

Die Kavallerie konnte eine Infanterielinie durchaus niedermachen. Zur Vermeidung formierten sich die Fußtruppen als Karree. In Waterloo half diese Taktik, schwere Attacken der kaiserlichen Reiter abzuwehren.

Frontlinie Mit Gewehr und Bajonett bewaffnete Soldaten knien oder kauern dicht gedrängt an vorderster Linie.

Füsiliere Hinter der Bajonettlinie warten die Füsiliere und feuern auf die Kavallerie.

Aufgeweichter Boden Schwerer Regen hatte in der Nacht zuvor den Boden aufgeweicht. Das erschwert das Vorankommen und verzögert den französischen Angriff.

Hang Die alliierten Soldaten warten auf der Anhöhe, wo die Franzosen ihre Formation nicht sehen können.

Französische Kürassiere Die mit Pistole und Schwert bewaffneten Reiter sind durch Metallrüstungen geschützt. Sie scheitern in mehr als zwölf Attacken an den alliierten Karrees.

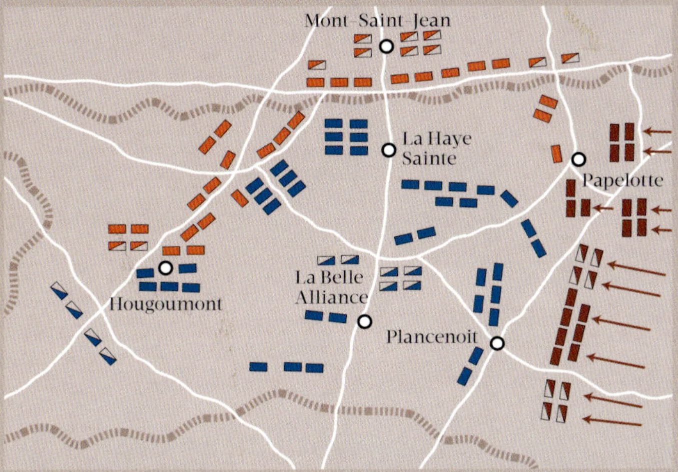

3 DIE ENTSCHEIDENDE SCHLACHT
Napoleon befiehlt der Kaiserlichen Garde den Angriff auf das alliierte Zentrum, doch die Briten empfangen sie mit vernichtendem Musketenbeschuss. Dann treffen die Preußen ein und eröffnen eine neue Front an der rechten Flanke. Gegen Ende des Tages ziehen sich die geschlagenen Franzosen zurück.

SIR ARTHUR WELLESLEY
Duke of Wellington
Der Held der Briten entwickelte sich zu Napoleons Albtraum: Zuerst vertrieb er die Truppen des Franzosen aus Spanien, dann schlug er ihn in Waterloo endgültig.

DIE BRITISCHE ARMEE

VORMACHT ZU WASSER UND ZU LAND

Während des Englischen Bürgerkriegs (1642–1651) gab es in keinem der beteiligten Lager – England, Schottland, Wales und Irland – gut ausgebildete Truppen. Ein stehendes Heer existierte nicht, die Royal Horse Guards wurden erst 1661 gegründet. Anfang des 18. Jahrhunderts hatte sich die Situation dann grundlegend geändert.

Der Erfolg der britischen Armee im 18. Jahrhundert gründete auf der Beherrschung der Weltmeere, der Kontrolle der Handelsrouten und der daraus resultierenden boomenden Wirtschaft. In England war der Staat stets in der Lage, sich ausreichend Geld für seine erfolgreiche Kriegsführung zu beschaffen. Bereits 1694 wurde die Bank of England gegründet. Im Vergleich mit dem restlichen Europa unterhielt England nur eine relativ kleine Armee: Die vorhandenen Geldmittel nutzte man zum Ausbau von Handelsallianzen mit dem Kontinent und damit zur Absicherung der Vormacht in den europäischen Gewässern, im Seehandel und den Kolonien. Zwischen 1689 und 1697 gab die englische Marine beispielsweise die enorme Summe von fast 19 Millionen Pfund aus. In der Folge avancierte das Land nach Ablösung der Spanier, Franzosen und Niederländer zur größten Kolonialmacht jener Zeit. Ende des 18. Jahrhunderts hatte die britische Marine nicht nur die europäischen Rivalen überflügelt, sie verfügte auch über hoch qualifizierte Kapitäne und Mannschaften, die den Seekrieg mit neuen Taktiken veränderten. Auf der Basis seiner Kolonialmacht, gestützt durch politischen und kommerziellen Wohlstand, konnte Großbritannien diese Position der Stärke lange behaupten. Eine ebenso wichtige Rolle spielte die Tapferkeit seiner Soldaten, der sogenannten „Rotröcke“. Der Name leitete sich von den roten Uniformen her, die dazu dienten, die eigenen Leute rasch von den übrigen Kämpfern unterscheiden zu können, und nebenbei auch das Blut aus Wunden kaschierten.

Die Britische Ostindienkompanie behauptete im 17. Jahrhundert zwar, ihre Sache wäre „das Geschäft, nicht der Krieg“, doch mit Erlaubnis des Empire durfte sie Armeen rekrutieren und neue aufstellen. In Indien wurden die Sepoys, einheimische Soldaten, nach europäischen Vorgaben trainiert und kamen nicht nur gegen indische Feinde, sondern auch gegen europäische Truppen zum Einsatz. Die britische Armee war untergliedert in Infanteriekorps und leichte Kavallerie. Sie kämpfte in den entlegensten Winkeln der Welt wie in den Karnatischen Kriegen in Indien oder gegen Frankreich in Nordamerika. Angegriffen wurde in Reihen von sechs oder acht Soldaten, die gleichzeitig feuerten. Die englische Infanterie scheute den Nahkampf nicht und war sehr effizient im Umgang mit dem Bajonett.

Konflikt in Nordamerika

Die älteste britische Niederlassung in Nordamerika stammt aus dem Jahr 1607, als die ersten Siedler dort befestigte Dörfer zum Schutz vor Indianerangriffen errichteten. Im 18. Jahrhundert, als die Kolonisierung der Neuen Welt voranschritt, mussten die Briten gegen Ureinwohner und Franzosen kämpfen, mit denen sie bei der Eroberung Nordamerikas konkurrierten.

Wolstenholme Fort

Wolstenholme in Virginia war eine der ersten britischen Ansiedlungen. Wie in den meisten Orten gab es dort ein Fort, in das sich Siedler bei einem Angriff retten konnten, denn das Zusammenleben mit der indianischen Urbevölkerung verlief nicht immer friedlich. Wolstenholme Fort erlebte 1622 einen Angriff der Powhatan-Konföderation, bei dem 400 der 1000 Einwohner umkamen.

Stall Das Vieh von Wolstenholme wird nachts in diesem Stall eingesperrt. Bei einem Angriff bringt man es im Fort in Sicherheit.

Franzosen- und Indianerkriege

Im 18. Jahrhundert stritten Briten und Franzosen um die Kolonisierung Nordamerikas. Diese Konfrontation vollzog sich in Europa im Rahmen des Siebenjährigen Kriegs und löste in Amerika die Franzosen- und Indianerkriege (1754–1763) aus, die zwischen Briten, Franzosen und den mit diesen verbündeten Indianerstämmen ausgetragen wurden. Großbritannien siegte, und Frankreich verlor all seine amerikanischen Besitzungen.

Pontiac-Aufstand

Nach dem britischen Sieg über die Franzosen in Kanada brach 1763 an den Großen Seen ein Indianeraufstand aus. Ziel war die Vertreibung der Siedler. Mehrere Stämme attackierten unter Führung von Häuptling Pontiac vom Stamm der Ottawa britische Forts und Siedlungen. Die Rebellion wurde niedergeschlagen, doch die Indianer zwangen die britische Regierung zur Aufgabe ihrer bis dahin restriktiven Politik gegenüber den Ureinwohnern.

Belagerung von Fort Detroit Die Indianerstämme eroberten acht britische Forts und kappten die Nachschublinien. Die Forts in Pittsburgh und Detroit konnten aber standhalten.

Britische Rotröcke

Das britische Empire verdankte seine fast drei Jahrhunderte währende Stellung als Weltmacht ganz wesentlich der Effizienz seiner Armee. Britische Soldaten kämpften in vielen Ländern und Klimazonen gegen unterschiedlichste Gegner und erfüllten dabei immer treu ihre Pflicht. Der rote Rock, ein Teil ihrer Uniform, wurde so zu einem Symbol des britischen Empire. Gleichzeitig lag darin auch ein großer Widerspruch: Die Soldaten, die diesen roten Rock als loyale Verteidiger des Empire trugen, stammten aus den am wenigsten privilegierten Klassen.

Korpsgeist

Die Rotröcke waren schlecht bezahlt und in winzigen, miserabel ausgestatteten Quartieren untergebracht. Sie standen auf der untersten Stufe einer kompromisslosen Hierarchie mit harten Strafen und strenger Disziplin. Ihr stark ausgeprägter Korpsgeist gründete auf der Solidarität mit Kameraden und der Bewunderung von Obergefreiten, Unter- und Mitteloffizieren mit ähnlichem gesellschaftlichem Hintergrund. All das – dazu das Training und die Erfahrung, die umfassende, moderne Kampfausrüstung und die Unterstützung durch die beste Flotte der Welt – machte sie zu großartigen Soldaten.

SCHOTTEN UND IREN

In den Reihen der britischen Truppen gab es einen beachtlichen Anteil schottischer und irischer Soldaten. Im Amerikanischen Unabhängigkeitskrieg bestanden 60 % der britischen Einheiten aus Engländern, 24 % aus Schotten und 16 % aus Iren. Trotz ihrer traditionellen Ablehnung der britischen Krone kämpften sie tapfer für diese.

Französische Kürassiere werden bei Waterloo von Highlanders und Scots Greys besiegt.

ORGANISATION

Mit 104 Regimentern bildet die Linieninfanterie während der napoleonischen Kriege das Rückgrat der britischen Armee. Hier ist die Organisation des 33. Regiments dargestellt.

Wappen des 33. Regiments: Original (links) und heute (rechts)

KOMMANDEUR DES REGIMENTS ▸ General

KOMMANDEUR DES BATAILLONS ▸ Colonel (Oberst)

BATAILLONE PRO REGIMENT ▸ 2

BATAILLONSSTÄRKE ▸ 1000 Soldaten

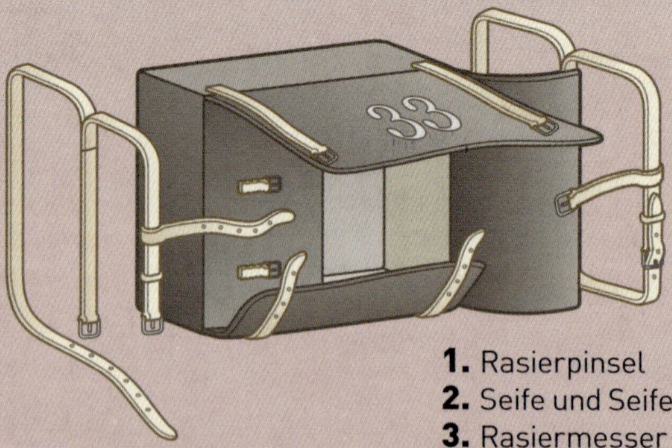

TORNISTER

Jeder Infanterist trägt einen Tornister mit allen notwendigen Dingen, um sich und seine Uniform in Schuss zu halten.

1. Rasierpinsel
2. Seife und Seifenschale
3. Rasiermesser
4. Fernrohr
5. Essbesteck
6. Tagebuch
7. Polierbürste
8. Angelgerät
9. Zunderbüchse
10. Feldflasche

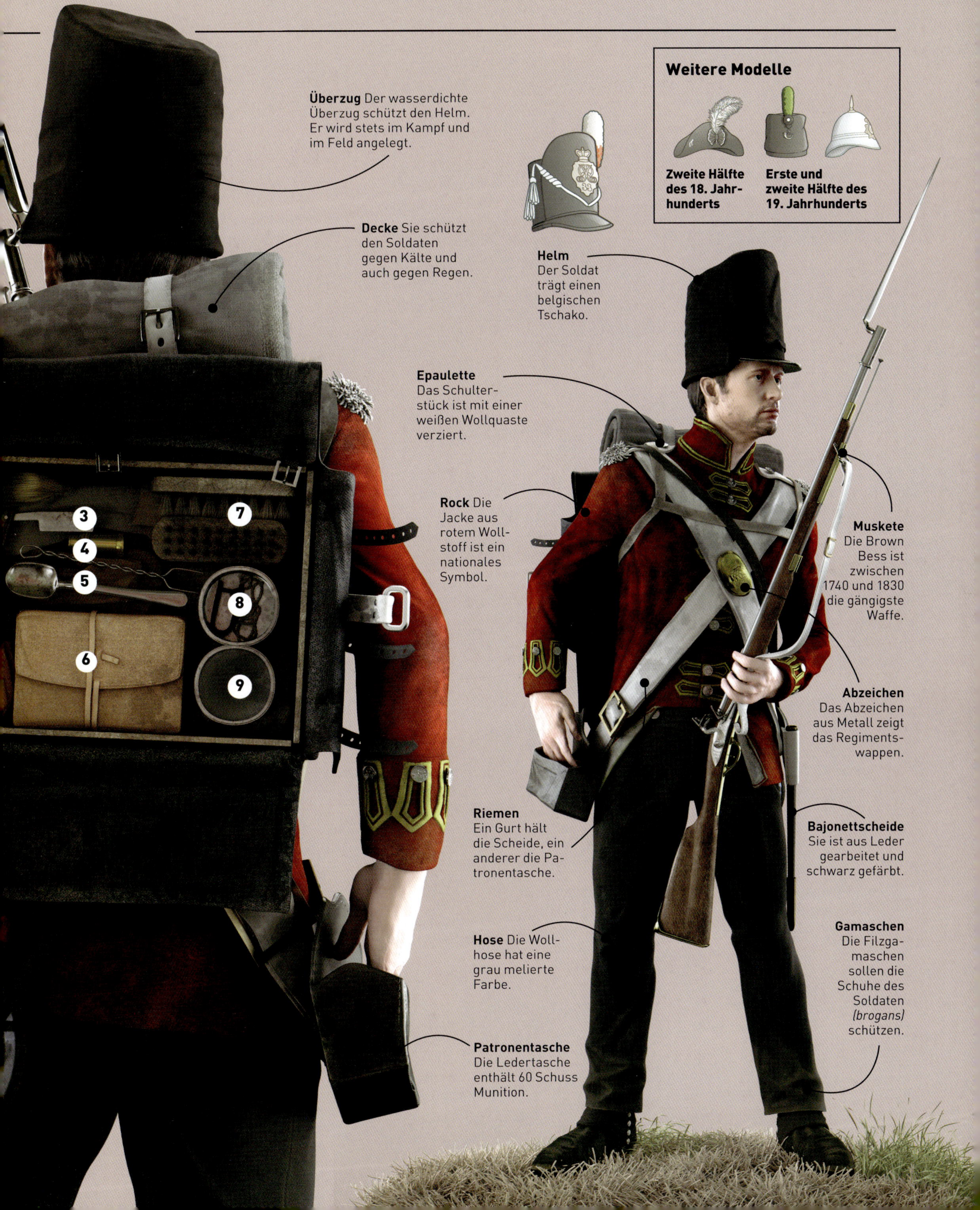
Überzug Der wasserdichte Überzug schützt den Helm. Er wird stets im Kampf und im Feld angelegt.
Decke Sie schützt den Soldaten gegen Kälte und auch gegen Regen.
Weitere Modelle
Zweite Hälfte des 18. Jahrhunderts
Erste und zweite Hälfte des 19. Jahrhunderts
Helm Der Soldat trägt einen belgischen Tschako.
Epaulette Das Schulterstück ist mit einer weißen Wollquaste verziert.
Rock Die Jacke aus rotem Wollstoff ist ein nationales Symbol.
Muskete Die Brown Bess ist zwischen 1740 und 1830 die gängigste Waffe.
Abzeichen Das Abzeichen aus Metall zeigt das Regimentswappen.
Riemen Ein Gurt hält die Scheide, ein anderer die Patronentasche.
Bajonettscheide Sie ist aus Leder gearbeitet und schwarz gefärbt.
Hose Die Wollhose hat eine grau melierte Farbe.
Gamaschen Die Filzgamaschen sollen die Schuhe des Soldaten *(brogans)* schützen.
Patronentasche Die Ledertasche enthält 60 Schuss Munition.
3
4
5
6
7
8
9

Die Schlacht von Trafalgar

1805 hatten die napoleonischen Kriege ganz Europa erfasst. Am 21. Oktober besiegte die britische Kriegsflotte unter Kommando von Admiral Horatio Nelson bei Kap Trafalgar im Südwesten Spaniens die französisch-spanische Flotte unter Admiral Villeneuve. Nelson kommandierte seine Flotte vom Flaggschiff HMS *Victory* aus. Sein Sieg festigte die britische Vorherrschaft auf den Weltmeeren im 19. Jahrhundert und setzte Napoleons Invasionsplänen in Großbritannien für immer ein Ende.

Nelsons Strategie

Nelson griff die französisch-spanische Flotte auf ihrem Weg ins Mittelmeer an. Seine Strategie sah einen Angriff in zwei Linien vor, um die gegnerische Schlachtformation aufzuteilen und zum Nahkampf zu zwingen. Admiral Nelson kam beim Gefecht ums Leben, errang aber einen entscheidenden Sieg, bei dem die Hälfte der französisch-spanischen Flotte versenkt wurde.

HMS *Victory*

Das 69 m lange Schiff mit drei Brücken hatte eine Verdrängung von 3500 t und 821 Mann Besatzung. Die 1765 gebaute *Victory* war das Flaggschiff von Admiral Nelson.

Schiffe auf Linie

Vom 17. bis zum 19. Jahrhundert stützte sich die gängige Marinetaktik auf die Linienformation der Kriegsschiffe, die deshalb „Linienschiffe" genannt wurden. Die waghalsigsten Manöver bestanden im Feuern auf die Wasserlinie des Gegners und in schnellen Kehrtwenden, um das Heck der eigenen Schiffe aus der Schusslinie zu nehmen.

Treffer auf der Wasserlinie

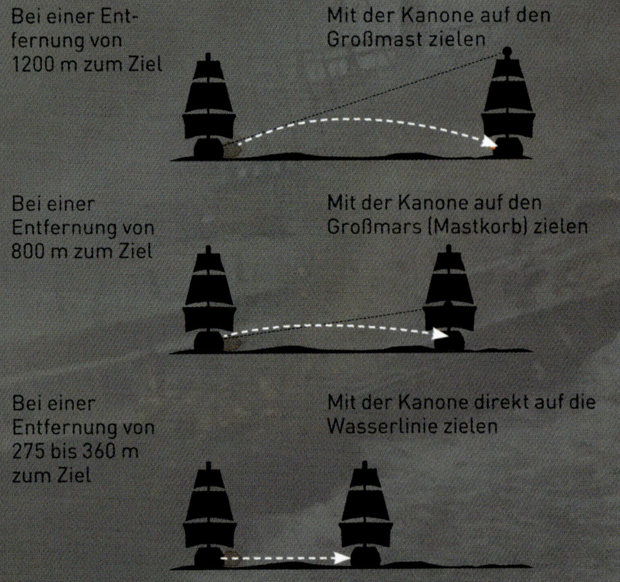

KRÄFTEVERHÄLTNIS

BRITISCHE FLOTTE ▸ 27 Schiffe

FRANZÖSISCH-SPANISCHE FLOTTE ▸
18 spanische und 15 französische Schiffe

95-1854

KAPITEL 4

DAS 20. JAHRHUNDERT

S·D·A·P

DIE WELT IM KRIEG

Für die Geschichte der Armeen und die Schlachten, die im 20. Jahrhundert in Europa ausgetragen wurden, spielten drei Konflikte eine fundamentale Rolle. Aus allen drei Kriegen – 1864 gegen Dänemark, 1866 gegen Österreich und 1870/71 gegen Frankreich – gingen deutsche Staaten erfolgreich hervor und wurden so zur Großmacht. Damals waren Staatsmänner und Generäle davon überzeugt, moderne Kriege seien kurz und die Nationen dem ökonomischen und politischen Druck langwieriger Konflikte gar nicht gewachsen. Die europäischen Mächte erlebten zwischen 1871 und 1914 eine beispiellose Phase des Friedens, in der sie Kriege in Afrika, Asien, dem Pazifikraum und auf dem amerikanischen Kontinent gegen schlecht bewaffnete indigene Völker führten. In diesen Konflikten benutzten die Kolonialmächte neue Waffen wie Haubitzen, Geradezugverschluss- und Maschinengewehre. Solches Kriegsgerät erlaubte es Großbritannien, Frankreich, Österreich-Ungarn, Deutschland und Russland, im Zuge ihrer kolonialen Unternehmungen und der sich entwickelnden industriellen Revolution mehr Macht zu erlangen. So schufen sie die ökonomischen Ressourcen zur Finanzierung der beiden größten Konflikte des 20. Jahrhunderts. Nach dem Sieg im Ersten Japanisch-Chinesischen Krieg (1894/95) und der Besetzung Taiwans, Koreas und der Mandschurei gingen die Japaner auch aus dem Russisch-Japanischen Krieg siegreich hervor: 1904 griffen sie in Port Arthur die russische Pazifikflotte mit Torpedos an, und 1905 zwangen sie Russland zur Aufgabe von Korea und der Mandschurei. Russland richtete sein Interesse daraufhin auf den Balkan, wo Nationalisten 1903 die Kontrolle in Serbien übernommen hatten.

Ein großes Wettrüsten in Europa begann: Das Deutsche Kaiserreich hatte eine beachtliche Flotte aufgebaut und Großbritannien neue Schlachtschiffe mit schwerer Artillerie eingeführt. Die Briten schlossen Bündnisverträge mit Frankreich (1904) und Russland (1907). Dennoch unterzeichnete das Russische Kaiserreich nur ein Jahr später ein Abkommen mit Österreich-Ungarn, das diesem Bosnien und Herzegowina zusprach, Russland dafür die Durchfahrt durch den Bosporus ermöglichte. 1911 griff Italien Libyen an, während die Serben, Bulgaren, Griechen und Montenegriner gegen das geschwächte Osmanische Reich kämpften. Nach Autonomieforderungen von Tschechen, Polen und Slowaken und der Verlegung der französischen Mittelmeerflotte 1912 in die Nordsee erhöhte das Deutsche Reich seine Militärausgaben deutlich und zog über 800 000 Mann ein.

Ausgelöst wurde der Erste Weltkrieg durch die Ermordung von Erzherzog Franz Ferdinand, dem Thronfolger von Österreich-Ungarn, der am 28. Juni 1914 bei einem Besuch im kurz zuvor annektierten Bosnien von einem serbischen

Extremisten erschossen wurde. Einen Monat später erklärte Österreich den Krieg und beschoss Belgrad. Am 1. August setzte die deutsche Armeeführung den Schlieffenplan um. Alfred von Schlieffen (1833–1913) hatte als Chef des Generalstabs Pläne für einen Zweifrontenkrieg entwickelt. Im Westen wollte er in einer schnellen Militäraktion durch Belgien nach Frankreich und bis Paris vorstoßen. Im Osten sollte danach der Angriff auf Russland erfolgen. Das deutsche Oberkommando ließ sieben Armeen mit 1,5 Millionen Soldaten aufmarschieren und erklärte Frankreich am 3. August den Krieg. Nach Verletzung der belgischen Neutralität trat jedoch Großbritannien in den Konflikt ein. Im November 1914 hatte sich von der Schweiz bis zum Ärmelkanal eine 800 km lange Front gebildet. Was zunächst als schnelle Aktion geplant war, entwickelte sich zu einem Abnutzungskrieg, für den 70 Millionen Menschen mobilisiert wurden.

Während sich mit der technischen Revolution auch die Natur des Kriegs veränderte und zur Erfindung der Funktechnik, zur Entwicklung der Luftfahrt und zum Bau von Panzern, U-Booten und großen Schlachtschiffen führte, blieben die hohen Militärs taktischen und operativen Konzepten des 19. Jahrhunderts verhaftet. Die beiden großen Schlachten 1916 änderten kaum etwas daran. In Verdun kam es zu einem Blutbad, das 400 000 Tote und 800 000 Verletzte forderte. An der Somme feuerten die Briten 1,5 Millionen Geschosse auf gegnerische Stellungen, ohne nennenswerte Geländegewinne zu erzielen. 1917 änderten die Deutschen ihre Strategie zugunsten einer modernen Kriegsführung. Sie schickten zunächst MG-Schützen an die vorderste Front, um danach ihre stärksten Kräfte nach vorn zu verlegen. Bis zu diesem Zeitpunkt wartete der Hauptteil der Infanterie in rückwärtigen Stellungen. Die Entscheidungen auf dem Schlachtfeld lagen weitgehend bei den Offizieren vor Ort.

Im Februar 1917 brach die Russische Revolution aus. Die Deutschen gestatteten Wladimir Lenin (1870–1924) die Durchfahrt von der Schweiz nach Russland, außerdem unterstützten sie die Bolschewiki mit Geld. Im Friedensvertrag von 1918 musste Russland auf die baltischen Staaten, Polen, Finnland und große Teile der Ukraine verzichten. Für die Frühjahrsoffensive 1918 mobilisierte das Deutsche Reich eine Million

Mann und kam im Mai bis auf 65 km an Paris heran. Durch den Kriegseintritt der USA 1917 hatten sich aber Nachschubsituation und Kampfstärke der Entente deutlich verbessert, sodass die Offensive bei enormen deutschen Verlusten gestoppt wurde. Im September gelang es britischen Panzern bei Amiens und einer Offensive des US Army Air Service bei Saint-Mihiel, eine Bresche in die feindlichen Linien zu schlagen. Das Deutsche Kaiserreich litt derweil unter Hunger und Streiks. Bulgarien und die Türkei stimmten im Oktober, Österreich im November einem Waffenstillstand zu. Der deutsche Kaiser Wilhelm II. (1859–1941) dankte ab. Am 9. November 1918 rief Scheidemann die Republik aus, und am 11. November wurde der Waffenstillstand von deutscher Seite unterzeichnet. Im Verlauf des Ersten Weltkriegs fielen 1,3 Millionen Franzosen, 700 000 Briten und 250 000 Commonwealthbürger, 500 000 Italiener, 1,1 Millionen Österreicher und 2 Millionen Deutsche. Rund 25 % der Bevölkerung Serbiens, etwa 20 % der türkischen und je 8 % der bulgarischen und rumänischen wurden getötet. Mehr als neun Millionen Soldaten im Alter von 20 bis 30 Jahren starben im aktiven Dienst. Dieser Krieg hatte auch nachhaltige gesellschaftliche Auswirkungen. Beispielsweise konnten sich Frauen damals ihren Platz in der Arbeitswelt sichern. Noch wichtiger war aber das Aufkommen radikaler linker und rechter Ideologien in Europa infolge des Weltkriegs.

Der 1919 unterzeichnete Versailler Vertrag und das Londoner Ultimatum von 1921 setzten die von Deutschland zu zahlenden Reparationen auf 132 Milliarden Goldmark fest. Der Versailler Vertrag bedeutete auch das Ende der österreichisch-ungarischen Doppelmonarchie, die Wiederherstellung Polens, Dänemarks und Belgiens und die Konfiszierung der deutschen Überseegebiete und Flotte. Die deutschen Militärs empfanden diese Bedingungen als Demütigung und versuchten, die Schuld in Form der Dolchstoßlegende den linken Parteien und Juden zuzuschieben.

Die folgenden 20 Jahre brachten Entwicklungen und Entscheidungen, die den Verlauf des Zweiten Weltkriegs mitbestimmen sollten. Frankreich versuchte, sich durch den Bau der Maginotlinie mit 108 Festungen und einem insgesamt 400 km langen Tunnelsystem an der Grenze zu Deutschland und Italien zu schützen. Die USA gewährten Europa ab 1923 eine

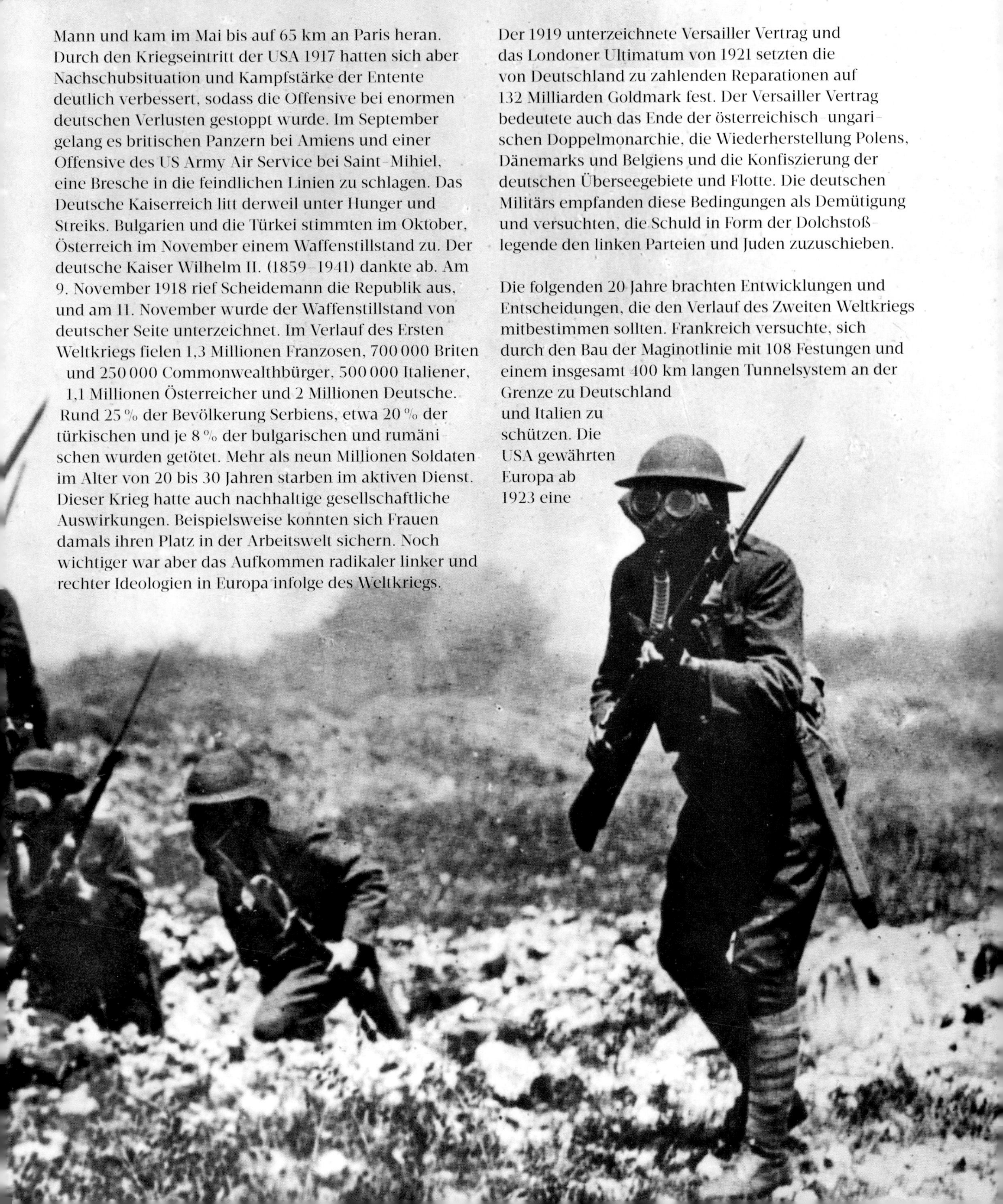

Reihe umfangreicher Kredite, die nach dem Börsencrash an der Wallstreet 1929 zurückverlangt wurden. Dies stürzte die Wirtschaft in Mitteleuropa ebenfalls in die Krise, und der Boden für einen neuen Konflikt im großen Stil war bereitet. In Deutschland erschien mit der Heeresdienstvorschrift 300 (1933/34) zur „Truppenführung" ein weitsichtiges neues Konzept für die Verwendung verschiedener Waffen wie gepanzerter Fahrzeuge und der Luftstreitkräfte.

Nach der Ernennung Adolf Hitlers 1933 zum Reichskanzler begann im Deutschen Reich ein gewaltiges Programm zur Wiederbewaffnung. 1935 gab es drei gepanzerte Divisionen, 1936 bereits sechs und 1940 schließlich zehn. Die britische Armee konnte sich bis 1939 kaum finanzieren, die Situation in Frankreich war ähnlich. In der UdSSR verschwanden Zehntausende Offiziere durch die Säuberungen Josef Stalins (1878–1953). Die britische Luftwaffe begann mit der Nutzung der Radartechnik in ihren Flugzeugen, und nach Erfindung des Sonars wähnte die britische Admiralität in feindlichen U-Booten keine Gefahr mehr. Japan und die USA bauten große gepanzerte Schiffe und Flugzeugträger. In Hitlerdeutschland wurde die Luftwaffe immer stärker.

Hitler strebte neben der Wiederbewaffnung und der Auslöschung der Juden auch die Eroberung Europas an. 1935 befahl Benito Mussolini, der seit 1922 italienischer Ministerpräsident war, einen Angriff auf Äthiopien mit Senfgas. 1936 putschte General Francisco Franco gegen die Republik und begann einen Bürgerkrieg in Spanien, in dem er von Deutschland und Italien unterstützt wurde. Großbritannien und Frankreich verhielten sich neutral. Der Spanische Bürgerkrieg forderte Millionen Opfer und führte zur Einrichtung eines faschistischen Regimes. 1938 marschierte Hitler in Österreich ein, 1939 annektierte er die Tschechoslowakei. Nach dem Abschluss eines Nichtangriffspakts mit Stalin, der diesem den Osten Polens, die baltischen Staaten und Finnland zusprach, kam es zum deutschen Überfall auf Polen. Der Feldzug der rund 1,5 Millionen Wehrmachtssoldaten dauerte knapp 30 Tage und forderte 70 000 Tote unter den Verteidigern. Anschließend wurde Polen zwischen Hitler und Stalin aufgeteilt. Großbritannien, das für Polens Unabhängigkeit garantierte, und Frankreich erklärten Deutschland den Krieg. Im April 1940 griffen die Deutschen Dänemark an, im Mai die Niederlande und Belgien, bevor sie in Frankreich einfielen und Paris im Juni besetzten. Am 22. Juni 1940 unterzeichnete Philippe Pétain (1856–1951), Marschall von Frankreich, ein Waffenstillstandsabkommen und kollaborierte mit dem Naziregime. Auch Mussolini hatte Frankreich und Großbritannien den Krieg erklärt.

Nur einen Monat zuvor war Winston Churchill (1874–1965) zum britischen Premierminister ernannt worden. Entgegen der deutschen Hoffnung, Großbritannien würde nicht eingreifen, gaben aber wirtschaftliche Unterstützung und Waffenlieferungen der USA den Ausschlag. Die Briten verfügten über eine effiziente Luftwaffe und hatten die geheimen Botschaften des deutschen Oberkommandos entschlüsseln können. Als es im August 1940 zur Konfrontation mit der deutschen Luftwaffe kam, erlitten die Briten jedoch erhebliche Verluste. Hitler nahm nun Südosteuropa ins Visier. Ende 1940 sicherte er sich die rumänischen Ölfelder, im April 1941 begann der Balkanfeldzug mit der Bombardierung Belgrads und 17 000 zivilen Opfern. Der jugoslawische Widerstand forderte mit seiner Guerillataktik viele Opfer unter den Deutschen. Kurz danach eroberte die deutsche 7. Fliegerdivision in einem ersten großen Luftlandeunternehmen auch Kreta.

Die Deutschen planten da bereits das „Unternehmen Barbarossa", den Überfall auf die Sowjetunion. Im Juni 1941 eröffnete die Wehrmacht das Feuer entlang einer 3200 km langen Front. Drei Millionen Soldaten marschierten nach Leningrad, begleitet von Sondereinheiten zum Aufspüren und Vernichten von Juden und Kommunisten. Nachschubprobleme und der strenge Winter brachten den deutschen Vorstoß zum Stillstand. Im Dezember 1941 startete die Rote Armee eine Gegenoffensive und befreite wichtige Stellungen um Moskau. Das Unternehmen kostete die Wehrmacht mehr als eine Million Tote.

Am 11. Dezember 1941, vier Tage nach dem japanischen Angriff auf Pearl Harbor, erklärte Hitler den USA den Krieg. Im August 1942 war der deutsche Marinecode geknackt, und die USA hatten den Japanern in der Koreastraße und bei Midway erhebliche Verluste bereitet. Die Deutschen stießen bis zur Wolga vor und griffen im September 1942 Stalingrad an. Die Schlacht dauerte fast vier Monate und forderte aufseiten Deutschlands und seiner Verbündeten 500 000 Tote, aufseiten der Sowjets 750 000. In der „Operation Uranus" mobilisierten die Sowjets eine Million Soldaten, 13 000 Kanonen und 900 Panzer gegen die deutsche 6. Armee, die Anfang Februar 1943 kapitulierte.

Im selben Jahr verlor Deutschland endgültig den Rüstungswettlauf, und der Tunesienfeldzug endete im Desaster. Die USA hatten inzwischen eine gewaltige Flotte aufgebaut und produzierten jeden Tag 250 Bomber. Im Juli 1943 landeten US-Truppen auf Sizilien, was zur Absetzung Mussolinis führte. Nach der Einnahme Roms drängte man die Deutschen in Italien immer weiter nach Norden zurück. Im Atlantik konnten die Alliierten nach dem Knacken der deutschen Marinecodes bedeutende Erfolge verzeichnen, und im Mai 1944 verloren die Deutschen 41 U-Boote. Auf dem Kontinent lief inzwischen die „Combined Bomber Offensive" der Briten und Nordamerikaner. Im Mai 1944 war die deutsche Luftwaffe praktisch vernichtet.

Am 6. Juni 1944 kam der D-Day: Fünf alliierte Infanteriedivisionen und drei Luftlandedivisionen landeten an den Stränden der Normandie, 6500 Schiffe und über 12 000 Flugzeuge setzten rund 117 000 Mann ab. Am 3. September konnten die Alliierten Brüssel befreien. An der Ostfront hatte die Sowjetarmee nach dem deutschen Rückzug aus Kursk 1943 das Schwarze Meer und die Karpaten erreicht. Als am 20. Juli 1944 eine Gruppe deutscher Offiziere ein erfolgloses Attentat auf Hitler unternahm, hatte Deutschland im Krieg bereits 17 Divisionen verloren, 50 weitere waren um die Hälfte reduziert. Im Winter befand sich die Wehrmacht überall auf dem Rückzug. Die systematische Bombardierung ihrer Transportwege bedeutete das endgültige Aus für die deutsche Kriegswirtschaft. Im Januar 1945 griffen die Sowjets vom Osten her an, im Westen stießen Briten und Kanadier bis zum Rhein vor. Im Pazifik zerstörten B-29-Bomber der US-Luftwaffe im März 1945 große Teile Tokios und Okinawas. Die Vergeltungsaktion der Japaner forderte 65 000 Opfer. Am 30. April 1945 verübte Hitler Selbstmord. Eine Woche später unterzeichneten seine Kommandeure die bedingungslose Kapitulation. Das definitive Ende des Kriegs kam aber erst im Herbst, nachdem die USA am 6. August eine Atombombe über Hiroshima (90 000 Tote)

und am 9. August eine weitere Bombe über Nagasaki (35 000 Tote) abgeworfen hatten. Am 2. September 1945 kapitulierte auch Japan.

Auf den Zweiten Weltkrieg folgten 45 Jahre fragilen Friedens: Im Kalten Krieg standen sich die beiden Supermächte UdSSR und USA mit radikal unterschiedlichen Regierungs- und Wirtschaftssystemen gegenüber. Europa verbündete sich 1949 mit den USA zur NATO (North Atlantic Treaty Organization). Allerdings gab es in der übrigen Welt keinen einzigen Tag ohne Krieg. Der Zusammenbruch der Kolonialreiche und die Wirtschaftsinteressen der Großmächte führten zu Konflikten mit schrecklichen Folgen: Korea (1950), Malaysia (1952), Algerien (1954), Vietnam (1960 und 1973), Angola (1961), Palästina (1948, 1956, 1967 und 1973), Persischer Golf (1988, 1990 und 1991), Ruanda (1990), Balkanregion (1992), Tschetschenien (1993), Zaire (1996) und so weiter.

In den 1960er- und 1970er-Jahren ermöglichte die wissenschaftlich-technische Revolution kleinere Nuklearwaffen, bessere Kommunikationsmöglichkeiten und Interkontinentalraketen. Damit veränderten sich auch die bisherigen Militärstrategien und -taktiken. Mit Atomwaffen, die alles Leben auf dem Planeten vernichten konnten, kam das Konzept der nuklearen Abschreckung. In den 1980er-Jahren folgte, beflügelt durch Weltraum- und Rüstungsprogramme, die Computerrevolution, die wiederum die Kriegsführung veränderte. Nach Auflösung der UdSSR 1991 gehörten globale Kriegseinsätze zum neuen Szenario. Die zunehmend reicheren Staaten nutzen zu ihrem Schutz satellitenunterstützte Raketensysteme und ferngesteuerte Roboter, die ein enormes Zerstörungspotenzial für die Kriegsführung aus der Distanz besitzen. Gleichzeitig sehen sie sich mit neuen Bedrohungen konfrontiert, wie Terroraktionen gegen die Zivilbevölkerung und den möglichen Einsatz von Nuklearwaffen durch immer mehr Länder.

Zeitleiste und wichtige Schlachten

Im 20. Jahrhundert wurden Wissenschaft und Technik zu entscheidenden Faktoren bei der Entwicklung der Streitkräfte. Durch die technische Revolution erfuhren konventionelle Waffen so rasante Fortschritte, dass sie häufig bereits nach kürzester Zeit überholt waren. Die Staaten mussten entsprechend hohe Summen aufwenden, um neue Angriffs- und Verteidigungssysteme zu entwickeln. Zu der permanenten Aufrüstung traten enorme Verbesserungen im Bereich der Kommunikation. Kriege waren nun global.

1900

1903
Nationalistische Offiziere übernehmen die Macht in Serbien.

1904
Angriff der Japaner auf die russische Pazifikflotte in Port Arthur

1905
Russisch-Japanischer Krieg

1912
Frankreich verlegt seine Mittelmeerflotte in die Nordsee.

1914
Erzherzog Franz Ferdinand wird in Bosnien ermordet, Beginn des Ersten Weltkriegs

1916
Schlachten bei Verdun und an der Somme

1917
Oktoberrevolution der Bolschewiki in Russland

1919
Versailler Vertrag

1921
Londoner Ultimatum: Die Höhe der von Deutschland zu zahlenden Reparationsleistungen wird festgesetzt.

1922
Gründung der Sowjetunion

1925
Beginn des Chinesischen Bürgerkriegs

Stalin übernimmt die Macht in Russland.

1929
Börsencrash an der Wall Street, Beginn der Weltwirtschaftskrise

1933
Adolf Hitler wird zum Reichskanzler ernannt.

1936
General Franco putscht in Spanien gegen die Republik, der Spanische Bürgerkrieg beginnt.

1939
Deutsch-sowjetischer Nichtangriffspakt, der Überfall auf Polen löst den Zweiten Weltkrieg aus.

1940
Deutsche Truppen besetzen Paris.

1941
Japan greift die USA in Pearl Harbor an.

1942
Schlacht um Stalingrad

1944
Landung in der Normandie

1945
Die USA werfen zwei Atombomben über Hiroshima und Nagasaki ab, was den Zweiten Weltkrieg beendet.

51 Länder gründen die Vereinten Nationen (UNO).

1946
Beginn des Indochinakriegs

1947
Das British Empire entlässt Indien und Pakistan in die Unabhängigkeit.

1948
Gründung des Staates Israel

1949
Gründung der NATO

Proklamation der Volksrepublik China

1950
Beginn des Koreakriegs

1950

DIE KUBAKRISE
1962 installierte die UdSSR auf Wunsch Fidel Castros mehr als 40 Abschussbasen für Mittelstreckenraketen auf Kuba. Die Sowjets zogen die Raketen ab, als die USA versprachen, nicht auf der Insel einzumarschieren.

Die USA zogen ihrerseits dann die 30 in Italien und die 15 in der Türkei stationierten *Jupiter*-Raketen ab, die auf die UdSSR gerichtet waren.

1954
Algerische Rebellen beginnen den Befreiungskampf.

Das Genfer Abkommen führt zur Teilung Vietnams in den kommunistischen Norden und den autokratischen Süden.

1956
Frankreich entsendet Truppen nach Algerien.

Sueskrise und Sinaikrieg

1964
Der US-Kongress autorisiert den Krieg gegen Vietnam.

1967
Sechstagekrieg

Bürgerkrieg in Nigeria

1973
Rückzug der USA aus Vietnam, israelischer Sieg im Jom-Kippur-Krieg, Kulturrevolution unter Mao Zedong in China, Ölkrise

1974
Bürgerkrieg in Angola

1975
Pol-Pot-Regime in Kambodscha

1988
Der Krieg zwischen Iran und Irak endet.

1989
Fall der Berliner Mauer

1990
Irak fällt in Kuwait ein, der Golfkrieg beginnt.

1996
Die Taliban übernehmen die Macht in Afghanistan, Russland zieht sich aus Tschetschenien zurück, Invasion der USA im Irak

1999
Die NATO interveniert im Kosovo.

2000

1955
Gründung des Warschauer Pakts, Bürgerkrieg im Sudan

Die USA stellen mit der USS *Nautilus* das erste U-Boot mit Nuklearantrieb in Dienst.

1960
Test der strategischen US-Mittelstreckenrakete *Polaris* mit Atomsprengkopf

1961
Invasionsversuch in der Schweinebucht auf Kuba

1962
Kubakrise, Unabhängigkeit Algeriens

1970
Die USA dringen in Kambodscha ein, um nordvietnamesische Nachschublinien zu zerstören.

1979
Islamische Revolution im Iran, die UdSSR besetzt Afghanistan.

1980
Kriegsausbruch zwischen Iran und Irak

1982
Falklandkrieg zwischen Argentinien und Großbritannien

1991
Zerfall der Sowjetunion, Tschetschenienkrieg, Ausbruch der Jugoslawienkriege

1994
Massaker der Hutu an den Tutsi in Ruanda

2001
Der Angriff islamistischer Extremisten auf das World Trade Center in New York fordert mehr als 3000 Tote.

Berühmte Militärführer

Neben Millionen Soldaten standen diesen Militärführern hochtechnische Waffen und ökonomische Ressourcen zur Verfügung, wie man es sich nur wenige Jahre zuvor nicht hatte vorstellen können. Sie führten Armeen, die im Verlauf des 20. Jahrhunderts durch zunehmende Spezialisierung immer komplexer wurden. Und sie hatten es mit einer engagierten Zivilgesellschaft zu tun, die immer weniger bereit war, Kriegsopfer hinzunehmen.

1870–1969

DWIGHT DAVID EISENHOWER
US-Kommandeur der „Operation Torch" in Nordafrika (1942) und Oberbefehlshaber der alliierten Streitkräfte bei der „Operation Overlord" (1944). Er nahm an der Landung in der Normandie teil und stieß 1945 erfolgreich bis nach Deutschland vor. 1953 wurde er zum US-Präsidenten gewählt.

1884–1943

ISOROKU YAMAMOTO
Japanischer Admiral, ab 1939 Oberbefehlshaber der Vereinigten Flotte der kaiserlich japanischen Marine. Er plante den Angriff auf Pearl Harbor. Sechs Monate später erlitt er bei Midway eine schwere Niederlage. Er starb, als sein Flugzeug von einer auf ihn angesetzten US-Staffel abgeschossen wurde.

1885–1945

GEORGE SMITH PATTON
Der US-Offizier kommandierte im Ersten Weltkrieg eine Panzereinheit und nahm im Zweiten Weltkrieg an der Front in Afrika teil. Sein 1944 in der Normandie begonnener Vorstoß durch das vom Gegner besetzte Europa führte bis in die Tschechoslowakei und endete dort 1945 nach dem Waffenstillstand.

1887–1976

BERNARD LAW MONTGOMERY
Der brillante britische Offizier wurde im Zweiten Weltkrieg nach Afrika beordert, wo er Rommel 1942 bei El Alamein besiegte. Er nahm an den Landeunternehmen auf Sizilien (1943) und in der Normandie (1944) teil. Seine Militärstrategie trug wesentlich zum Sieg in der Schlussoffensive bei.

„Wenn wir scheitern, dann wird die ganze Welt, einschließlich der Vereinigten Staaten, dann wird alles, was wir gekannt und wofür wir uns eingesetzt haben, im finsteren Abgrund eines neuen Mittelalters versinken.“

Winston Churchill in seiner Ansprache „This was their finest hour“ von 1940

Die Holocaustgedenkstätte Yad Vashem in Jerusalem

MILITÄRISCHE VERSUS ZIVILE VERLUSTE
In den Kriegen des 19. Jahrhunderts zählten 80 % der Gesamtopfer zum Militärpersonal. Ab 1945 waren die meisten der insgesamt 50 Millionen Todesopfer jedoch Zivilpersonen. In Vietnam lag der Anteil der zivilen Opfer bei 70 %.

1888–1954

HEINZ GUDERIAN
Der deutsche Offizier baute die Panzerwaffe mit auf und entwickelte das Blitzkriegkonzept. Nach der Teilnahme am „Unternehmen Barbarossa“ entließ man ihn wegen Meinungsverschiedenheiten mit der obersten Führung. Später wurde er zum Chef des Generalstabs des Heeres ernannt.

1891–1944

ERWIN ROMMEL
Der deutsche Berufsoffizier Rommel nahm an beiden Weltkriegen teil, wo er seine strategischen Fähigkeiten unter Beweis stellte. Er wurde nach Afrika entsandt und konnte dort die Briten bis 1942 in Schach halten. Hitler zwang ihn 1944 zum Selbstmord, nachdem seine Kontakte zum Widerstand entdeckt worden waren.

1896–1974

GEORGI KONSTANTINOWITSCH SCHUKOW
Der sowjetische Offizier und Held errang die wichtigsten Siege an der russischen Front. Er organisierte die Verteidigung Stalingrads und die Gegenoffensive, die mit einer Einkesselung der Deutschen endete. Anschließend führte er die Rote Armee bis nach Berlin.

1912–2013

VO NGUYEN GIAP
Der spätere nordvietnamesische General gehörte zu den bewaffneten Unabhängigkeitskämpfern, die sich in den 1940er-Jahren der Gruppe von Ho Chi Minh anschlossen. Er war Spezialist für Guerillataktiken und verhalf seinem Land im Krieg gegen Südvietnam und die USA zum Sieg.

Moderne Waffen

Im 20. Jahrhundert veränderten Panzer, Flugzeuge und Raketen auch die Militärtaktiken. Mit den Atomwaffen wurde ab Mitte des Jahrhunderts die Abschreckung zur Strategie. Doch der Kampf zu Land blieb der entscheidende Faktor bei Konfrontationen. Die Feuerkraft der von Bodentruppen genutzten Waffen nahm exponentiell zu; sie wurden immer präziser, raffinierter und tödlicher.

Lee Enfield Die manuell geladene Repetierbüchse dient der britischen Infanterie im Ersten Weltkrieg.

Gewehre

Die Repetiergewehre des Ersten Weltkriegs wurden später durch automatische Waffen abgelöst, die präziser und schneller waren. Stärkere Munition ermöglichte größere Schussdistanzen, während Länge und Gewicht der Gewehre abnahmen.

MP5KA Die seit den 1960er-Jahren vom deutschen Unternehmen Heckler & Koch produzierte Maschinenpistole ist nur 33 cm lang.

Sturmgewehr 44 Das automatische Gewehr wird in Deutschland 1944 bis 1945 produziert. Es kombiniert die Eigenschaften eines MG mit denen einer automatischen Waffe.

AK-47 Das von M. Kalaschnikow konstruierte automatische Sturmgewehr wird 1949 für Sowjettruppen eingeführt. Die billige, einfache und robuste Waffe kommt bis heute bei Guerilla- und Befreiungsbewegungen zum Einsatz.

Pistolen

In beiden Weltkriegen wurden Pistolen in allen großen Armeen von Offizieren getragen. Inzwischen beschränkt sich ihr Einsatz vorrangig auf Sicherheits- und Polizeikräfte.

Luger P08 Die von der deutschen Armee genutzte Pistole verwendet Parabellum-Patronen, die weltweit zum Standard wurden.

CZ 805 Der tschechische Hersteller Czub produziert seit 2009 dieses automatische Sturmgewehr mit Zielfernrohr für Scharfschützen. Es wird in 100 Länder exportiert.

Selbst gebaute Waffen

Im Gegensatz zum immer ausgefeilteren Waffenarsenal der nationalen Armeen suchten irreguläre Truppen nach Wegen, ihr eigenes Kriegsgerät zu bauen. Ein Beispiel sind die unten abgebildeten Waffen, die von Widerstandsgruppen im Zweiten Weltkrieg gefertigt wurden.

Handgranaten des norwegischen Widerstands

Landmine des dänischen Widerstands, als Reinigungsmitteldose getarnt

Maschinengewehre

Die ersten fest montierten Maschinengewehre wurden zu Beginn des letzten Jahrhunderts um leichte Modelle ergänzt. Im Ersten Weltkrieg spielten sie im Grabenkrieg eine fundamentale Rolle, ab dem Zweiten Weltkrieg wurden sie immer leichter. Heute verwendet man sogar Bauteile aus Kunststoff oder Glasfasermaterialien.

Maschinengewehr Vickers Mk 1 Es wird seit 1922 von der britischen Armee eingesetzt und bis 1968 produziert.

Panzer-MG Die Sowjetarmee verwendet sie im Zweiten Weltkrieg.

Panzerabwehrwaffen

Granatwerfer und mobile Raketenwerfer, etwa die Bazooka, waren bereits im Zweiten Weltkrieg gängig. Seither gehören sie zur Standardbewaffnung in modernen Konflikten.

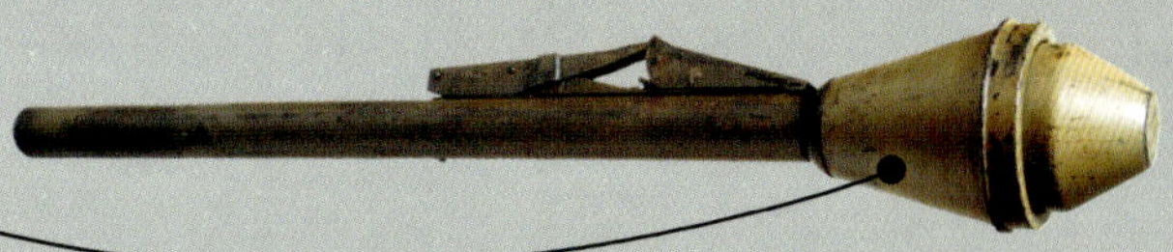

Panzerfaust 60 Das von der Wehrmacht im Zweiten Weltkrieg eingesetzte Modell wird nicht nachgeladen.

RPG-7 Die reaktive Panzerbüchse aus sowjetischer Produktion diente im Vietnamkrieg dem Vietcong. Heute ist sie die weltweit am häufigsten eingesetzte Panzerabwehrwaffe.

Grabenkrieg

Bei Ausbruch des Ersten Weltkriegs wurde klar, dass die klassischen Militärtaktiken hinfällig waren. Entwicklung und Feuerkraft der Waffen führten dazu, dass die mobile Kriegsführung durch den Stellungskrieg – mit Schützengräben als neuem Element des Schlachtfelds – abgelöst wurde. Die romantischen Vorstellungen von ruhmreichen Kämpfen waren endgültig vorbei. Zäher Widerstand, Leiden und Sterben in 1 bis 2 m tiefen, schlammigen Gräben prägten nun die Kriegsrealität.

Alltagsleben auf dem Schlachtfeld

Die Westfront entwickelte sich zu einer außerirdischen Szenerie: ein von heftigem Artilleriefeuer zernarbter Landstrich mit Kratern, Stacheldraht und endlosen Gräben. Hier trotzten die Soldaten Kälte, Feuchtigkeit und Granaten in Erwartung des nächsten Angriffssignals. Sodann mussten sie den Schutz des Grabens verlassen und unter mörderischem MG-Feuer gegnerische Stellungen angreifen.

Nachhut
Die schwere Artillerie ist 10 km hinter der Frontlinie positioniert und rückt bei einem Infanterievorstoß nach.

Unterstützungsgraben
Er dient als Rückzugsort für die Frontsoldaten. Häufig ist er mit Bunkern ausgestattet, die bis zu 10 m tief im Untergrund angelegt sind, um auch vor Beschuss durch schwere Artillerie zu schützen.

La Voie Sacrée
Diese Straße versorgt die französischen Stellungen an der Front. Auf ihr rollen täglich 3000 bis 3500 Lkw, die Soldaten und Nachschub an die Front bringen und Verletzte evakuieren.

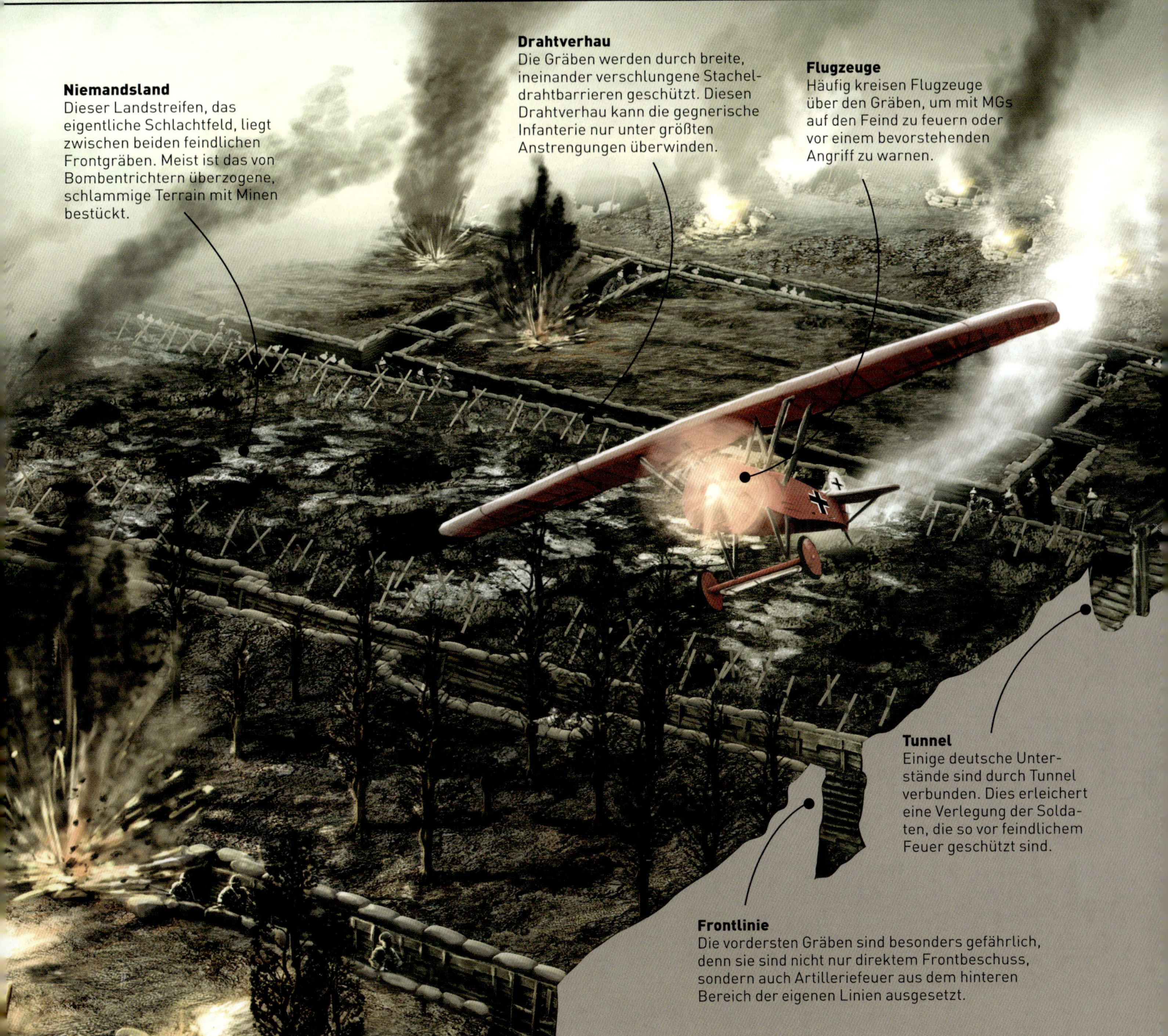

Niemandsland
Dieser Landstreifen, das eigentliche Schlachtfeld, liegt zwischen beiden feindlichen Frontgräben. Meist ist das von Bombentrichtern überzogene, schlammige Terrain mit Minen bestückt.

Drahtverhau
Die Gräben werden durch breite, ineinander verschlungene Stacheldrahtbarrieren geschützt. Diesen Drahtverhau kann die gegnerische Infanterie nur unter größten Anstrengungen überwinden.

Flugzeuge
Häufig kreisen Flugzeuge über den Gräben, um mit MGs auf den Feind zu feuern oder vor einem bevorstehenden Angriff zu warnen.

Tunnel
Einige deutsche Unterstände sind durch Tunnel verbunden. Dies erleichtert eine Verlegung der Soldaten, die so vor feindlichem Feuer geschützt sind.

Frontlinie
Die vordersten Gräben sind besonders gefährlich, denn sie sind nicht nur direktem Frontbeschuss, sondern auch Artilleriefeuer aus dem hinteren Bereich der eigenen Linien ausgesetzt.

DETAILANSICHT
Die Gräben sind als Befestigungsanlagen aus dem Untergrund ausgehoben. Ihre vielen Windungen minimieren die Wirkung von Splittergranaten und behindern die Sicht, falls der Gegner in den Graben eindringt.

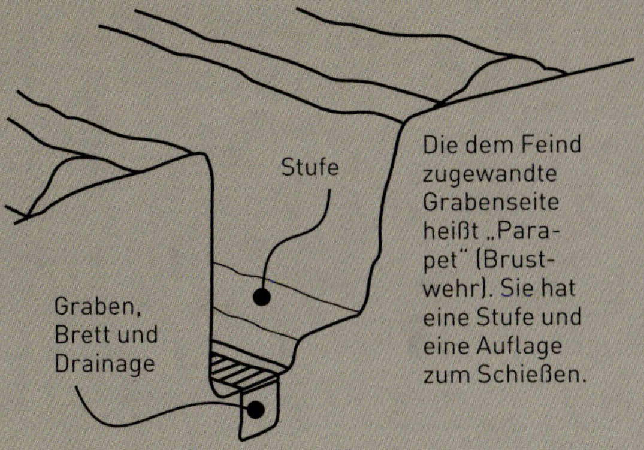

Stellungskrieg

Im Winter 1914 blieb die Westfront stabil. Die Armeen bezogen Stellung in endlosen Schützengräben, die sich, durch Stacheldraht, Repetier- und Maschinengewehre geschützt, rund 750 km vom Ärmelkanal bis zu den Alpen zogen. Aus diesen Verteidigungslinien konnten beide Seiten neue Angriffstaktiken – wie den Einsatz verschiedener Giftgase – gegen den Gegner vorbereiten.

Angriff auf Bollwerke

Um die komplexen gegnerischen Bollwerke zu überwinden, mussten die Armeen ihre Strategien anpassen. An die Stelle großer Schlachten traten kleine Angriffseinheiten, die mit Unterstützung ihrer Artillerie die feindlichen Linien durchbrachen. Oft geschah dies nachts, um den Gegner zu überraschen und dem MG-Feuer zu entkommen.

WAFFEN IM GRABENKAMPF

Neben Gewehren und Maschinengewehren waren Handgranaten die wichtigste Waffe der Infanterie im Grabenkampf. Sie hatten Flächenwirkung und konnten geworfen werden, ohne sich feindlichem Feuer auszusetzen. Für den Nahkampf besaßen die Soldaten auch Dolche, Messer oder Keulen.

Stacheldraht Nachts wird der Drahtverhau heimlich installiert und muss ständig erneuert werden. Die Drahtbarrieren sind rund 80 cm hoch und mehrere Meter breit.

Sandsäcke Sie dienen als Auflage beim Schießen. Meist belässt man Lücken, um eine bessere Sicht zu ermöglichen. Alternativ kommen einfache Periskope zum Einsatz.

Rückwärtige Seite oder Parados Sie schützt gegen Splittergranaten und dient dem Feind als Parapet, wenn er den Schützengraben erobert.

Positionsvorteil

Zu Beginn des Ersten Weltkriegs sind Schützengräben durch ihre ausgedehnten Drahtverhaue und das Feuer aus Gewehren und Maschinengewehren fast uneinnehmbar.

Gasprojektile Anfangs setzt man Gas unter Ausnutzung der Windrichtung frei. Später werden spezielle Gasprojektile für Artillerie und Mörser produziert.

Gasmaske Der Einsatz von Gas führt zur Entwicklung von Gasmasken, wie sie dieser deutsche Soldat 1917 trägt.

CHEMISCHE KRIEGSFÜHRUNG

Im August 1914 kam erstmals Gas gegen feindliche Schützengräben zum Einsatz. Zunächst benutzte man Tränengas und Chlor, später tödliche chemische Kampfstoffe wie Phosgen und Senfgas.

Gasalarm Verschiedene Warnsysteme fordern die Soldaten zum sofortigen Verlassen der Gräben auf.

Die Schlacht an der Somme

Am 1. Juli 1916 zeigte sich an der Westfront die entsetzliche Grausamkeit des Grabenkampfs im Ersten Weltkrieg, als französische und britische Einheiten in der Somme-Region eine Offensive gegen deutsche Stellungen einleiteten. Die Alliierten konnten zwar die deutsche 2. Armee unter General Fritz von Below zurücktreiben, doch am Ende betrug der Geländegewinn nur 10 km, schwer erkauft mit Hunderttausenden Opfern auf beiden Seiten.

Ziel: Verdun entlasten

Angesichts des enormen deutschen Drucks auf die wichtige Enklave Verdun schlug der französische Oberbefehlshaber Joseph Joffre seinem britischen Kollegen Douglas Haig eine Großoffensive an der Somme vor. Man wollte die Deutschen so zum Abzug von Truppen aus Verdun zwingen. Der erste Angriff auf die gut vorbereiteten und günstiger gelegenen deutschen Schützengräben endete mit einem Blutbad unter den unerfahrenen britischen Infanteristen. Die Alliierten lernten aus ihren Fehlern: Nach monatelanger Belagerung konnten sie am 13. November 1916 Beaumont-Hamel einnehmen und die Deutschen zurückdrängen.

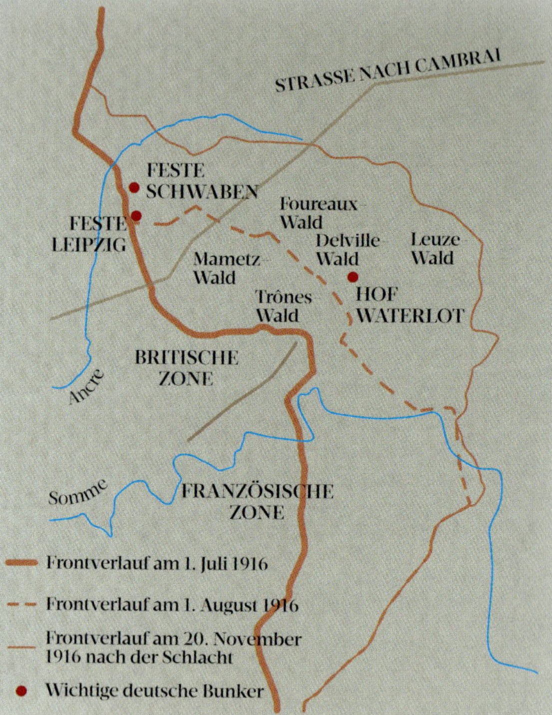

1. Juli
Die Landoffensive trifft auf die mächtigen Verteidigungsanlagen der Deutschen.

14. Juli
Die Alliierten haben aus ihren Fehlern gelernt und starten einen nächtlichen Angriff, der die zweite deutsche Linie durchbricht.

13. November
Die Alliierten nehmen Beaumont-Hamel ein, die deutsche Armee zieht sich an die Siegfriedlinie zurück.

DEUTSCHER SOLDAT
Der Stahlhelm hat 1916 die traditionelle lederne Pickelhaube weitgehend abgelöst.

BRITISCHER SOLDAT
Er ist mit einem Lee-Enfield-Gewehr ausgerüstet, eine der besten Waffen des Ersten Weltkriegs.

Abschüssig Das abfallende Gelände mit guter Sicht auf die gegnerischen Linien bietet den Deutschen zusätzliche Vorteile.

Gut vorbereitet An ihrer 32 km langen Frontlinie haben die Deutschen ein effizientes Netzwerk aus Gräbern, unterirdischen Schutzräumen und befestigten Stellungen angelegt.

DIE BRITISCHEN TRUPPEN
Die an der Somme-Schlacht beteiligten Einheiten bestanden meist aus britischen Freiwilligen und Soldaten aus Commonwealthländern wie Südafrika, Kanada, Neuseeland und Australien. Insgesamt zählte man 420 000 Opfer.

Erbärmliche Bedingungen
In den Gräben waren die Soldaten auch Kälte, Feuchtigkeit und einer Rattenplage ausgesetzt. Der Herbstregen verschlimmerte die Umstände an der Somme zusätzlich.

Verzweifelter Angriff

Die britische Artillerie hatte eine Woche lang die deutschen Stellungen beschossen, um das Gelände für die Infanterie vorzubereiten. Rund ein Drittel der 1,5 Millionen Geschosse waren Blindgänger, und die deutsche Linie wurde kaum geschwächt. Beim Angriff am 1. Juli waren die Briten leichte Beute für die deutsche Defensive. Es gab rund 60 000 Opfer an diesem einen Tag.

Erfolglose Attacke Die britischen Angreifer sind dem feindlichen Feuer fast ungeschützt ausgesetzt. Viele fallen, bevor sie die deutsche Linie überhaupt erreichen können.

Feuerkraft Die Deutschen feuern mit ihrer Standardwaffe, dem Mauser Modell 98, und Maxim-Maschinengewehren auf alliierte Soldaten, als diese am 1. Juli 1916 angreifen.

Luftschiffe

Der Erste Weltkrieg veränderte auch den Luftraum. Noch vor Einführung von Kampfflugzeugen wurden die Städte aus der Luft von riesigen, leicht verwundbaren Luftschiffen angegriffen. Sie bestanden aus mit Gas gefüllten Aluminiumkonstruktionen. Zunächst hatte man sie für Aufklärungsflüge genutzt, doch die Deutschen erkannten schnell ihr Potenzial zur Bekämpfung der mächtigen britischen Marine und zur Bombardierung des Gegners.

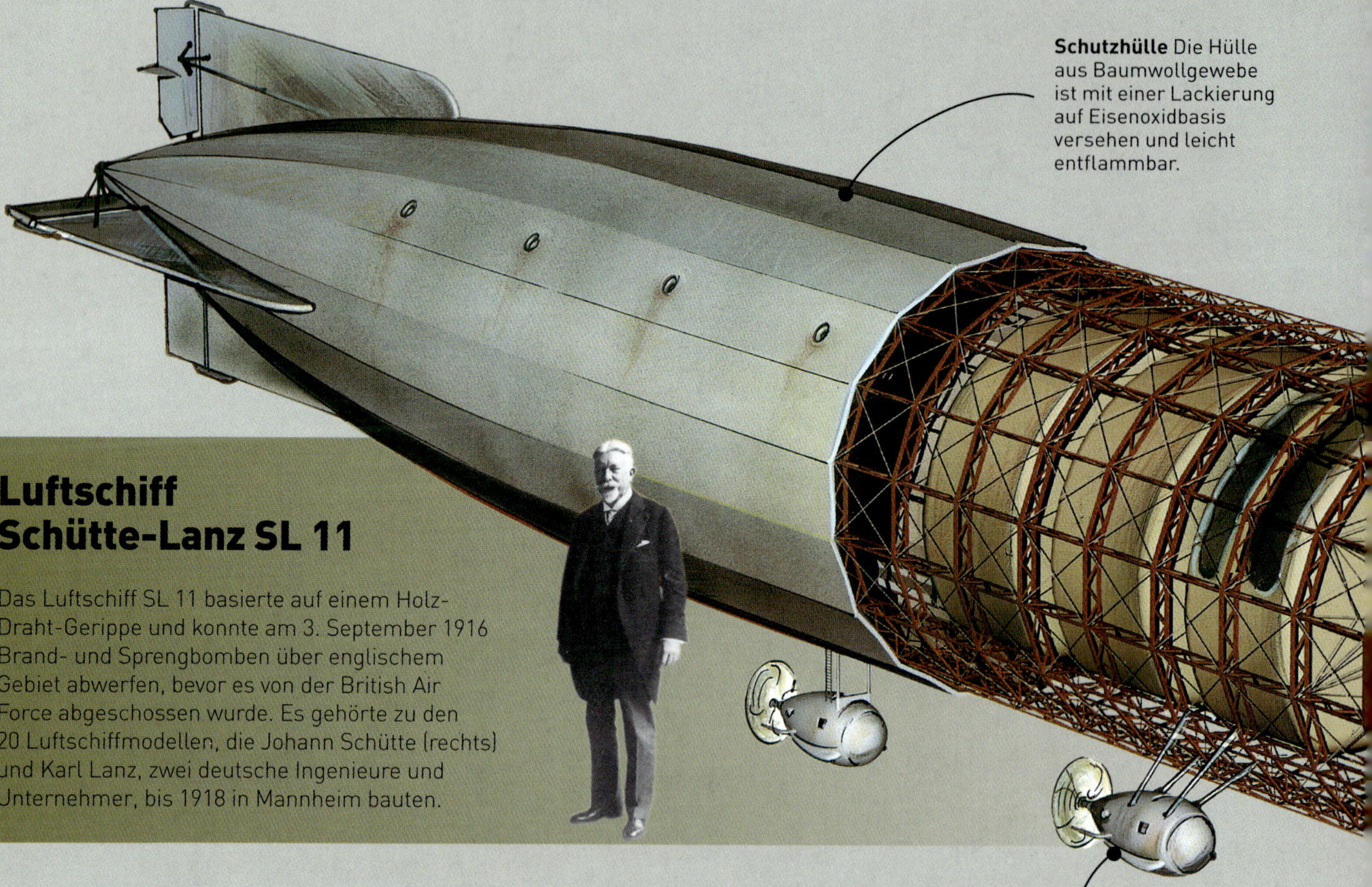

Schutzhülle Die Hülle aus Baumwollgewebe ist mit einer Lackierung auf Eisenoxidbasis versehen und leicht entflammbar.

Luftschiff Schütte-Lanz SL 11

Das Luftschiff SL 11 basierte auf einem Holz-Draht-Gerippe und konnte am 3. September 1916 Brand- und Sprengbomben über englischem Gebiet abwerfen, bevor es von der British Air Force abgeschossen wurde. Es gehörte zu den 20 Luftschiffmodellen, die Johann Schütte (rechts) und Karl Lanz, zwei deutsche Ingenieure und Unternehmer, bis 1918 in Mannheim bauten.

Motorgondel Die vier Motorgondeln sind mit 240 PS starken Maybach-HSLu-Motoren bestückt.

DAS INNERE DER GONDEL
Die Kommandobrücke in der Gondel des SL 11 war mit zwei Steuerrädern für Höhen- und Seitenruder ausgestattet, um die Bewegungen des Luftschiffs zu kontrollieren. Als wichtigste Navigationsinstrumente dienten Kompass, Höhenmeter und Barograf.

BRUCH DER HAAGER KONVENTIONEN
Am 24. August 1914 warf ein deutsches Luftschiff mehrere Bomben über Antwerpen ab und forderte so zahlreiche Opfer in der belgischen Stadt. Deutschland verstieß damit gegen die Haager Konventionen von 1899, die den Abwurf von Bomben aus Luftfahrzeugen untersagte.

Technische Daten

Länge ▸ 174 m

Höhe ▸ 20 m

Volumen ▸ 31 900 m³

Geschwindigkeit ▸ 95 km/h

Anzahl der Motoren ▸ 4

Motorleistung ▸ 240 PS

Nutzlast ▸ 21 t

Gaszellen Sie sind mit leicht brennbarem Wasserstoff gefüllt, erst später verwendet man Helium. Durch Treibstoffverbrauch sinkt das Gewicht, der Auftrieb wird durch kontrolliertes Ablassen von Gas ausgeglichen.

Skelett Die Ringelemente sind über kreuzförmige Streben mit den Längsträgern verbunden. Dieses stabile Gerippe ist mit einer dünnen Außenhaut überzogen.

Bewaffnung Neben Bomben verfügt das SL 11 über einen Gefechtsstand im Bug mit 7,92-mm-Parabellum-Maschinengewehren in beweglichen Halterungen.

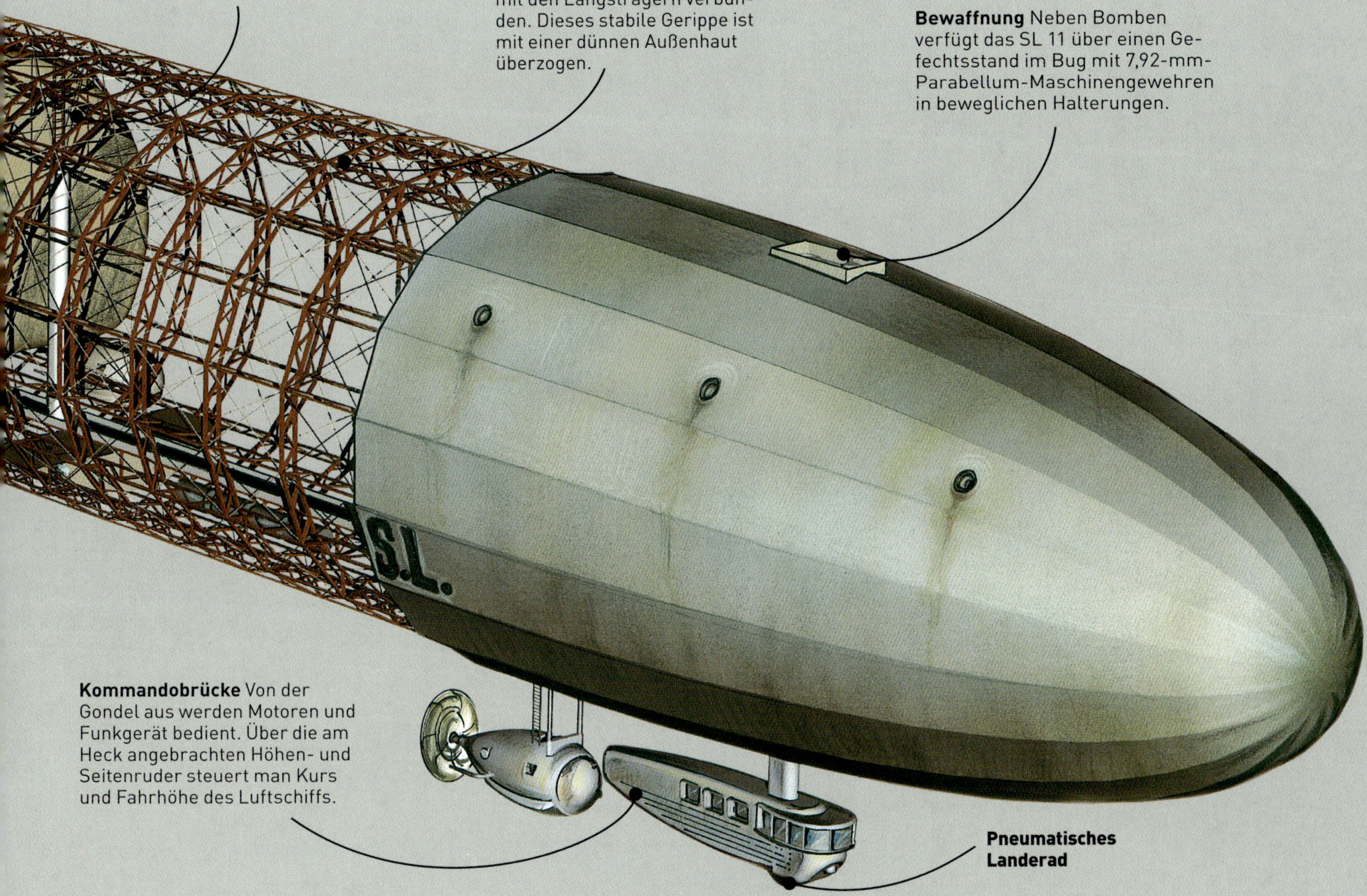

Kommandobrücke Von der Gondel aus werden Motoren und Funkgerät bedient. Über die am Heck angebrachten Höhen- und Seitenruder steuert man Kurs und Fahrhöhe des Luftschiffs.

Pneumatisches Landerad

Enigma, die Chiffriermaschine

Im Zweiten Weltkrieg nutzten die Deutschen eine elektromagnetische Rotorchiffriermaschine zum Ver- und Entschlüsseln von Nachrichten. So konnten sie Funksprüche übermitteln, ohne dass die Alliierten diese zu entziffern vermochten. Als der revolutionäre Enigma-Code schließlich geknackt wurde, verloren die Deutschen einen wichtigen strategischen Vorteil, was zu einem schnelleren Kriegsende beitrug.

DIE ALLIIERTEN – MIT DEM RÜCKEN ZUR WAND
Die verschlüsselte Kommunikation bot der deutschen Marine einen wichtigen Vorteil im Nordatlantik. Die deutschen U-Boote wurden permanent mit Informationen versorgt, sodass sie Operationen der Alliierten vorhersagen und aus den USA eintreffende Konvois angreifen konnten. Man vermutet, dass etwa 100 000 Enigma-Maschinen gebaut wurden.

Eine Enigma-Maschine auf dem gepanzerten Fahrzeug (Sd.KFz.251) von General Heinz Guderian im Mai 1940

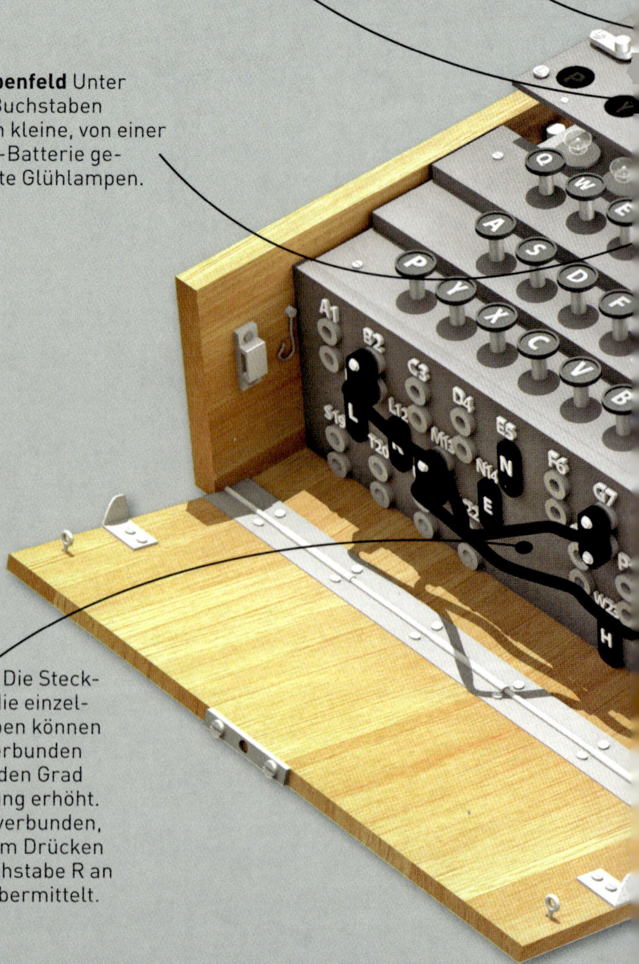

Reflektor Die Rotorsignale werden an der Umkehrwalze „reflektiert" und in einem zweiten Durchlauf verschlüsselt. Der Empfänger gibt die verschlüsselten Buchstaben ein und erhält den Klartext.

Rotoren In der kommerziellen Version hat die Enigma drei Rotoren oder Walzen. Für das Militär kommen zwei weitere hinzu, wodurch sich die Zahl der möglichen Kombinationen vervielfacht.

Lampenfeld Unter den Buchstaben sitzen kleine, von einer 4,5-V-Batterie gespeiste Glühlampen.

Steckerbrett Die Steckbuchsen für die einzelnen Buchstaben können über Kabel verbunden werden, was den Grad der Chiffrierung erhöht. Wird A mit R verbunden, dann wird beim Drücken von A der Buchstabe R an die Rotoren übermittelt.

Millionen Codes

Der deutsche Ingenieur Arthur Scherbius meldete 1918 eine raffinierte Rotorchiffriermaschine zum Patent an, die fünf Jahre später unter der Bezeichnung „Enigma" produziert und vertrieben wurde. 1933 verstaatlichten die Nazis das Unternehmen und rüsteten ihre Truppen mit dem Gerät aus. Die Enigma besteht aus einer mechanischen Tastatur und einem Steckerbrett, das Buchsen für die 26 Buchstaben des Alphabets hat. Beim Drücken einer Taste fließt Strom durch drei Walzen mit jeweils 26 Positionen, und ein bestimmter Buchstabe leuchtet auf. Nach jedem Zeichen werden die Walzen um eine Rastenposition weitergedreht.

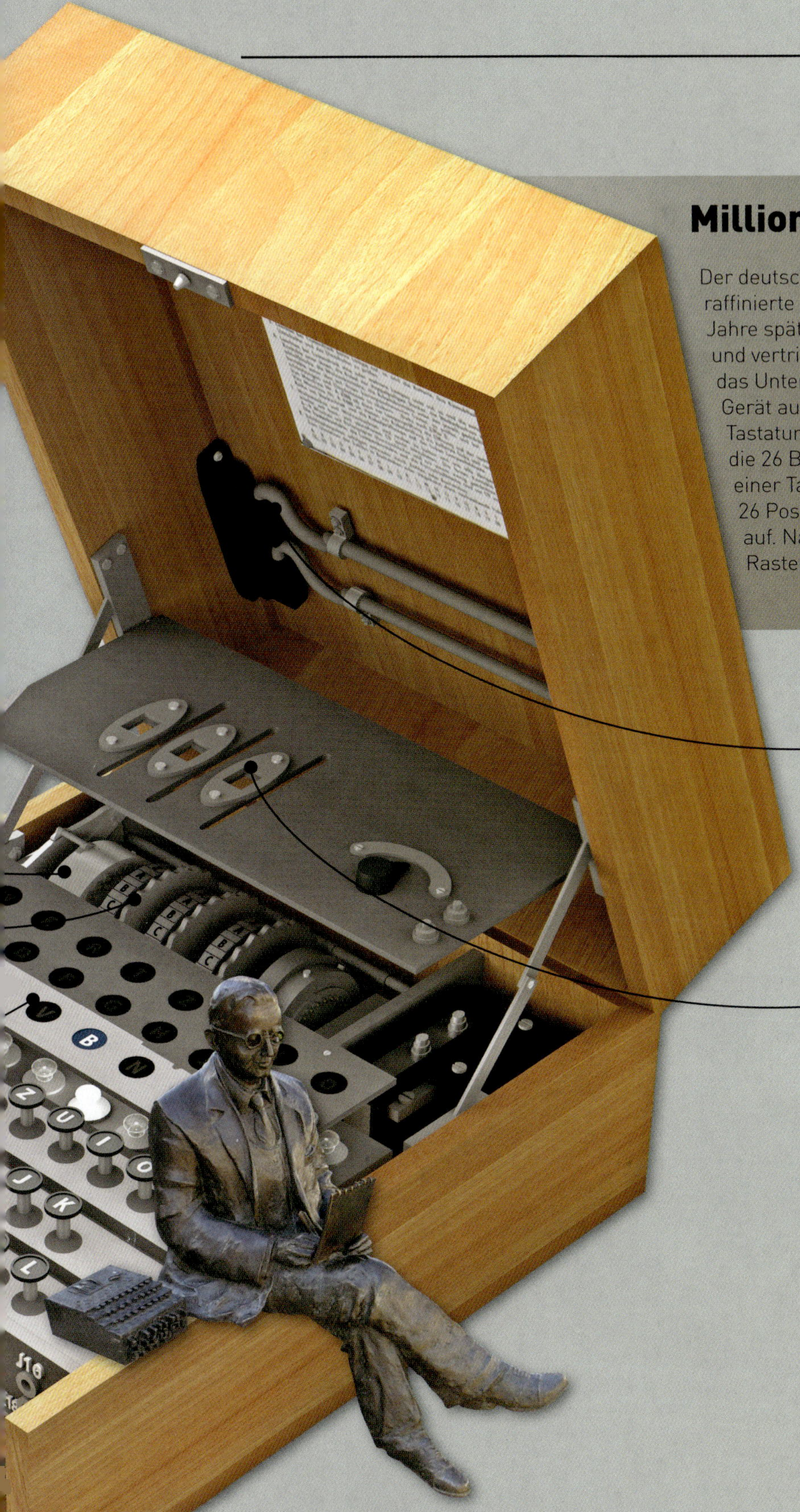

Zusätzliche Stecker Neben Steckbuchsen an der Frontplatte besitzen einige Maschinen auch Buchsen unterhalb des Deckels, um die Verschlüsselung noch komplexer zu machen.

Grundstellung Hier ist die Grundstellung der drei Walzen zu sehen. Beispielsweise wird das Empfängergerät auf „DHR" eingestellt, um die eingehende Nachricht zu entschlüsseln.

MARIAN REJEWSKI
Der polnische Mathematiker konnte den Enigma-Code erfolgreich knacken. Dank seiner Erkenntnisse gelang es britischen Kryptografen unter Leitung von Alan Turing in Bletchley Park, den Nachrichtenverkehr der Deutschen zu entziffern.

Das Enigma-Personal bekam geheime Schlüsseltafeln mit Codes für die täglich wechselnden Walzenkombinationen.

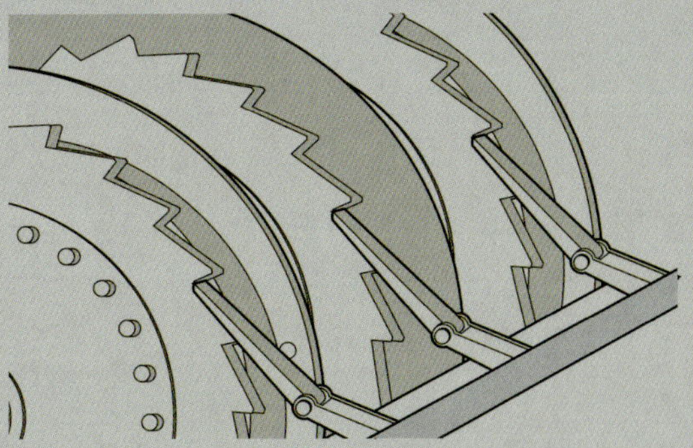

Die Positionsveränderung der einzelnen Rotoren bewirkt jeweils einen anderen Verschlüsselungscode.

Flugzeuge des Zweiten Weltkriegs

Im Zweiten Weltkrieg spielte die Luftfahrt eine wichtige Rolle. Flugzeuge fochten nicht nur entscheidende Luftkämpfe aus, sondern waren ein zentraler Aspekt der Militärstrategie bei der Unterstützung von Landtruppen und der Bombardierung feindlicher Stellungen. Im Verlauf des Kriegs verbesserte man die Maschinen beständig. Einige Modelle wurden zu wahren Legenden der Lüfte.

Supermarine „Spitfire"

Das schnelle und wendige Jagdflugzeug war die wichtigste Waffe der Briten in der Luftschlacht um England, um die mächtige deutsche Luftwaffe abzuwehren. Es wurden 24 Modelle produziert.

Typ ▸ Jagdflugzeug

Produktion ▸ 1938 bis 1948 (Indienststellung 1938)

Antrieb ▸ 1 x PV12 Rolls-Royce Merlin Supercharger 45

Dienstgipfelhöhe ▸ 11 500 m

Höchstgeschwindigkeit ▸ 605 km/h

Besatzung

Boeing B-17 „Flying Fortress“

Dieser äußerst zuverlässige Bomber mit fast 23 m Länge und 31 m Spannweite war im Zweiten Weltkrieg das wichtigste Flugzeug der US-Luftwaffe in Europa.

Typ ▸ Schwerer Bomber

Produktion ▸ 1938 bis 1945

Antrieb ▸ 4 x Sternmotoren Wright R-1820-97 „Cyclone“

Dienstgipfelhöhe ▸ 10 668 m

Höchstgeschwindigkeit ▸ 462 km/h

Besatzung

Mitsubishi A6M-2 „Zero“

Dieses trägergestützte Jagdflugzeug der kaiserlich japanischen Armee überraschte die Alliierten mit seiner Geschwindigkeit, Wendigkeit und Bewaffnung.

Typ ▸ Jagdbomber

Produktion ▸ 1939 bis 1945 (Indienststellung 1941)

Antrieb ▸ 1 x 14-Zylindersternmotor Nakajima Sakae 21

Dienstgipfelhöhe ▸ 10 000 m

Höchstgeschwindigkeit ▸ 545 km/h

Besatzung

Junkers Ju-87 „Stuka“

Die deutsche Luftwaffe setzte das Flugzeug als fliegende Artillerie ein. Es ermöglichte sehr präzise und wirkungsvolle Angriffe.

Typ ▸ Sturzkampfflugzeug

Produktion ▸ 1937 bis 1944

Antrieb ▸ 1 x Junkers Jumo 211 D (1200 PS)

Dienstgipfelhöhe ▸ 8000 m

Höchstgeschwindigkeit ▸ 340 km/h

Besatzung

RAF-Piloten

Als sich Hitler nach seinem Sieg über Frankreich zur Invasion in Großbritannien entschloss, wusste er, dass er unbedingt die Lufthoheit über der Insel erringen musste. Zwischen dem 10. Juli und 31. Oktober 1940 führte die deutsche Luftwaffe die bis dahin größte Luftkampagne durch. Und obwohl die britische Royal Air Force (RAF) über weniger Soldaten und kaum kampferfahrene Piloten verfügte, stellte sie sich Hitlers Plänen mit enormem Einsatz entgegen.

Es sind wenige, aber sie sind unerschrocken

Zu Beginn der Luftschlacht um England verfügten die Deutschen über 2550 Flugzeuge, die Briten über lediglich 1963. Die meisten RAF-Piloten waren Freiwillige mit guter Flugausbildung, aber nur wenige besaßen Kampferfahrung. Winston Churchill sagte über sie: „Nie zuvor in der Geschichte kriegerischer Auseinandersetzungen verdanken so viele so wenigen so viel." Ab da waren sie als „The Few" („die Wenigen") bekannt.

FLIEGERASSE

Die erfolgreichsten RAF-Piloten (Briten, Commonwealthbürger oder Exilanten) in der Luftschlacht um England waren: Eric Lock (Engländer, 21 Abschüsse), Archie McKellar (Schotte, 19), James Lacey (Engländer, 18), Josef František (Tscheche, 17), Witold Urbanowicz (Pole, 15) und Brian Carbury (Neuseeländer, 15).

Der britische Pilot Douglas Bader, der beide Beine verloren hatte, schoss in der Luftschlacht um England zwölf Flugzeuge ab.

LUFTKAMPFTAKTIKEN

Angriff auf Bomber

1. Formieren zur Linie hinter dem Feind
2. Aufspalten in zwei Abteilungen und abtauchen
3. Positionieren im Rücken des Gegners und Angriff in Dreiergruppen

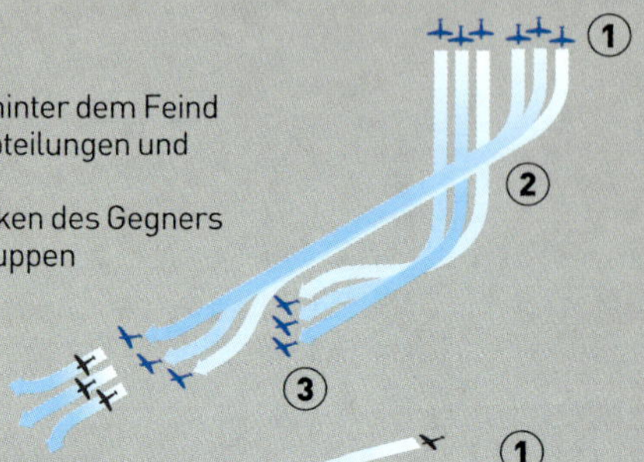

RAF Spitfire
Deutsche Bomber

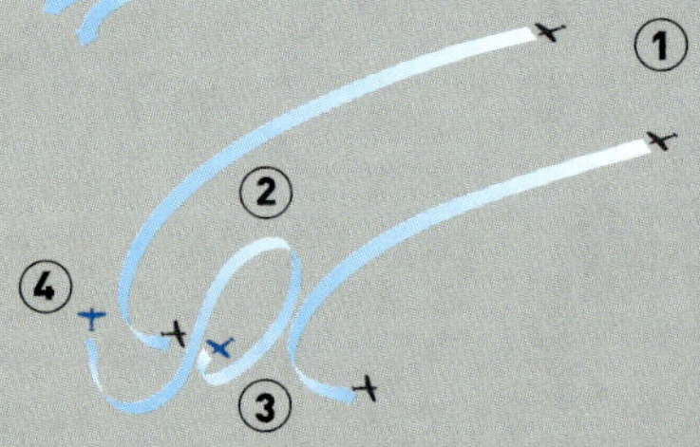

Konfrontation mit Gegner in Überzahl

1. Zwei Messerschmitt Bf 109 setzen zum Angriff an.
2. Die Spitfire taucht nach unten weg und feuert.
3. Die zweite deutsche Maschine bleibt außerhalb der Schusslinie.
4. Die Spitfire feuert eine Salve ab und entkommt.

ALLGEMEINE MERKMALE

Diese Angaben beziehen sich auf die Royal Air Force während der Luftschlacht um England.

Flagge des RAF-Generalstabs

Abzeichen der Royal Air Force

Oberkommando ▸ Sir Hugh Dowding, RAF Fighter Command

Geschwader ▸ 51

Anzahl der Flugzeuge ▸ 900 (700 Spitfire und Hurricane)

Piloten ▸ 1200

Brille MK III Das 1935 eingeführte Modell besitzt Zelluloidgläser.

Kappe mit Kopfhörer Die Kappe vom Typ B besteht aus Leder und ist mit Kopfhörer für die Funkkommunikation ausgestattet.

Lederjacke Die gefütterte Lederjacke schützt gegen die tiefen Temperaturen in großer Flughöhe.

RAF-Jacke Wie die übrige Uniform besteht sie aus Köperstoff. Vorn hat sie eine Knopfreihe, zwei Brust- und zwei Seitentaschen.

Irvin-Fallschirm Das Gurtsystem hat einen Mechanismus zum schnellen Öffnen. Der Ring zum Öffnen des Schirms sitzt links in Höhe des Unterarms.

Container-Rucksack

Reißleine

Stiefel Das Oberteil dieses Modells (1939) besteht aus vulkanisiertem Segeltuch, was für Bequemlichkeit sorgt.

Gut gewärmt Spezielle Schuheinlagen sorgen durch Reaktionswärme von Chemikalien für warme Füße.

Sauerstoffmaske mit Mikrofon Ein weiteres Mikrofon ist im Flugzeug eingebaut.

Maske

Mikrofon

Schwimmweste Die Piloten malen sie häufig gelb an, um im Wasser besser gesehen zu werden.

Gurtöffner Das Gurtschloss vereinfacht ein Abstreifen des Gurtzeugs.

Hose Sie besteht ebenfalls aus Köper und hat die typisch graublaue Farbe der RAF-Uniformen.

Die Atombombe

Nachdem die USA durch den Angriff auf Pearl Harbor in den Zweiten Weltkrieg hineingezogen wurden, begann man dort mit der Entwicklung der Atombombe. Das Forschungsprojekt unter Leitung von Dr. J. Robert Oppenheimer trug den Namen „Manhattan-Projekt". Am 6. und 9. August 1945 erlebte die Welt erstmals die unvorstellbare Wirkung dieser neuen Waffe: Etwa 100 000 Menschen starben unmittelbar durch die beiden Bomben, die zwei Städte völlig zerstörten.

Die Ziele

Beide bombardierten Städte hatten mehr als 5 km Durchmesser. Über die konkreten Zerstörungen hinaus wollten die USA dem Kriegsgegner Japan einen entscheidenden psychologischen Schlag versetzen.

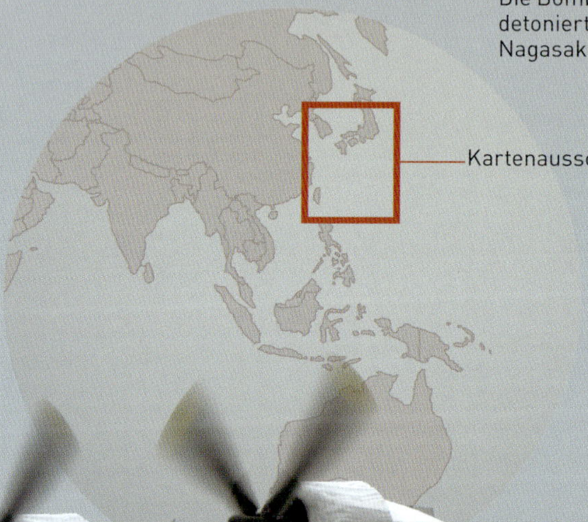

Die B-29 *Enola Gay*
Paul Tibbets, der Kommandant der Maschine, benannte das Flugzeug nach seiner Mutter.

Kanonen

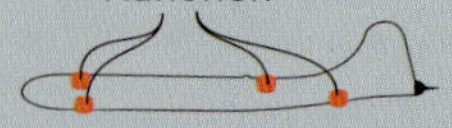

Um die über 4000 kg schwere Atombombe transportieren zu können, werden alle Bordgeschütze bis auf die 20-mm-Heckkanone ausgebaut.

DIE NUKLEAREXPLOSION
Die Uranbombe „Little Boy" wurde aus 9450 m Höhe abgeworfen. Nach fast einer Minute im freien Fall zündete sie in 600 m Höhe über dem Zentrum von Hiroshima.

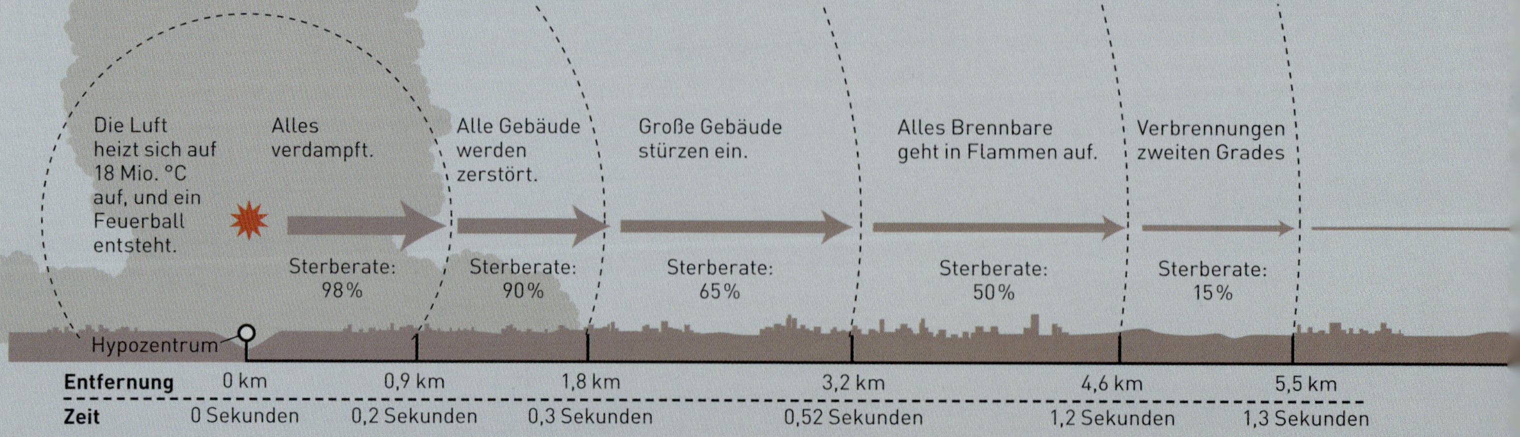

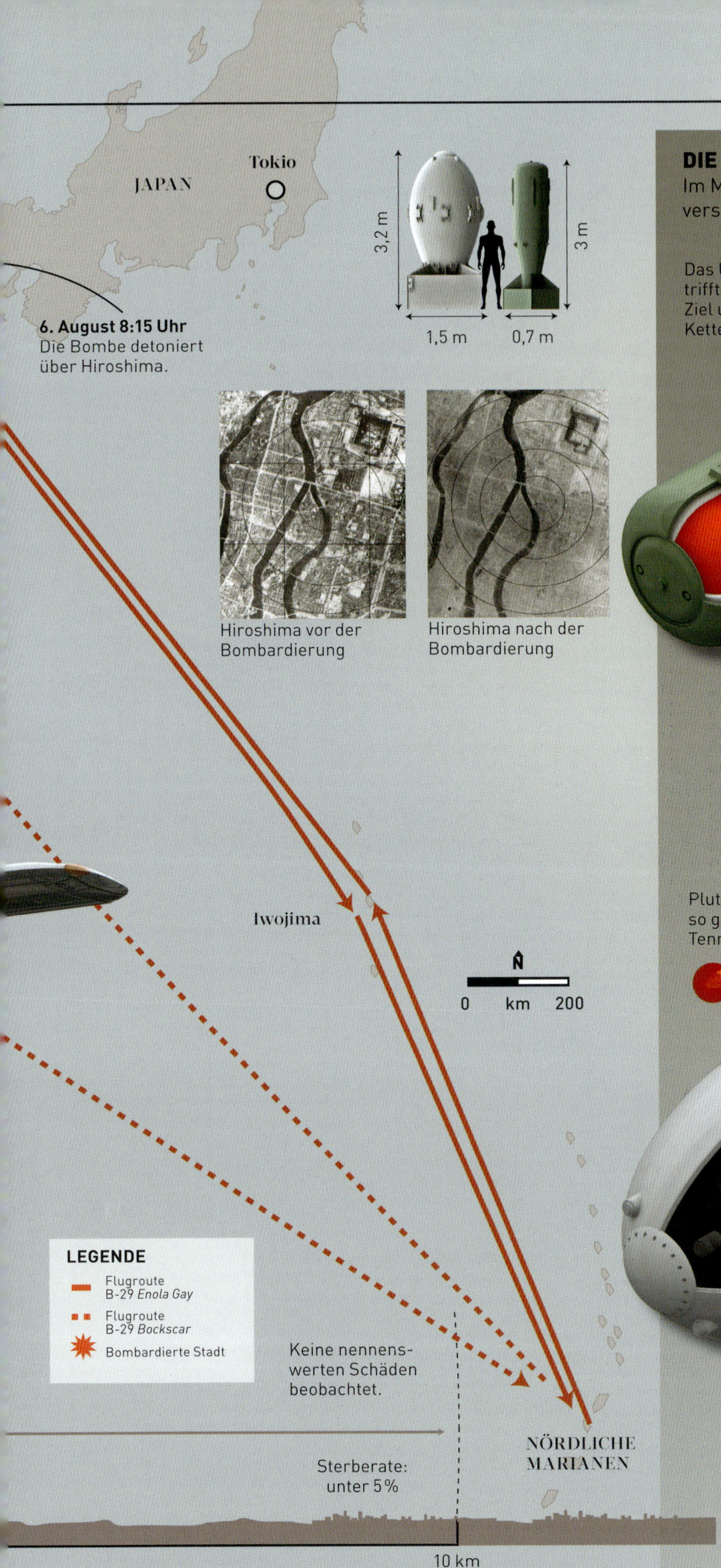

DIE BOMBEN

Im Manhattan-Projekt entwickelte man zwei verschiedene Atombombentypen.

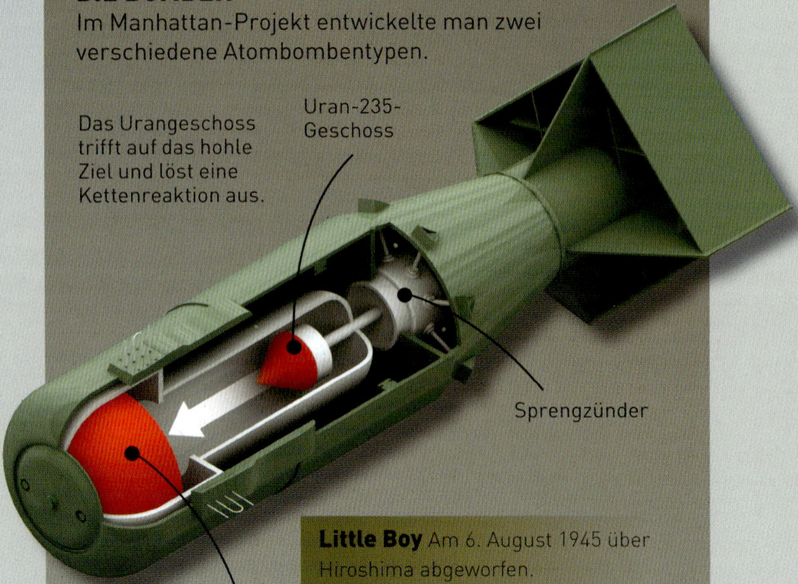

Little Boy Am 6. August 1945 über Hiroshima abgeworfen.

Spaltbares Material ▸ Uran

Sprengkraft ▸ 13 Kilotonnen TNT

Gewicht ▸ 4400 kg

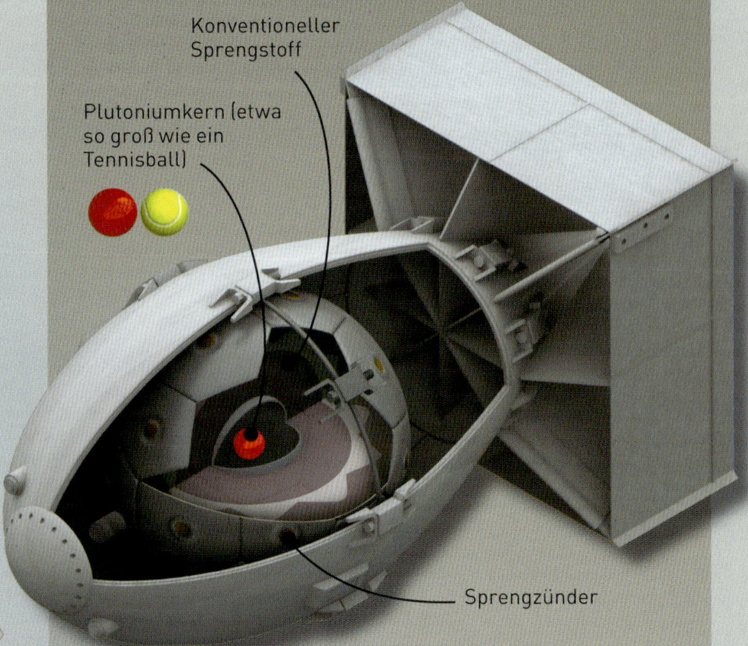

Fat Man Am 9. August 1945 über Nagasaki abgeworfen.

Spaltbares Material ▸ Plutonium

Sprengkraft ▸ 25 Kilotonnen TNT

Gewicht ▸ 4600 kg

Kampfhubschrauber

Die ersten Hubschrauber dienten zunächst der raschen Verlegung von Bodentruppen. Während des Vietnamkriegs in den 1970er-Jahren begann die Entwicklung schnellerer Kampfhubschrauber mit größerer Feuerkraft. Die modernen Modelle sind hoch entwickelte Maschinen mit Nachtsicht- und Radarwarnsystemen, die Lenkwaffen mit hoher Vernichtungswirkung abfeuern können.

KA-52 „Alligator“

Der von Kamow für die russische Armee entwickelte Hubschrauber ist mit Waffen zur Bekämpfung von Panzern und Flugzeugen ausgerüstet. Er übernimmt Erkundungsaufgaben und unterstützt die Bodentruppen.

Typ ▸ Vielzweck-Kampfhubschrauber

Indienststellung ▸ 2010

Antrieb ▸ 2 x Klimow WK-2500

Hauptnutzer ▸ Russland

Besatzung

Cockpit Die Piloten sitzen nebeneinander auf Schleudersitzen.

Koaxialer Doppelrotor Die Rotoren drehen sich auf einer Achse in entgegengesetzte Richtungen. Sie halten dem Beschuss aus 20-mm-Kanonen stand.

Radom Mit Zielerfassungs- und Feuerleitradar zur Steuerung ferngelenkter Raketen

Infrarotscanner

Maschinengewehr Es feuert 625 Schuss pro Minute ab.

Flügel An ihnen können Zusatztanks und bis zu 16 Luft-Boden- und Luft-Luft-Raketen sowie Lenkwaffen angebracht werden.

AH-64 „Apache“

Der mit moderner Angriffs- und Verteidigungstechnik ausgestattete Helikopter wurde für die Panzerabwehr bei Tag und Nacht unter verschiedensten Bedingungen konstruiert.

Typ ▸ Kampfhubschrauber

Indienststellung ▸ 1984

Antrieb ▸ 2 x Wellenturbinen General Electric T700-GE

Hauptnutzer ▸ USA, Großbritannien, Israel, Japan und andere

Besatzung

UH-1 „Huey“

Er diente in Vietnam häufig für Transport und Evakuierung von Soldaten, für Angriffe und zum Begleitschutz. Heute ist er weltweit stark verbreitet und in 40 Ländern im Gebrauch.

Typ ▸ Mehrzweckhubschrauber

Indienststellung ▸ 1959

Antrieb ▸ 1 x Turbine Lycoming T53-L-13

Hauptnutzer ▸ USA, Japan, Australien, Philippinen und andere

Besatzung

UH-60 „Black Hawk“

Dieser Hubschrauber ist von enormer taktischer Bedeutung bei Luftlandeoperationen, denn er kann Soldaten in schwierigem Gelände absetzen.

Typ ▸ Taktischer Transporthubschrauber

Indienststellung ▸ 1979

Antrieb ▸ 2 x Wellenturbinen General Electric T700-GE

Hauptnutzer ▸ USA, Korea, Türkei, Kolumbien und andere

Besatzung

MH-53 J „Pave Low III“

Die technisch hoch entwickelte Maschine diente dem Absetzen, Versorgen und Evakuieren von Spezialeinheiten auf feindlichem Gebiet. Sie kam im Irak und Nahen Osten zum Einsatz.

Typ ▸ Bewaffneter Such- und Rettungshubschrauber (CSAR)

Indienststellung ▸ 1981 (Außerdienststellung 2008)

Antrieb ▸ 2 x Wellenturbinen General Electric T64-GE-415

Hauptnutzer ▸ USA

Besatzung

Britische Fallschirmjäger

Die Gründung des britischen Parachute Regiment am 22. Juni 1940 geht auf Winston Churchill zurück, der von den Fähigkeiten deutscher Fallschirmjäger bei Operationen in Skandinavien und den Niederlanden beeindruckt war. Angesichts der geringen Zeit zum Aufbau einer neuen Kampfeinheit übernahm man weitgehend das deutsche Modell. Am 10. Februar 1941 erlebten die „Red Devils" bei der „Operation Colossus" ihre Feuertaufe.

Intensives Training

Die ersten britischen Fallschirmjäger rekrutierten sich aus Freiwilligen verschiedener Regimenter der Luftwaffe und des Heeres, die für Luftlandeunternehmen trainiert wurden. Der Erfolg der „Operation Colossus" unterstrich die Nützlichkeit der neuen Einheit, die vergrößert wurde. Neben dem harten körperlichen Training – ein Zug musste 80 km in 24 Stunden marschieren können – kamen noch zwölf Tage intensiver Ausbildung im Fallschirmspringen. Vermittelt wurden ebenfalls Taktiken zum Angriff und zur Verteidigung von Stellungen, Brücken und Eisenbahnanlagen.

DER FALLSCHIRM

Der X-Type-Fallschirm, den die britische Armee im Zweiten Weltkrieg benutzte, wurde 1940 von Raymond Quilter (GQ Parachute Company) und dem amerikanischen Hersteller Leslie Irvin entwickelt. In den 1960er-Jahren wurde er vom XP-Type mit größerer Schirmfläche abgelöst. 1993 folgte dann der GQ LLP Mk1.

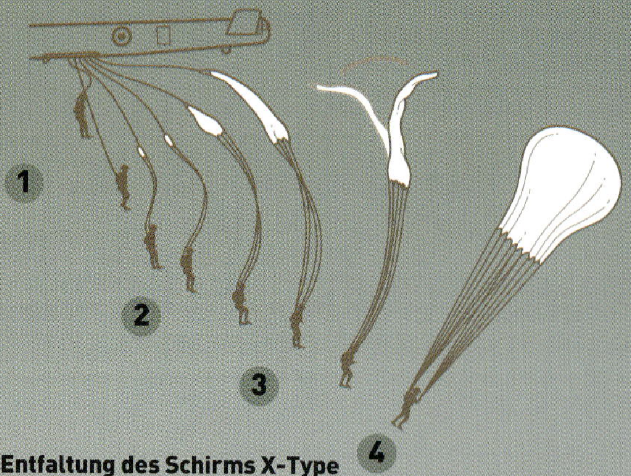

Entfaltung des Schirms X-Type

1. Beim Absprung setzt die automatische Reißleine den Schirm frei.
2. Die Schnüre spannen sich.
3. Dann öffnet sich die Kappe.
4. Eine Öffnung in der Kappe dient zum Steuern des Falls.

ALLGEMEINE MERKMALE

Die britischen Fallschirmjäger bekamen nach erbittertem Kampf im Tunesienfeldzug (1942) von ihrem deutschen Gegner den Spitznamen „Red Devils".

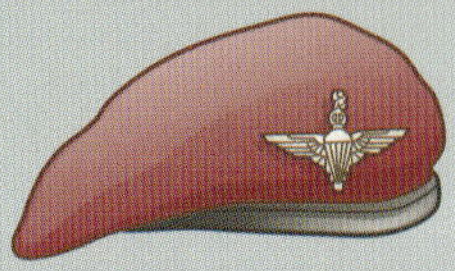

Abzeichen und Barett
Als Abzeichen dient ein Bild des Helden Bellerophon auf dem geflügelten Pegasus.

Regimentschef ▸ Prince of Wales

Aktuelle Struktur ▸ 4 Bataillone

Wichtige Einsätze ▸ Slapstick (1943), Tonga (1944), Market Garden (1944), Varsity (1945)

Befehlshaber ▸ Sir Roland Gibbs, Anthony Farrar-Hockley

Motto ▸ *Ready for anything* („Zu allem bereit")

BEWAFFNUNG

Zur Bewaffnung gehörten das Gewehr Lee Enfield No. 4, die MP Sten MkII, das leichte Bren-MG und Browning-Pistolen.

Mills-Handgranate No. 36

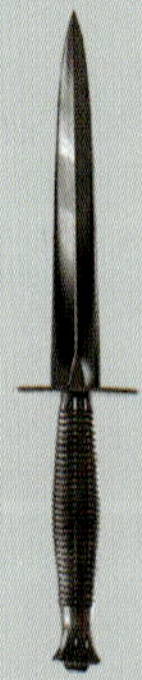

Fairbairn-Sykes-Kampfmesser

Fallmesser

Sten Mk II

VOLL AUSGERÜSTET

Die Uniform glich anfangs jener der deutschen Fallschirmregimenter, wurde dann aber bis auf wenige Elemente abgewandelt. Die Version von 1943 blieb nach Ende des Zweiten Weltkriegs über ein Jahrzehnt lang in Gebrauch.

HIMARS-Raketenwerfer

Die Rüstungsindustrie passt sich den Bedingungen moderner Kriegsführung, etwa in den Konflikten im Irak oder Afghanistan, an. Ein Beispiel ist der HIMARS-Raketenwerfer der US-Armee: ein leichtes, einfach zu transportierendes Fahrzeug, das sein Ziel aus großer Entfernung mit maximaler Präzision und Effizienz treffen kann. Seit der Indienststellung 2005 haben solche mit Raketenwerfern ausgestatteten Fahrzeuge 2500 Geschosse abgefeuert.

Tödliche Waffe

Das HIMARS (High Mobility Artillery Rocket System) wurde in den USA von Lockheed Martin (Raketenwerfer) und BAE Systems (Fahrzeug) entwickelt. Das System ist für den Angriff auf Artilleriestellungen, Luftabwehrsysteme, Militär- und Versorgungsfahrzeuge sowie Truppenansammlungen in einer Entfernung von bis zu 300 km konzipiert. Es hat den Vorteil, die Feuerstellung rasch räumen zu können, bevor es lokalisiert und selbst attackiert wird.

ABSCHUSSRAMPE

Das HIMARS kann sechs Lenkraketen (GMLRS) über eine Entfernung von bis zu 70 km oder eine taktische ATACMS-Rakete über bis zu 300 km abfeuern. Durch die in den Projektilen eingebauten GPS-Systeme ist die Treffgenauigkeit sehr hoch.

Sechs in weniger als einer Minute Die Schussdauer für sechs GMLRS-Raketen liegt bei rund 45 Sekunden.

Kompatibilität Die Abschussrampe kann für verschiedene 227-mm-Raketenmodelle vom MLRS-Typ verwendet werden.

HIMARS Technische Daten

Hersteller des Raketenwerfers ▸ Lockheed Martin

Hersteller des Fahrzeugs ▸ BAE Systems

Land ▸ USA

Reichweite ▸ GMLRS: 70 km; ATACMS: 300 km

Kosten ▸ 3 Mio. US-Dollar

Höchstgeschwindigkeit ▸ 94 km/h

Operationsradius ▸ 480 km

6x6-Antrieb
Anders als die Kettenfahrzeuge, auf denen man Raketenwerfer zuvor installierte, sind diese Trucks sehr schnell und auch für schwieriges Gelände geeignet.

M31-RAKETE

Die zunächst im HIMARS eingesetzten M26-Projektile mit einer Reichweite von nur 32 km wurden von den modernen, gelenkten GMLRS M31 abgelöst. Ein großer Vorteil dieser extrem präzisen Lenkrakete mit maximal 10 m Zielabweichung ist die Reduzierung von Kollateralschäden.

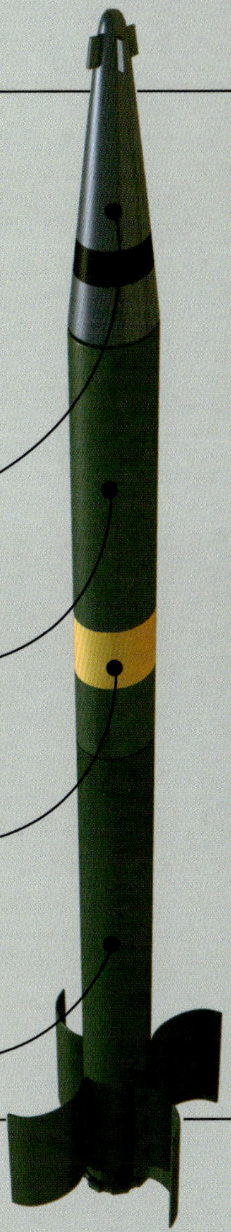

GPS Lenk-und Kontrollgerät mit GPS-Antenne

Sprengladung Jede M31-Rakete enthält Splitterladungen von insgesamt 90 kg Gewicht.

Zünder Die Zünder bieten drei verschiedene Einstellungen je nach Ziel: für Bunker, Luftziele und andere.

GMLRS-Antrieb

Kindersoldaten

Der Einsatz von Kindern ist einer der abscheulichsten Aspekte bewaffneter Konflikte. Allerdings ist diese Praxis seit vielen Jahrhunderten und bis heute in kriegerischen Konflikten weltweit üblich. Die Jungen und Mädchen werden zwangsweise rekrutiert, von ihren Familien getrennt und als Kanonenfutter eingesetzt oder in verschiedenster Weise missbraucht und so um ihre Kindheit gebracht. Weltweit kämpfen verschiedene Organisationen für die Abschaffung dieser Praxis und eine Wiedereingliederung der Opfer in die zivile Gesellschaft.

Kinder des Kriegs

Nach Schätzungen der Vereinten Nationen gibt es über 250 000 Kindersoldaten, laut Amnesty International sogar mehr als 300 000. Verschiedene NGOs wie Amnesty International, Entreculturas, Fundación El Compromiso und Save the Children beklagen, dass in über 17 Ländern Minderjährige unter 18 Jahren rekrutiert werden: Afghanistan, Tschad, Kolumbien, die Philippinen, Indien, Irak, Libyen, Mali, Myanmar, Pakistan, die Zentralafrikanische Republik, die Demokratische Republik Kongo, Somalia, der Sudan, der Südsudan, Thailand und Jemen stehen am Pranger. Kinder und Jugendliche gelten als billige, fügsame und manipulierbare Kräfte, die sich weniger der Gefahren bewusst sind als Erwachsene.

GESCHICHTE

Berichte über Kinder, die an Militäraktionen teilnehmen, gibt es seit dem Altertum. Viele verrichteten dabei vorrangig Hilfsdienste. Auch in beiden Weltkriegen kämpften Tausende von Jugendlichen.

Kindersoldat der Roten Armee 1945

Propaganda-plakat der Hitlerjugend

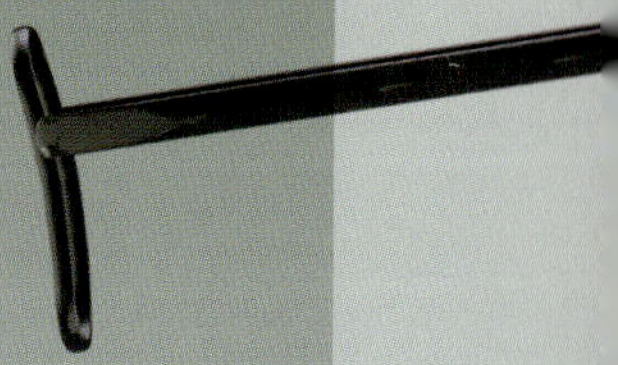

ALLGEMEINE MERKMALE

Das Zusatzprotokoll zur UN-Kinderrechtskonvention hebt das Rekrutierungsalter von 15 auf 18 Jahre an, doch viele Länder ignorieren diese internationale Vorgabe.

250 000–300 000

So hoch schätzt man die Zahl der an bewaffneten Konflikten beteiligten Kinder aktuell.

STOP USING CHILD SOLDIERS
www.child-soldiers.org

Emblem
„Child Soldiers" ist eine der vielen Organisationen, die den Einsatz von Kindern als Soldaten abschaffen will.

ERSCHRECKENDE STATISTIK

Laut einigen NGOs liegt die Zahl der Staaten, die Minderjährige für den Kriegseinsatz rekrutieren, deutlich höher: Es sind nicht 17 Länder, sondern 86.

Alter ▸ Zwischen 8 und 18 Jahren

Befreit und wieder eingegliedert ▸ Über 100 000 seit 1998

JUNGE MILIZ

Die in den Kampf geschickten Jugendlichen benutzen ein breites Sortiment an Ausrüstung, je nach der bewaffneten Einheit, der sie angehören – meist sind es irreguläre Milizen.

MÄDCHEN ALS SOLDATEN

40 % der Kinderrekruten sind Mädchen. Neben dem Einsatz im Kampf müssen sie Minenfelder durchqueren und dienen als Sexsklavinnen.

Vietnam Junge Kindersoldatinnen

Barett Kindersoldaten sind nur selten mit schützenden Helmen ausgerüstet.

Das afrikanische Drama Aktuell ist Afrika der Kontinent mit dem höchsten Anteil an Kinderrekruten. Das Bild zeigt einen bewaffneten afrikanischen Jungen.

Uniform Sie besteht nur aus dem Allernötigsten, oft nicht mehr als Hemd und Hose.

Patronen Diese Patronentaschen nach vietnamesischem Vorbild enthalten AK-47-Magazine.

AK-47-Gewehr Die Kalaschnikow ist das von irregulären Truppen weltweit am häufigsten benutzte Gewehr.

Schuhe Meist werden normale Alltagsschuhe getragen: Flip-Flops, Sandalen oder Turnschuhe.

Rekrutiert in Südostasien Tausende von Jugendlichen sind in die zahlreichen Konflikte dieser Region verwickelt. Das Bild zeigt einen Jungen aus Südostasien.

Missionen Sie werden zum Einsatz als Lockvogel, als Leibwächter ihrer Vorgesetzten oder zur Erkundung feindlicher Stellungen gezwungen.

Freiwillige Einige Minderjährige treten in die Armee ein, wenn sie ihre Familien infolge von Konflikten verloren haben.

Westliche Waffen Auch Waffen aus westlicher Produktion wie das M-16-Gewehr werden eingesetzt.

Star-Wars-Programm

Am 23. März 1983 kündigte US-Präsident Ronald Reagan ein neues Programm der nationalen Verteidigung an, das Nuklearwaffen „wirkungslos und überflüssig" machen würde. Gemeint war das Projekt der Strategic Defence Initiative (SDI), das unter Einsatz modernster Waffen-, Computer- und Kommunikationstechnik ein Verteidigungssystem gegen Angriffe mit sowjetischen Atomraketen schaffen sollte. Das populär als „Star Wars" bezeichnete Programm wurde nie in vollem Umfang realisiert.

Ein sehr teures Projekt

Unter der Reagan-Administration flossen über 23 Milliarden US-Dollar in das Programm. Sechs Jahre lang wuchsen die für SDI bestimmten Gelder mit Steigerungsraten von jeweils über 100 % enorm an. 1989 verschlang das Projekt 17 % der für Forschungszwecke vorgesehenen Mittel im Budget des Verteidigungsministeriums. Mit Ende des Kalten Kriegs war SDI weniger dringlich. 1993 änderte Präsident Bill Clinton den Namen des Projekts in „Ballistic Missile Defense Organization" und reduzierte die Mittel dafür erheblich.

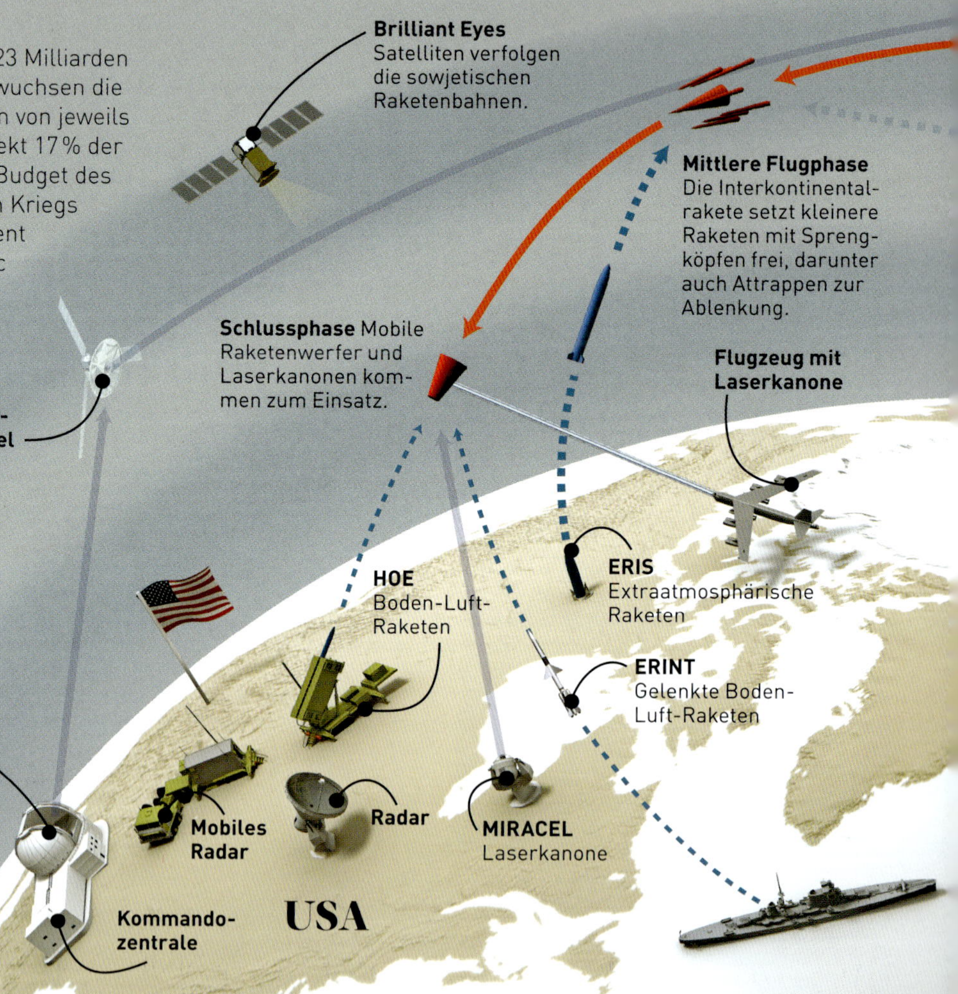

23. März Reagan kündigt das SDI-Programm (Strategic Defence Initiative) an.

1983

27. März Das SDI-Management wird mit General James Alan Abrahamson als Chef eingesetzt.

1984

10. Juni Erfolgreicher Test des HOE

21. Juni Erfolgreicher Test zur Reflexion von Laserstrahlen an einem mit Spiegeln ausgerüsteten Satelliten

1985

6. September Der Strahl eines chemischen Lasers zerstört eine *Titan*-Rakete während der Startphase.

12. Oktober Ronald Reagan und Michail Gorbatschow treffen sich in Reykjavík (Island).

1986

1987

November Das Projekt „Brilliant Pebbles" wird genehmigt.

November Bau eines unbemannten Raumfahrzeugs, das über Infrarotsensoren zur Erkennung anfliegender Raketen verfügt

1988

LEGENDE

- Sowjetische Atomrakete
- US-Raketen
- Strahl von der Erde
- Von „Brilliant Pebbles" abgefeuerte Projektile

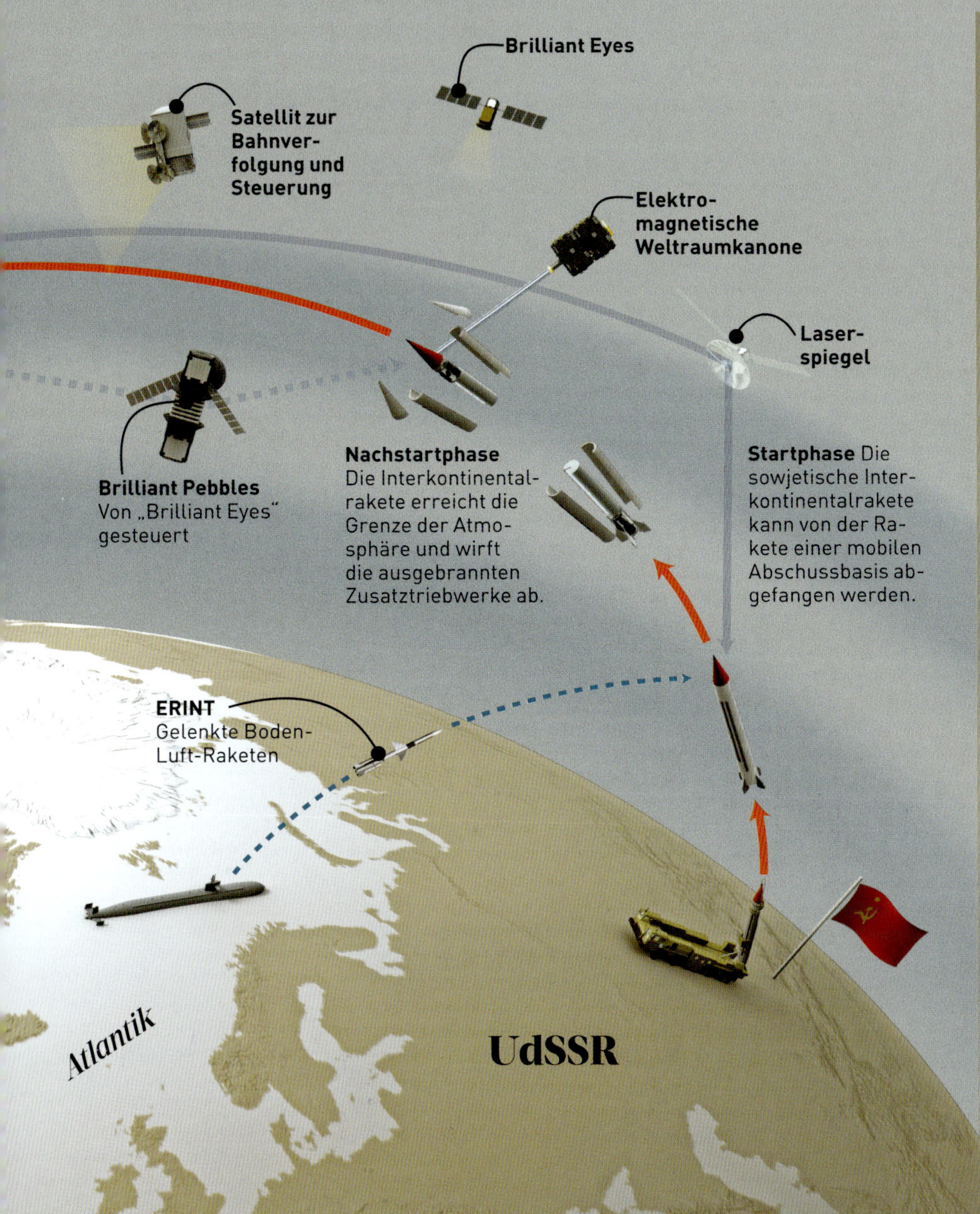

WEITERE PROGRAMME

Das SDI-Programm hatte Anfang der 1960er-Jahre zwei Vorgänger, die sich aber nicht durchsetzen konnten. Die atomare Bedrohung durch den Ostblock – UdSSR und China – veranlasste zunächst Lyndon B. Johnson und dann Richard Nixon, verschiedene Raketenabwehrprogramme zu verfolgen.

Sentinel (1967)
Das erste extraatmosphärische Programm zum Schutz amerikanischer Großstädte schloss die *Spartan*-Rakete ein.

Safeguard (1969)
Nixon propagierte dieses auf „Sentinel" aufbauende Programm. Ziel war der Schutz von Silos mit Abschussrampen der Interkontinentalraketen *Minuteman I* und *Titan II*.

1989

Juli Tests mit Strahlen aus einer Synchrotonquelle an Bord einer Rakete

August „Brilliant Pebbles" wird als technisch realisierbar eingestuft.

9. November Fall der Berliner Mauer

1990

Februar Ein von der Erde kommender Laserstrahl wird von einem Satellitenspiegel zur Erde zurückgeworfen.

1991

29. Januar US-Präsident Bush kündigt das GPALS-Programm an, das das SDI-Programm auf alle Verbündeten ausdehnt.

31. Dezember Zusammenbruch der UdSSR, Ende des Kalten Kriegs

1992

1993

13. Mai US-Präsident Clinton ersetzt SDI durch BMDO (Ballistic Missile Defense Organization).

Die Armee der Zukunft

Waffen, Helme, Tarnung, Schutzwesten – die technische Entwicklung all dieser und anderer Ausrüstungsteile zielt auf einen Soldaten ab, der als unabhängige Kampfeinheit agiert, mit seinen Kollegen kommuniziert, aber selbstständig und für den Kampf in unterschiedlichsten Situationen und Bedingungen ausgestattet ist. Unter Einsatz von Nanotechnologie arbeitet die Rüstungsindustrie zurzeit an der Entwicklung intelligenter Uniformen, die ihren Träger schützen.

Land Warrior

Im Zuge der Veränderungen, die die US-Streitkräfte seit dem 11. September 2001 erfuhren, wurde das Programm „Land Warrior" 2007 im Irak erprobt. Ziele waren die Steigerung der Kampfkraft des einzelnen Soldaten, die Verbesserung seiner Überlebensfähigkeit und eine umfassende Ausstattung mit Geräten zur Kommunikation, Kontrolle und Führung. Das Programm wurde aber abgebrochen, weil die Ausrüstung zu schwer war (9 kg) und logistische Probleme beim Aufladen der Batterie auftraten, die die hochmodernen technischen Geräte versorgt.

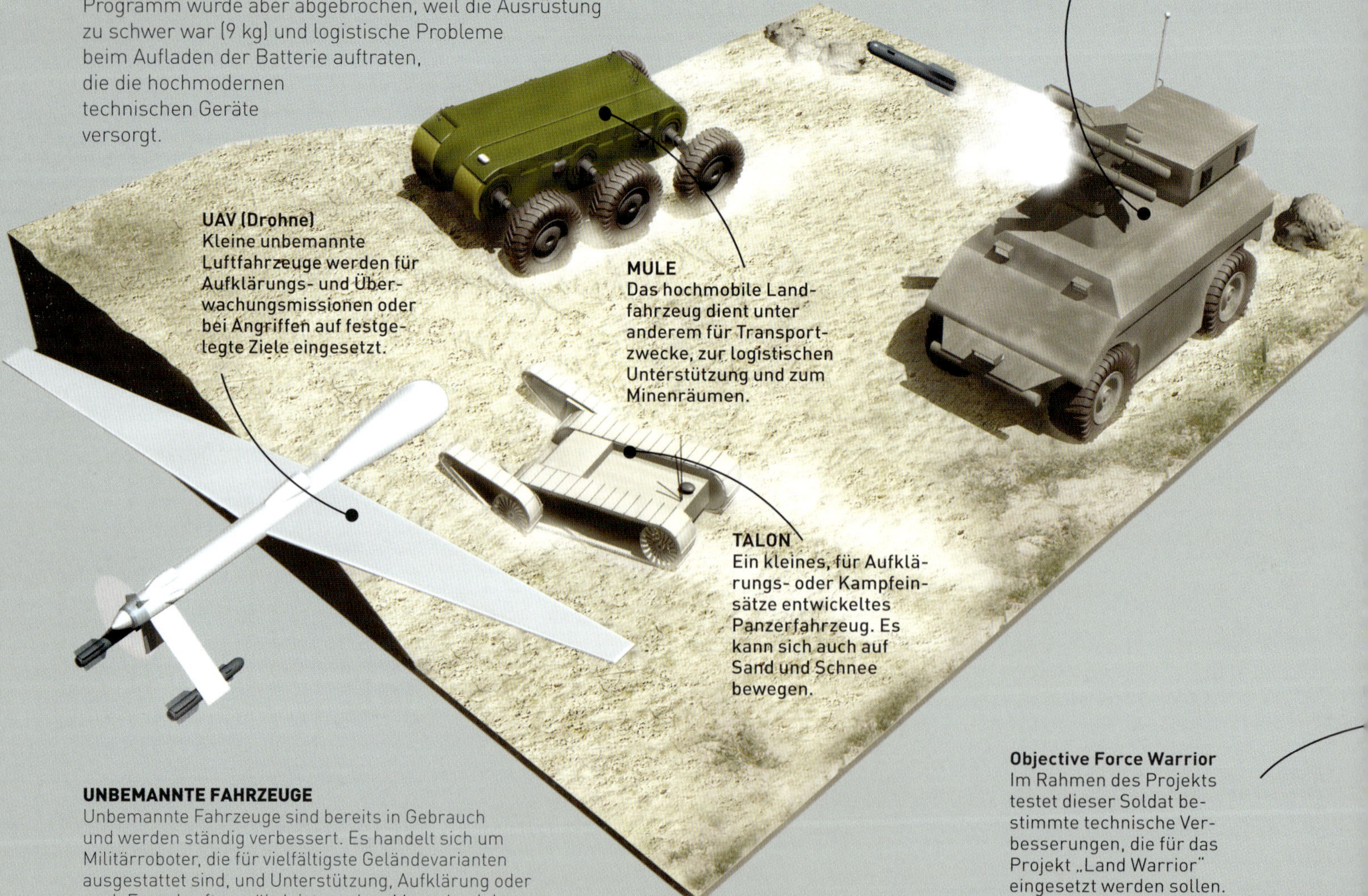

Objective Force Warrior
Im Rahmen des Projekts testet dieser Soldat bestimmte technische Verbesserungen, die für das Projekt „Land Warrior" eingesetzt werden sollen.

UNBEMANNTE FAHRZEUGE
Unbemannte Fahrzeuge sind bereits in Gebrauch und werden ständig verbessert. Es handelt sich um Militärroboter, die für vielfältigste Geländevarianten ausgestattet sind, und Unterstützung, Aufklärung oder auch Feuerkraft gewährleisten, ohne Menschenleben zu riskieren. Die erstmals im Irakkrieg eingesetzten Fahrzeuge operieren autonom oder ferngesteuert.

Robo Troop

Bis 2030 beabsichtigt die US Army, ein Konzept technisch hochmoderner Kämpfer zu realisieren, das vorläufig als „Robo Troop" bezeichnet wird. Einige der technischen Aspekte wurden bereits im Irak mit dem „Land Warrior" getestet. Andere wie das Exoskelett sind noch in einer frühen Phase der Entwicklung.

Helm Er ist mit einer integrierten Gasmaske, einem 3-D-Nachtsichtgerät, biometrischer Zielerkennung, Satellitenkommunikation und Stimmenübersetzer ausgestattet.

Visier Der Soldat orientiert sich in seiner Umgebung weniger über direkte Sicht, sondern über ein Head-up-Display.

DRAGON RUNNER
Dieser Militärroboter wird im urbanen Umfeld eingesetzt, das für Soldaten schwer zugänglich ist. Er wiegt nur 4 kg und kann in einem Rucksack transportiert werden. Die britische Armee hat 100 Stück für den Einsatz in Afghanistan angekauft.

Bewaffnung
Kevlarschilde werden von intelligenten, mit Nanotechnologie ausgestatteten Geweben abgelöst, die sich beim Erkennen einer anfliegenden Kugel verhärten. Ein Bildschirm mit integriertem GPS-System befindet sich am Handgelenk des Soldaten und liefert ihm alle wichtigen Informationen für den Kampf.

Waffe Sie hat eine Reichweite von 1000 m und kann zwei Arten von Munition abfeuern: konventionelle 4,5-mm-Patronen oder gelenkte 15-mm-Explosivgeschosse.

Exoskelett Es ist so konstruiert, dass es die natürliche Kraft von Beinen und Rücken vervierfacht. Mit ihm können Soldaten schneller laufen, höher springen und schwerer tragen.

Tarnung Je nach Umgebung wechselt die äußere Gewebeschicht des Anzugs automatisch ihre Farbe, so wie es ein Chamäleon tut. Mithilfe der Nanotechnologie werden Gewebe entwickelt, die unsichtbar oder transparent machen.

DIE KAISERLICH JAPANISCHE ARMEE

NACH WESTLICHEM VORBILD

In Japan hatte der Boshin-Krieg (1868/69) nach 300 Jahren Shogunat der Tokugawa und einem 200-jährigen Frieden den Weg für die Meiji-Restauration geebnet. Die Modernisierung des Landes nach westlichem Vorbild schuf auch eine völlig neue Militärorganisation in Anlehnung an das europäische Modell. Die modernen Streitkräfte der kaiserlich japanischen Armee lösten die Kampfverbände der Samurai ab. Die Truppen gehörten nun nicht mehr Adligen, sondern waren direkt dem Kaiser unterstellt, der die militärische Planung und Strategie aber weitgehend seinen hohen Offizieren anvertraute.

Mitte des 19. Jahrhunderts hatten die USA das Inselreich zur Öffnung seiner Grenzen für den Handel gezwungen. Japan war die einzige nicht westliche Gesellschaft, die westliche Waffen und Militärtechnik übernahm und diese später gegen ihre Ursprungsländer einsetzte. 1873 führte die Regierung die Wehrpflicht für alle Männer über 21 Jahren ein, die drei Jahre dienen mussten. Das Training übernahmen französische Offiziere im Rahmen sogenannter Militärmissionen (1872–1880 und 1884–1889). Im Prinzip orientierte sich die japanische Armee damit am napoleonischen Modell. Nach dem Sieg der Preußen 1870/71 über Frankreich holte der Tenno, der vom preußischen Militär fasziniert war, zwischen 1886 und 1890 deutsche Offiziere als Lehrer an die japanische Heereshochschule, darunter auch Major Jacob Meckel.

Die kaiserliche Armee übernahm in der Folge das preußische Militärmodell. Eine Einflussnahme ziviler Machtgruppen ließ sie nicht zu, denn ihre Loyalität bestand einzig gegenüber dem Kaiser als dem gemeinsamen Oberbefehlshaber von Heer und Marine. Die regionalen Befehlshaber der sechs Divisionen wurden abgesetzt. An der Spitze der Befehlskette installierte man ein sehr mächtiges Generalkommando, das über Sturz oder Bildung eines Kabinetts entscheiden konnte. Dieses Kommando war verantwortlich für das Generalstabsbüro, das Armeeministerium und die beiden Generalinspekteure für militärische Ausbildung beziehungsweise für Luftfahrt.

Auch italienische und niederländische Offiziere vermittelten der japanischen Armee in diesen Jahren westliche Waffentechnik und Militärtaktiken. Die Marine wurde von der britischen Navy ausgebildet, und die Entwicklung der Streitkräfte übernahm 1918/19 der französische Oberst Jacques-Paul Faure.

Japan testete seine neue Armee im Chinesisch-Japanischen Krieg (1894/95) und im Russisch-Japanischen Krieg (1904/05), bei dem es Port Arthur angriff und belagerte. Die Japaner setzten hier erstmals Leuchtsignale, Granaten und Giftgas ein. Später spielte die Streitmacht eine entscheidende Rolle in der Mandschureikrise und im Zweiten Weltkrieg, bis sie nach ihrer Kapitulation von der US-Regierung aufgelöst wurde.

Soldaten der kaiserlich japanischen Armee

Der rasante Vormarsch im Krieg gegen China in den 1930er-Jahren und die Offensive gegen alliierte Einheiten in Asien und im Pazifik 1941/42 bewirkten bei der kaiserlich japanischen Armee ein Gefühl von Unbesiegbarkeit. Der Gegenangriff der Alliierten begann allerdings Mitte 1942 in Guadalcanal und Neuguinea und offenbarte, dass verschiedene Fraktionen innerhalb der japanischen Streitkräfte existierten, die einerseits modern und gut ausgebildet waren, dabei aber strikten Traditionen unterlagen.

Ehre und Fanatismus

Die streng hierarchische Gliederung der japanischen Gesellschaft spiegelte sich auch in der Armee. Eine schlechte Behandlung der untersten Dienstgrade war üblich, und alle Soldaten nicht japanischer Abstammung wie Koreaner und Taiwanesen litten unter rassistischen Verunglimpfungen. Dennoch zeichneten sich die japanischen Kämpfer durch einige Besonderheiten aus, die sie zu einem schwierigen Gegner für die Alliierten machten: Anpassungsfähigkeit an vielfältigste Bedingungen, blinder Gehorsam gegenüber Vorgesetzten, selbstmörderischer Opfermut und ein Ehrenkodex, der die Kapitulation verbot.

ZANRYU

Als „zanryu" (Versprengte), „holdouts" oder „stragglers" bezeichnet man japanische Soldaten, die – gemäß der Regel, sich keinesfalls zu ergeben – in abgelegenen Teilen jener Inseln verharrten, auf denen sie eingesetzt wurden. Sie versteckten sich dort jahrelang, ohne zu erkennen, dass der Krieg längst vorbei war. Einer dieser Männer war Leutnant Onoda Hiro (unten).

Onoda verbarg sich 30 Jahre lang auf der Philippineninsel Lubang. Er verweigerte eine Kapitulation, bis Major Taniguchi, sein Vorgesetzter im Zweiten Weltkrieg, ihm den entsprechenden Befehl gab. Das war 1974.

ALLGEMEINE MERKMALE

Die kaiserlich japanische Armee bildete die offiziellen Landstreitkräfte Japans in der Zeit von 1867 bis 1945.

Kriegsflagge Die aufgehende Sonne des Reichs

Kappe mit Stern Sie wird unter dem Helm getragen.

Oberkommando ▸ Kaiserliches Hauptquartier

Anzahl der Divisionen ▸ 51 (Stand 1941)

Truppenstärke ▸ 6 100 000 (zwischen 1941 und 1945)

Schlachtruf ▸ *Tenno Heika Banzai* („Lang lebe der Kaiser!")

WEITERE WAFFEN

Zusätzlich zum Standardgewehr ist jeder Soldat mit Handgranaten bewaffnet. Jeder Zug hat ein schweres MG mit Stütze, einen Granatwerfer und eine Maschinenpistole.

Maschinengewehr Typ 99

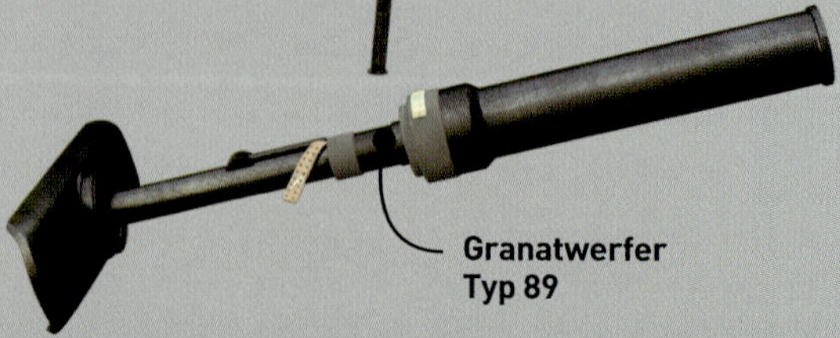

Granatwerfer Typ 89

Granate Typ 97

Tetsukabuto Der Helm Typ 92 wird 1932 eingeführt. Er besteht aus minderwertigem Stahl, weshalb er nicht immer vor Kugeln und Splittern schützt.

Gewehr Das Gewehr Typ 99 Arisaka ist das Standardmodell der japanischen Armee. Es hat einen Zylinderverschluss und verwendet das Kaliber 7,7 mm.

Kessen fuku Ellbogen- und Schulterbereich der Kampfjacke sind verstärkt.

Rucksack Im Feld tragen die Soldaten einen Rucksack mit ihrer Ausrüstung.

Gurte Das Gurtzeug besteht aus einem Gürtel und zwei gekreuzten Riemen: An einem hängt die Feldflasche, am anderen der Beutel.

Gamaschen Die Wickelgamaschen werden mit elastischen Bändern befestigt.

Feldflasche Sie gleicht der Feldflasche des Afrikakorps, hat aber kein Futteral und wird am Gurt befestigt.

Munitionsbehälter Zwei der vier Munitionstaschen hängen als Reserve hinten am Gürtel.

Hose Im Dschungel werden die Hosenbeine zum besseren Schutz vor Insekten meist mit Gamaschenbändern umwickelt.

VERTEIDIGUNGSSTELLUNGEN AUF IWOJIMA

Um die strategisch wichtige Insel 1945 gegen die US-Marines zu verteidigen, legten die Japaner ein Tunnelgewirr mit raffinierten Fallen an.

Scharfschützen Sie verbergen sich in Höhlen, die ins Vulkangestein gegraben wurden.

Stollen Gänge mit verborgenen Ausgängen durchziehen die ganze Insel.

Angriff auf Pearl Harbor

Der japanische Überraschungsangriff auf den US-Marinestützpunkt im Pazifik, der ohne formale Kriegserklärung erfolgte, sollte eigentlich den Gegner militärisch schwächen, um dann die ungehinderte Kontrolle über Südostasien zu erlangen. Doch die konkrete Folge war ein sofortiger Eintritt der USA in den Zweiten Weltkrieg und das Anwerfen ihrer Kriegsmaschinerie, sodass sich die Machtverhältnisse zugunsten der Alliierten verschoben.

Überraschungsangriff

Am Morgen des 7. Dezember 1941 griff Japan ohne vorherige Kriegserklärung die US-Marinebasis Pearl Harbor auf Hawaii an. Die japanische Luftwaffe versenkte einen Großteil der US-Pazifikflotte, fügte der Luftflotte erheblichen Schaden zu und forderte Tausende Opfer. Allerdings fand sie ihr Hauptziel – die amerikanischen Flugzeugträger – nicht unter den im Hafen von Hawaii ankernden Schiffen vor.

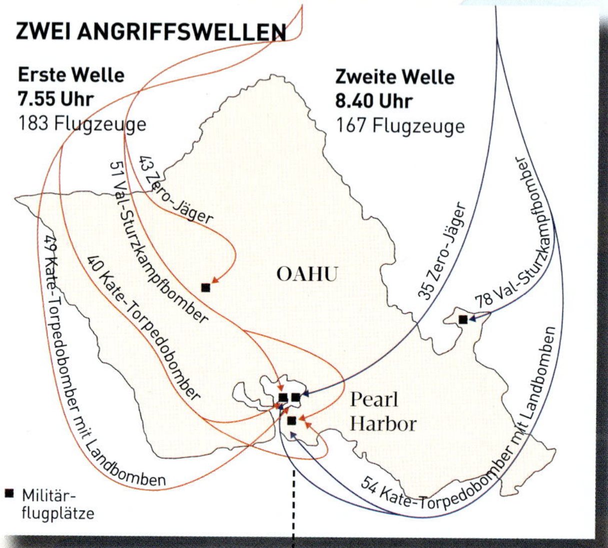

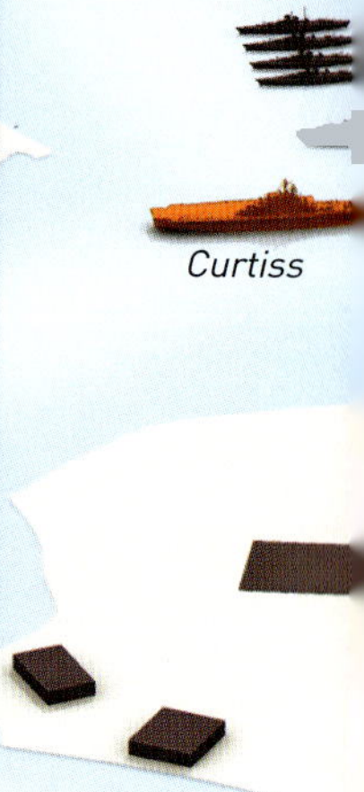

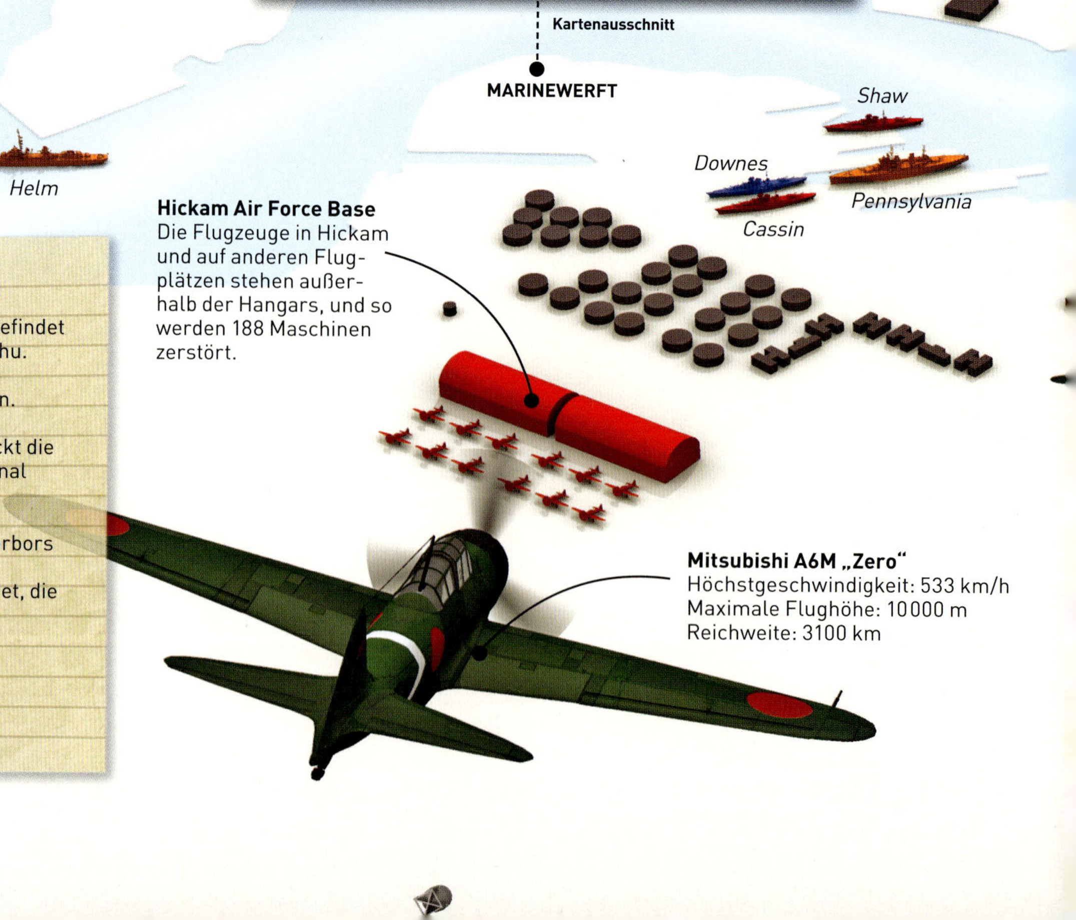

DER ANGRIFF

6.00 Die japanische 1. Luftflotte befindet sich 370 km nördlich der Insel Oahu.
6.10 Die erste Welle japanischer Flugzeuge startet von den Trägern.
6.35 Die zweite Welle hebt ab.
7.02 Eine US-Radarstation entdeckt die japanischen Flieger, doch das Signal wird mit einer US-Bomberstaffel verwechselt.
7.55 Die Bombardierung Pearl Harbors beginnt.
8.25 Der Torpedoangriff ist beendet, die Bombardierung geht weiter.
8.40 Die zweite Welle trifft ein.
9.45 Ende des Angriffs

LEGENDE

- Versenkt
- Leicht besch.
- Schwer beschädigt
- Nicht beschädigt

- Schlachtschiff
- Flugzeugträger
- Zerstörer
- Kreuzer

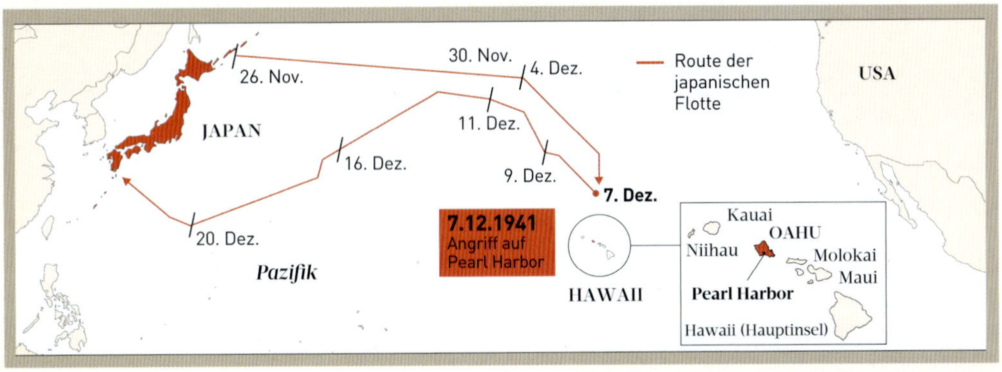

OPFER

USA: 2402
Japan: 65

Militärs: 2345
Zivilisten: 57

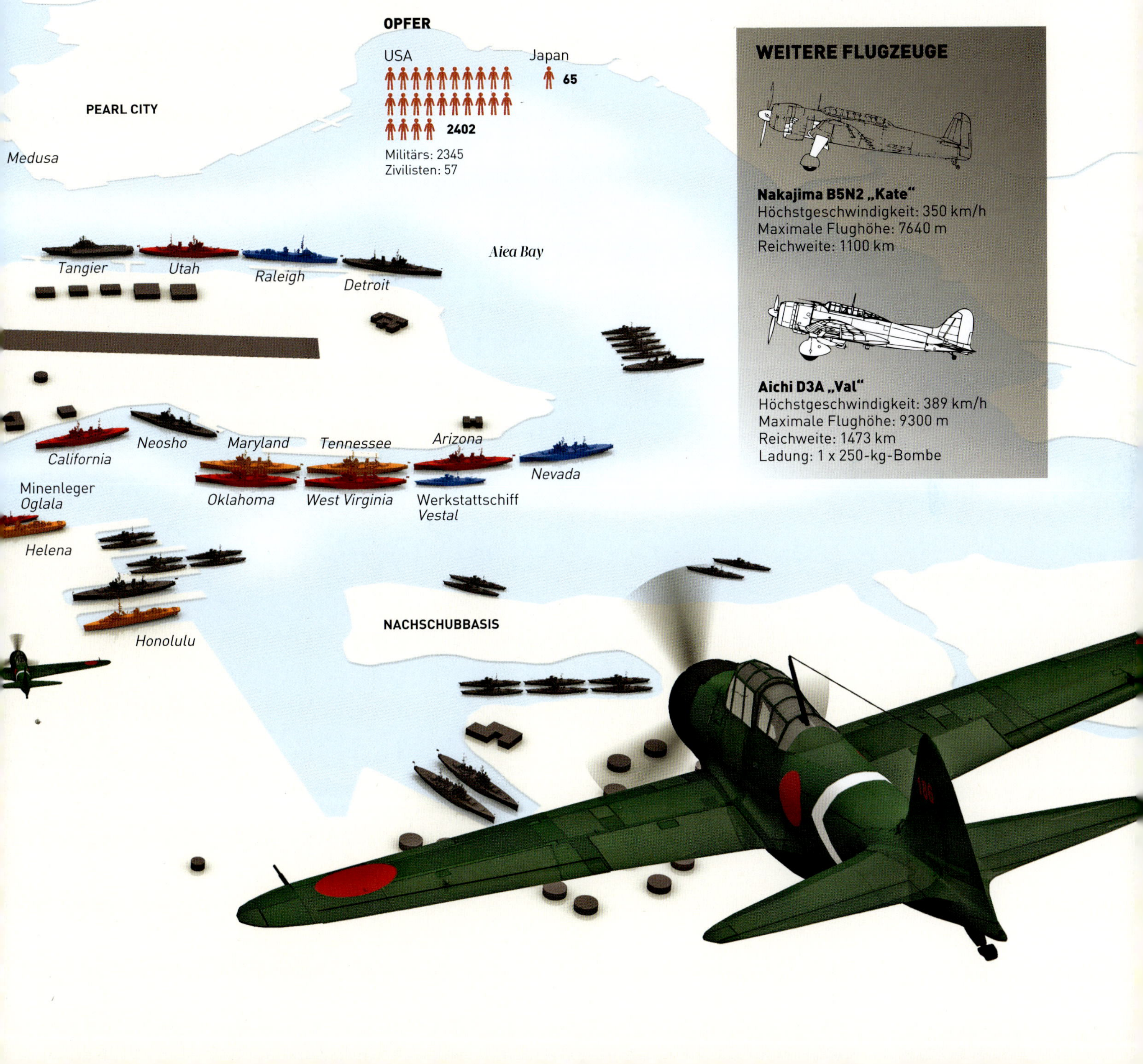

WEITERE FLUGZEUGE

Nakajima B5N2 „Kate"
Höchstgeschwindigkeit: 350 km/h
Maximale Flughöhe: 7640 m
Reichweite: 1100 km

Aichi D3A „Val"
Höchstgeschwindigkeit: 389 km/h
Maximale Flughöhe: 9300 m
Reichweite: 1473 km
Ladung: 1 x 250-kg-Bombe

Schlachtschiff *Mikasa*

Gegen Ende des 19. Jahrhunderts erwachte Japan aus seinem Dämmerschlaf und durchlief einen rasanten Prozess der Industrialisierung und wirtschaftlichen Entwicklung, der das Land in eine Weltmacht verwandelte. Die neue Stärke zeigte sich im Russisch-Japanischen Krieg (1904/05), der durch die russische Expansion nach Ostasien und Korea ausgelöst wurde. Die sensationellen Erfolge der Japaner unterstrichen die Überlegenheit ihrer Marine mit schwer gepanzerten Schlacht- und Kriegsschiffen als Rückgrat.

Die japanische Flotte

Japan übergab den Bau seiner Flotte an Großbritannien, Frankreich und Italien, die alle an einer Eindämmung der Russen in Asien interessiert waren. Die *Hiei*, das erste japanische Schlachtschiff, lief 1877 in einer britischen Werft vom Stapel, 1900 folgte die *Mikasa*. Die Flotte wurde durch eroberte chinesische und durch Nachbauten europäischer Schlachtschiffe komplettiert.

TECHNISCHE DATEN DER *MIKASA*

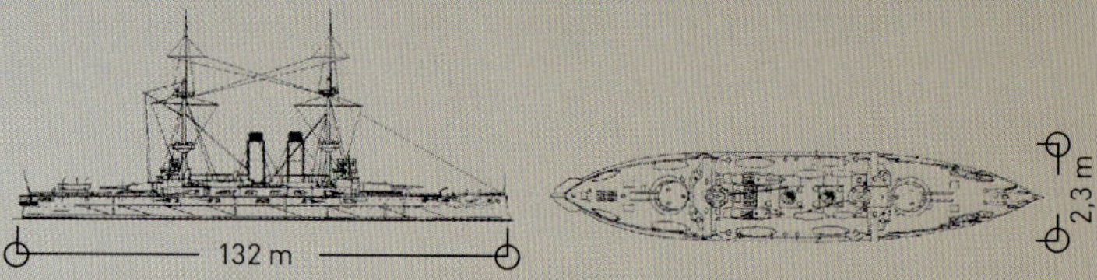

Verdrängung 15 440 t **Geschwindigkeit** 18 Knoten

Kommandobrücke
Die mit Stahlplatten gepanzerte Brücke ist das Nervenzentrum des Schlachtschiffs. Hier treffen die Offiziere bei Besprechungen ihre Entscheidungen und führen die Besatzung mit 850 Mann.

Artillerie Zusätzlich zu den vier Hauptgeschützen ist die *Mikasa* mit weiteren 46 Kanonen zur Erhöhung der Feuerkraft ausgestattet: 14 x 154-mm-Kanonen, 20 x 76-mm-Kanonen, 8 x 47-mm-Kanonen und 4 x 35-mm-Kanonen.

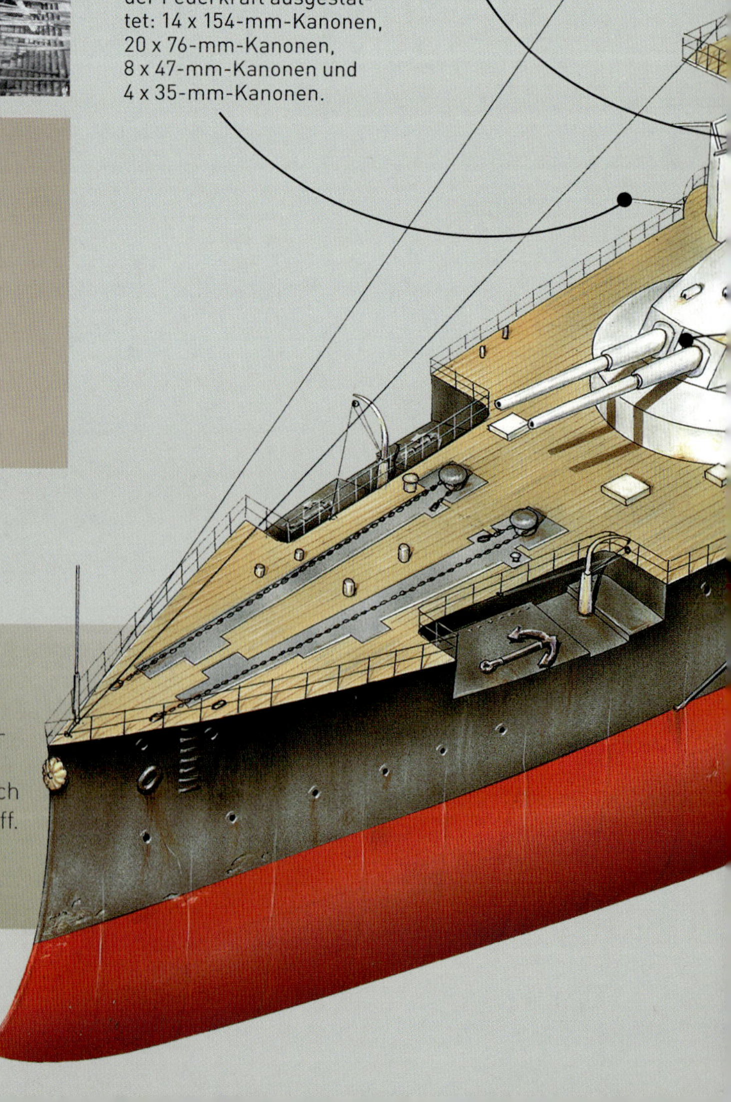

Flaggschiff

Die *Mikasa*, das Flaggschiff von Admiral Togo, trug wesentlich zum Sieg der Japaner beim Angriff auf Port Arthur (1904) und in der Seeschlacht von Tsushima (1905) bei. Doch eine Explosion nach einem Kurzschluss zerstörte das Schiff. Nach der Restaurierung wurde es 1922 als nationales Monument im Marinehafen von Yokosuka ausgestellt.

Rettungsboot Die Rettungsboote ermöglichen eine Evakuierung, wenn das leckgeschlagene Schiff nach einem Torpedotreffer langsam sinkt. Bei einer Explosion des Magazins oder der Kessel sind sie aber nutzlos.

Dampf Der Dampfantrieb verschafft Schlachtschiffen im Krimkrieg (1854/55) einen Vorteil gegenüber den Segelschiffen. Der bei der Verbrennung erzeugte Dampf und Rauch tritt aus großen Schornsteinen aus.

Inneres In den Kohlebunkern lagert der Brennstoff für 25 Dampfkessel und zwei Verbundmaschinen. Die Panzerung aus Stahlplatten schützt Rumpf und Kommandobrücke.

Hauptgeschütze Die beiden Kanonen in diesem Doppelturm – ein zweiter sitzt am Heck – können in sehr kurzen Intervallen 30,5-cm-Projektile abfeuern. Die Reichweite liegt bei 6 km.

DER ADMIRAL, DER JAPANS STOLZ WIEDERHERSTELLTE
Admiral Heihachiro Togo (1848–1934), der Architekt der kaiserlich japanischen Marine, war ein Held der Seekämpfe gegen China und Russland. Seine Strategie entschied die Schlacht von Tsushima am 27. Mai 1905. Damals verlor Russland fast seine gesamte Flotte und 4380 Mann, Japan nur drei Torpedoboote und 117 Mann.

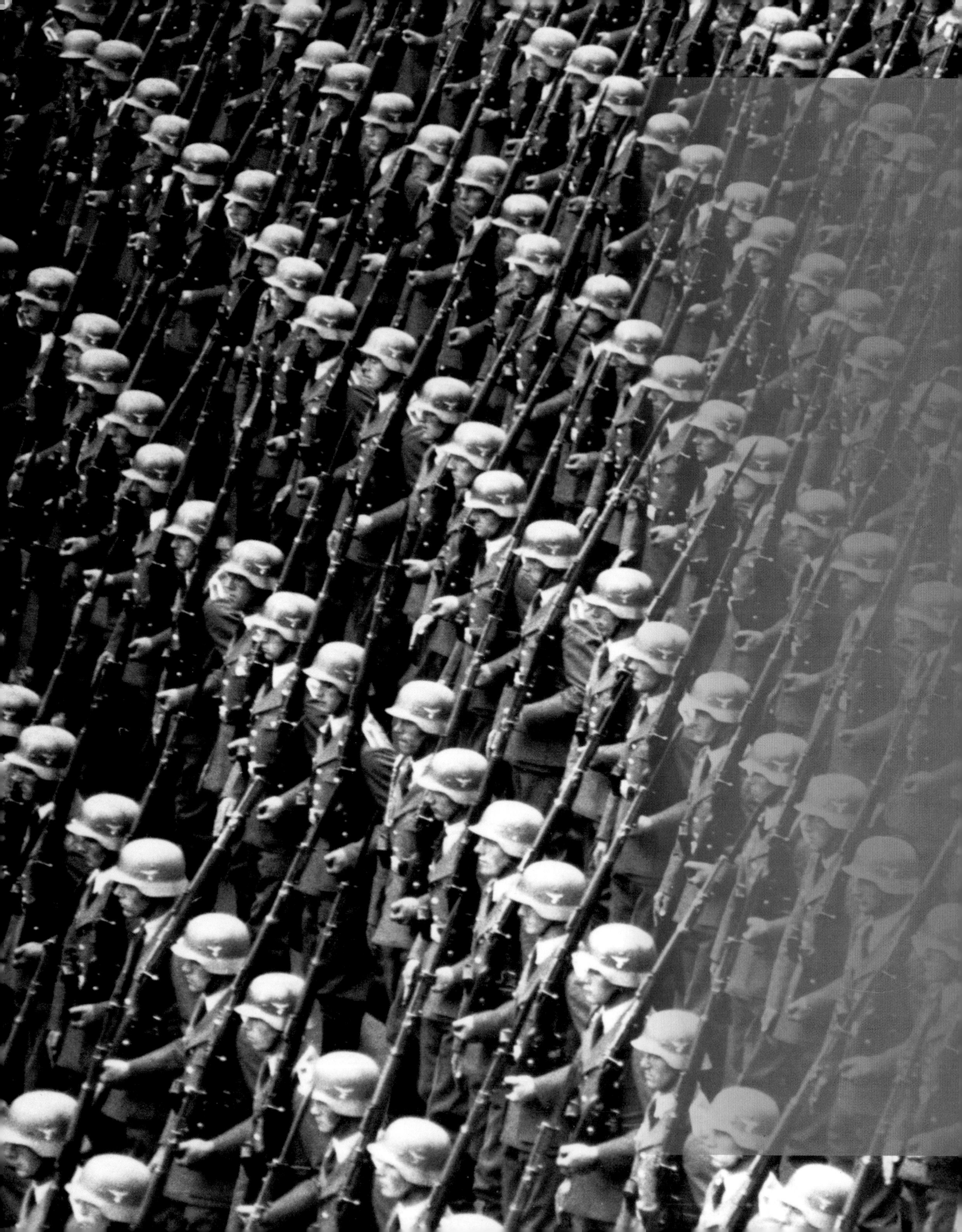

DIE PERFEKTE KRIEGSMASCHINE

Die Wehrmacht bestand zwar nur zwischen 1935 und 1945, doch in diesen zehn Jahren war sie eine der effizientesten und mächtigsten Armeen ihrer Zeit. Sie löste die Reichswehr – so die Bezeichnung der deutschen Streitkräfte während der Weimarer Republik – zwei Jahre nach der Ernennung Adolf Hitlers zum deutschen Reichskanzler ab. Generäle wie Heinz Guderian, Walter von Reichenau und Alfred Jodl übernahmen die Organisation und ersetzten alte Militärstrategien durch das Konzept des Blitzkriegs, bei dem gepanzerte Verbände, unterstützt von Infanterie, mobiler Artillerie und der Luftwaffe, schnell vorrücken. Der Einsatz leichter Waffen, mobiler Angriffs- und Logistikschwadronen, einer Kommandostruktur, die den Offizieren der Einheiten relative Autonomie im Gefecht einräumte, dazu die unangefochtene technische Überlegenheit und eine ausgeprägte Disziplin trugen zum Erfolg der Wehrmacht in den ersten Jahren des Zweiten Weltkriegs bei. Später übernahmen viele Armeen dieses Konzept.

Wenn man nach dem Grund für ihren Erfolg fragt, so darf man nicht den hohen Ausbildungsstand der Offiziere vergessen, und dank der zügigen Entwicklung und Durchführung umfassender taktischer Manöver konnten Ziele rasch und dabei sehr effizient erreicht werden. Eine hervorragende Logistik und der Einsatz modernster Waffen wie schneller, starker Panzer und einer schlagkräftigen Luftwaffe waren für den Erfolg entscheidend. Zwischen 1939 und 1940 dienten über zwölf Millionen Soldaten in der Wehrmacht. Sie waren in Kompanien (mit 180 Mann), Bataillonen (vier Kompanien), Regimentern (zwei Kompanien, Artillerie- und Panzerabwehreinheiten und drei Bataillone für Aufklärung, Generalstab und Nachschub), Divisionen (mit drei Regimentern oder 17 000 Mann), Armeekorps und Heeresgruppen organisiert. Nach der Schlacht bei Kursk 1943 und verstärkt ab 1944 fehlte es der Wehrmacht dann an Soldaten, um ihre Gebietsgewinne zu halten. Als letztes militärisches Aufgebot wurde Ende 1944 der Volkssturm gebildet, in dem alle deutschen Männer im Alter von 16 bis 60 Jahren erfasst wurden. Die schlecht ausgebildeten und bewaffneten Einheiten wurden in den letzten Kämpfen des Zweiten Weltkriegs verheizt.

Die Wehrmacht machte sich zur Komplizin des Naziregimes, denn sie beteiligte sich an Plünderungen und vor allem an „Säuberungsaktionen" zur Ausrottung „minderwertiger Rassen" im Rahmen des Holocaust. Nach Kriegsende wurden daher bei den Nürnberger Prozessen viele Kommandeure und Stabschefs wegen Kriegsverbrechen schuldig gesprochen. Die Wehrmacht war 1945 endgültig besiegt, doch erst 1946 wurden die letzten Einheiten offiziell aufgelöst. Deutschland war es zunächst verboten, eine Armee zu unterhalten. 1955 wurde dann die Bundeswehr gegründet.

Soldaten im Naziregime

Die deutschen Soldaten gelten als die besten Infanteristen des Zweiten Weltkriegs: ein Musterbeispiel für Disziplin und Professionalität, extrem gut ausgerüstet, hoch motiviert, gut trainiert und aggressiv im Angriff. Oft schreibt man ihre Überlegenheit der neuesten Technik zu, die sie besaßen, doch diese Waffen erhielten nur ausgewählte, kleine Einheiten, speziell gegen Kriegsende. Von zentraler Bedeutung waren die Ausbildung und der Drill, den die Truppen durchliefen.

Perfekte Taktik und Disziplin

Die Wehrmacht passte ihr Training an die Kampferfahrungen an, die sie sukzessive sammelte. Ihre Strategie schloss taktische Missionen (Auftragstaktik) ein: Dabei hatten untergeordnete Kommandeure im Rahmen der erteilten Direktiven auch die Freiheit, Entscheidungen in Abhängigkeit von der jeweiligen Kampfsituation zu treffen. Die Wehrmacht gewann so ein enormes Maß an taktischer Flexibilität und nutzte nachhaltig die individuellen Fähigkeiten der Soldaten.

Spezialfarbe Die spezielle graugrüne Farbe der Wehrmachtsuniform trägt die Bezeichnung „Feldgrau". Feldbluse und Hose sind aus feldgrauem Stoff gefertigt.

Patronentasche aus Leder Sie kann sechs Ladestreifen mit je fünf Patronen aufnehmen.

Stielhandgranate Die Granate wird durch Abschrauben der Stielkappe und Betätigung der darunterliegenden Abreißschnur gezündet.

Gewehr Der Karabiner 98k ist das Standardgewehr der Infanterieeinheiten. Das Magazin fasst fünf Patronen vom Kaliber 7,92 mm.

Brotbeutel und Feldflasche mit Becher

Stiefel Aus Leder gefertigt und schwarz gefärbt. Die Sohlen sind mit Metallnägeln und Absatzeisen verstärkt.

EMBLEME

Die deutschen Helme zierten Embleme, die auf die Zugehörigkeit zu einer der Teilstreitkräfte verwiesen: Heer, Marine, Luftwaffe, SS usw.

Adler Er steht für die Wehrmacht.

Schild Er zeigt die Nationalfarben.

Helm Der aus Stahlblech gefertigte Helm wiegt rund 1 kg.

Kochgeschirr Im Kochgeschirr aus Aluminium wird das Besteck verstaut.

Tarnponcho Er dient als Decke. Mehrere Ponchos lassen sich zu einem Zelt verbinden.

Klappspaten Er hängt neben dem 25 cm langen Bajonett, dessen Griffstück aus Bakelit besteht.

WEITERENTWICKLUNG DER UNIFORM

Ab 1943 erfuhr die Uniform verschiedene Änderungen, um sie funktionaler und moderner zu gestalten. Schnürstiefel ersetzten die Schaftstiefel, außerdem erhielten alle Einheiten – nicht nur die Elitetruppen – Tarnkleidung und Helmüberzüge.

Magazin mit 32 9-mm-Patronen

Die Kadenz liegt bei 500 Schuss pro Minute.

MASCHINENPISTOLE 40
Der Zugführer benutzt eine MP 40, die typische Maschinenpistole der Wehrmacht.

GASMASKE MIT BÜCHSE
Die Gasangriffe im Ersten Weltkrieg machen eine Gasschutzausrüstung erforderlich. Die Metallbüchse enthält eine Maske und einen Behälter mit Gläsern.

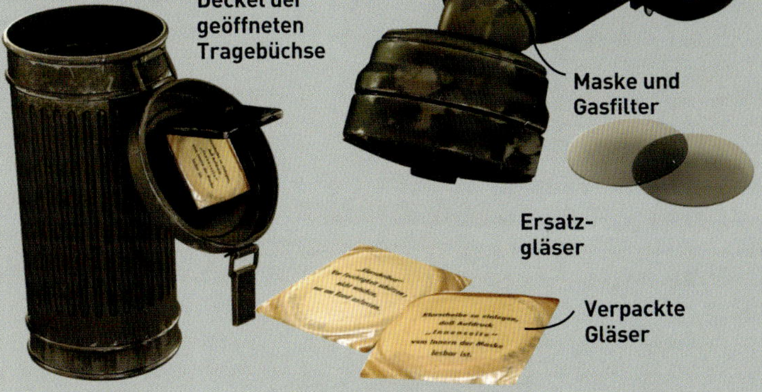

Deckel der geöffneten Tragebüchse

Maske und Gasfilter

Ersatzgläser

Verpackte Gläser

Voll ausgestattet In der Tragebüchse liegt ein Tuch zum Reinigen der Gläser. Sie enthält auch Tabletten gegen Gasvergiftungen sowie Gaze und eine Flasche mit Dekontaminierungsflüssigkeit.

Westfeldzug

Zwischen Mai und Juni 1940 erlebte der Zweite Weltkrieg mit der Westoffensive und dem Einmarsch in Frankreich eine neue Form des bewaffneten Konflikts. Ausschlaggebend für den Erfolg der deutschen Truppen waren ihre Stärke und Strategie. Demgegenüber standen Fehler der verbündeten Franzosen und Briten bei ihren Versuchen, den Feind abzuwehren. Die Deutschen eroberten Paris und hielten Nordfrankreich vier Jahre lang besetzt.

Perfekte Koordination

Die Alliierten rechneten mit einem massiven Vorstoß im Flachland. Doch die Wehrmacht teilte sich in drei Gruppen auf, von denen jede ein bestimmtes Ziel hatte. Völlig unerwartet konzentrierten sie ihre stärkste Angriffsspitze in den Ardennen. Überraschung und perfekte Koordination der Gruppen waren für das Gelingen maßgeblich.

Kräfteverhältnis

Alliierte

Mann ▸ 3300000

Artillerie ▸ 13974

Panzer ▸ 3383

Flugzeuge ▸ 2935

Hitlerdeutschland

Mann ▸ 3350000

Artillerie ▸ 7378

Panzer ▸ 2445

Flugzeuge ▸ 5638

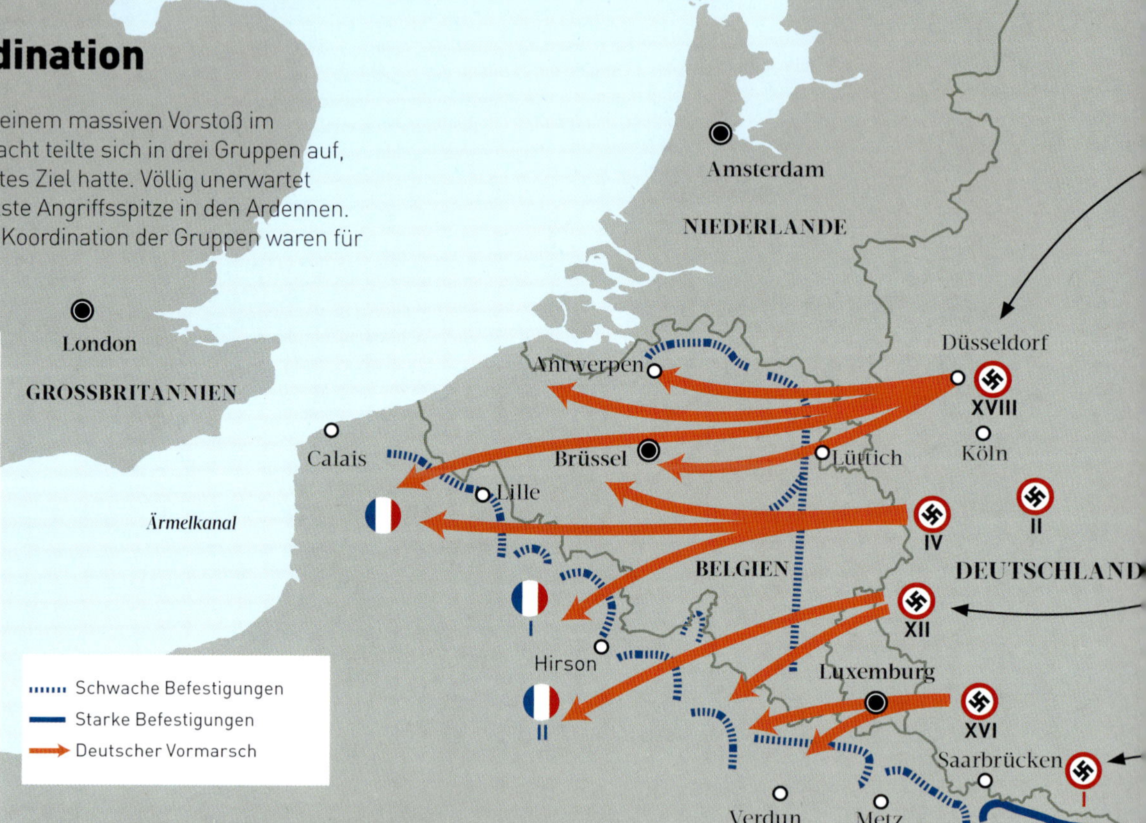

MAGINOTLINIE Die französische Verteidigungslinie war Ende des Ersten Weltkriegs zur Abwehr deutscher und italienischer Angriffe erbaut worden. Das über 400 km lange, für den Grabenkrieg konzipierte Verteidigungssystem erweist sich jedoch als überholt.

MÄCHTIGE PANZER Die deutschen Panzer dominierten die ersten Kriegsjahre. Ihre Mobilität und die Koordination mit anderen Bodeneinheiten und der Luftwaffe waren Basis für die beeindruckenden Erfolge der Wehrmacht im Feld.

BIS NACH PARIS
Angesichts schwerer Verluste, die die französische Defensive ihr beibrachte, startete die Wehrmacht Anfang Juni einen massiven Angriff. Ende des Monats marschierte sie in Paris ein. Das Bild zeigt Hitler am 23. Juni 1940 vor dem Eiffelturm.

Luftangriff

Die deutschen Sturzkampfbomber (Stukas) beherrschten den Himmel in den frühen Kriegsjahren. Die tödliche und furchterregende Waffe – die Piloten erzeugten mit Sirenen ein nervenzerreißendes Heulen – half wesentlich beim Durchbruch durch feindliche Linien.

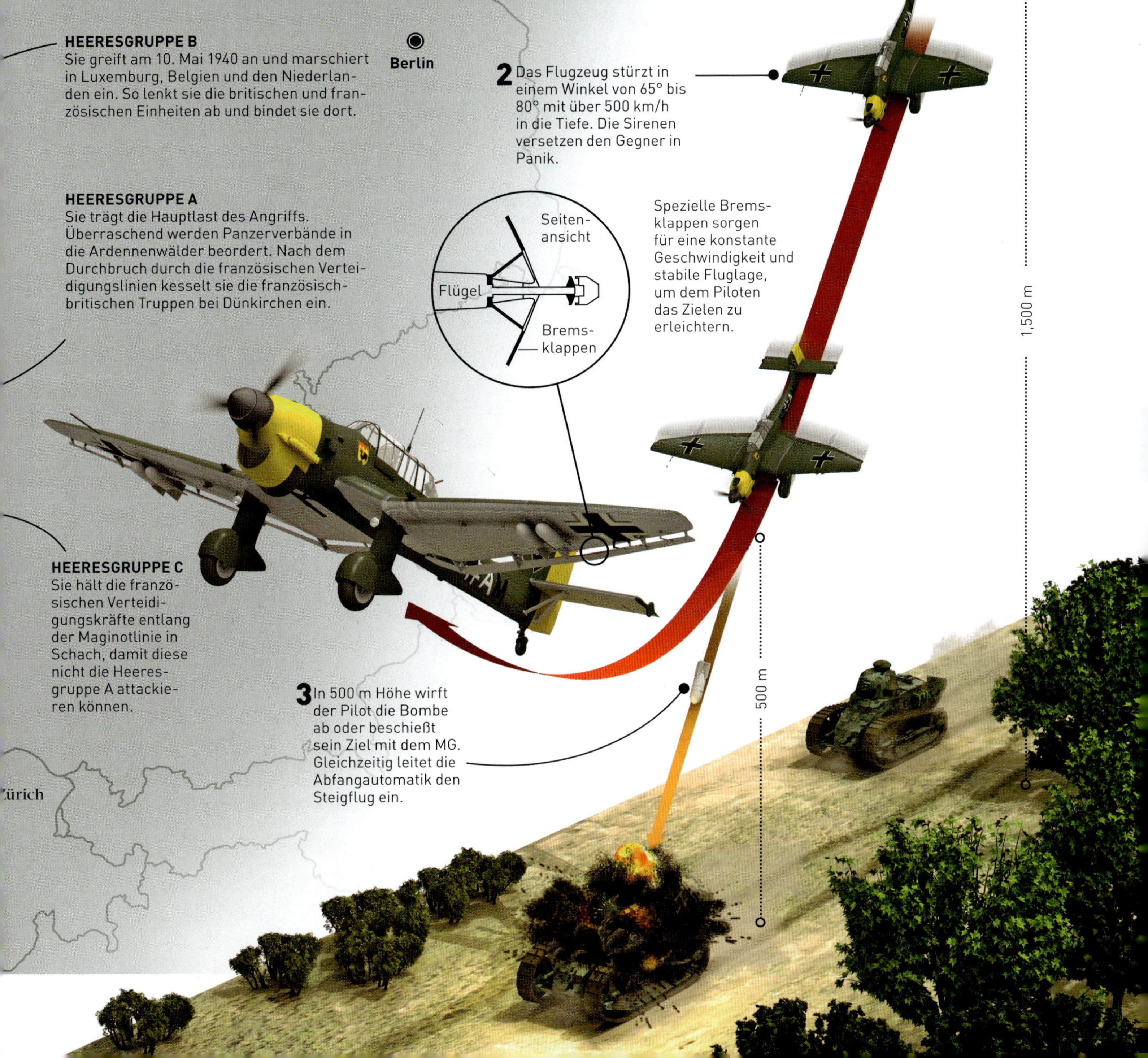

1 Der Pilot erfasst sein Ziel und programmiert die Abfangautomatik auf die gewünschte Höhe.

2 Das Flugzeug stürzt in einem Winkel von 65° bis 80° mit über 500 km/h in die Tiefe. Die Sirenen versetzen den Gegner in Panik.

Spezielle Bremsklappen sorgen für eine konstante Geschwindigkeit und stabile Fluglage, um dem Piloten das Zielen zu erleichtern.

3 In 500 m Höhe wirft der Pilot die Bombe ab oder beschießt sein Ziel mit dem MG. Gleichzeitig leitet die Abfangautomatik den Steigflug ein.

HEERESGRUPPE B
Sie greift am 10. Mai 1940 an und marschiert in Luxemburg, Belgien und den Niederlanden ein. So lenkt sie die britischen und französischen Einheiten ab und bindet sie dort.

HEERESGRUPPE A
Sie trägt die Hauptlast des Angriffs. Überraschend werden Panzerverbände in die Ardennenwälder beordert. Nach dem Durchbruch durch die französischen Verteidigungslinien kesselt sie die französisch-britischen Truppen bei Dünkirchen ein.

HEERESGRUPPE C
Sie hält die französischen Verteidigungskräfte entlang der Maginotlinie in Schach, damit diese nicht die Heeresgruppe A attackieren können.

Der Blitzkrieg

In der Anfangsphase des Kriegs überraschte die Wehrmacht ihre Gegner mit einer innovativen und hocheffizienten Taktik: Der sogenannte Blitzkrieg setzte auf die Schnelligkeit kombinierter Truppen, mit Panzern und unterstützender Luftwaffe als wichtigem Element. Unter Einsatz dieser Taktik gelang es Hitlerdeutschland, zwischen September 1939 (Überfall auf Polen) und Juni 1940 (Niederlage Frankreichs) halb Europa unter seine Kontrolle zu bringen.

HEINZ WILHELM GUDERIAN

(1888–1954)
Er schuf die Panzertruppe und war für die Entwicklung des Blitzkriegkonzepts und dessen Anwendung in den Feldzügen gegen Polen und Frankreich verantwortlich. Er kommandierte die Panzerverbände.

ERICH VON MANSTEIN

(1887–1973)
Er nahm am Polenfeldzug teil. Beim Einmarsch in Frankreich und dem Westfeldzug, dessen Angriffsplan von ihm erarbeitet wurde, übernahm und perfektionierte er das Blitzkriegkonzept.

Polen, der Anfang

Die Deutschen setzten ihre schnelle Offensivtaktik erstmals beim Überfall auf Polen ein. Der Angriff begann am 1. September 1939, und in nur drei Wochen war die Operation beendet. Noch wirkungsvoller erwies sich der Blitzkrieg bei der Invasion in Frankreich.

Der Überfall
Deutsche Soldaten marschieren im September 1939 in Polen ein.

Weitere Panzer Im Mai 1940 verfügt die Wehrmacht erst über wenige Panzer III. Die Masse der Panzertruppe besteht aus den Modellen I und II.

DEUTSCHE FALLSCHIRMJÄGER
Im Rahmen des Blitzkriegs setzten die Deutschen erstmals Fallschirmjäger als Kampftruppen ein. So nutzte die Wehrmacht alle Kräfte, ihre moderne Kriegsführung umzusetzen. Eine bemerkenswerte Aktion der Fallschirmjäger war die Einnahme des Forts Eben-Emael in Belgien. Beim Angriff auf die als unbezwingbar geltende Festung kamen erstmals Lastensegler zum Einsatz.

Luftunterstützung
Sturzkampfbomber greifen stationäre Stellungen der Alliierten (etwa Artillerie) an, um sie auszuschalten.

Panzer in Aktion Der Panzerkampfwagen III ist das neueste deutsche Panzermodell, das im Westfeldzug zum Einsatz kommt. Es ist den französischen Panzern R-35 und H-35 überlegen.

Geschwindigkeit zählt

Das Blitzkriegkonzept setzt auf einen kombinierten Angriff bewaffneter Truppen mit hochmobilen Infanterieeinheiten. Sie werden in einem Bereich konzentriert und von Artillerie und Luftwaffe unterstützt. Ziel ist die Einnahme strategisch wichtiger Punkte, um möglichst schnell zum Sieg zu kommen. Dabei waren Geschwindigkeit und das Überraschungsmoment entscheidend, um den Gegner auszuschalten.

Hohe Mobilität Die Deutschen haben leichte gepanzerte Fahrzeuge wie das Sd.Kfz. 222, die schneller und beweglicher als Panzer sind.

Günstiges Gelände
Für einen erfolgreichen Blitzkrieg muss das Gelände eben und frei von Hindernissen sein.

Die deutschen U-Boote

Zwischen 1939 und 1943 fügten deutsche U-Boote der britischen Kriegs- und Handelsflotte erheblichen Schaden zu. Rund zwölf Millionen BRT Schiffsraum wurden im Verlauf des Konflikts von der deutschen Kriegsmarine versenkt. U-Boote spielten bei diesen Attacken auf britische Schiffe eine wichtige Rolle. Sie griffen in sogenannten Rudeln bei Nacht und an der Oberfläche an. In Anlehnung an ihre Taktik nannte man die U-Boot-Besatzungen auch „Graue Wölfe".

Angriffsstrategie

Die Glanzzeit der deutschen U-Boote kam im Sommer 1942, als acht Millionen BRT alliierter Schiffsraum versenkt wurden. Mitte 1943 folgte die Wende. Ab da gelang es den Alliierten durch Einsatz von Sonartechnik und Flugzugträgern als Begleitschutz, durch volle Lufthoheit und die Entschlüsselung des deutschen Nachrichtenverkehrs, die U-Boot-Waffe zu neutralisieren.

Torpedorohre Die vorderen vier Torpedorohre liegen direkt bei den Kabinen der Besatzung. Ein weiteres Torpedorohr befindet sich im Heck bei der Schiffsschraube. U-47 kann 14 Torpedos an Bord nehmen.

Technische Daten

Länge ▸ 67 m

Breite ▸ 6,2 m

Tiefgang ▸ 4,7 m

Verdrängung über Wasser ▸ 753 t

Verdrängung unter Wasser ▸ 857 t

Geschwindigkeit über Wasser ▸ 32 km/h

Geschwindigkeit unter Wasser ▸ 15 km/h

Das U-Boot *U-47*

Am 14. Oktober 1939 drang das U-Boot unter Kommando von Günther Prien in die schottische Bucht von Scapa Flow vor, einen wichtigen Stützpunkt der British Navy. Es versenkte dort die HMS *Royal Oak*, ein Schlachtschiff mit 29150 BRT und 786 Mann an Bord, und kehrte im Triumph zurück. Im März 1941 wurde *U-47* mit seiner Besatzung versenkt.

GÜNTHER PRIEN
(1908–1941)
Unter seinem Befehl versenkte *U-47* insgesamt 30 alliierte Schiffe. Nach dem Erfolg bei Scapa Flow wuchs Priens Ruhm, und er erhielt das Ritterkreuz. Er starb mit 32 Jahren an Bord von *U-47*.

KARL DÖNITZ
(1891–1980)
Der Großadmiral war verantwortlich für die U-Boot-Einheiten und ab 1943 Oberbefehlshaber der Kriegsmarine. Er schlug den Einsatz der Rudeltaktik bei U-Booten vor.

TORPEDOS
Der Torpedo wurde 1866 von dem österreichischen Offizier Giovanni Luppis erfunden. Die Unterwasserwaffe mit eigenem Antrieb und einer Reichweite von 10 km war tödlich.

Ein U-Boot wird mit Torpedos bestückt.

Kontrollraum Er liegt zwischen Offiziers- und Unteroffiziersmesse. Von hier wird das Periskop ausgefahren und der Turm bei Überwasserfahrt bemannt.

Maschinenraum Er ist mit Pressluftanks, Elektro- und Dieselmotoren ausgestattet.

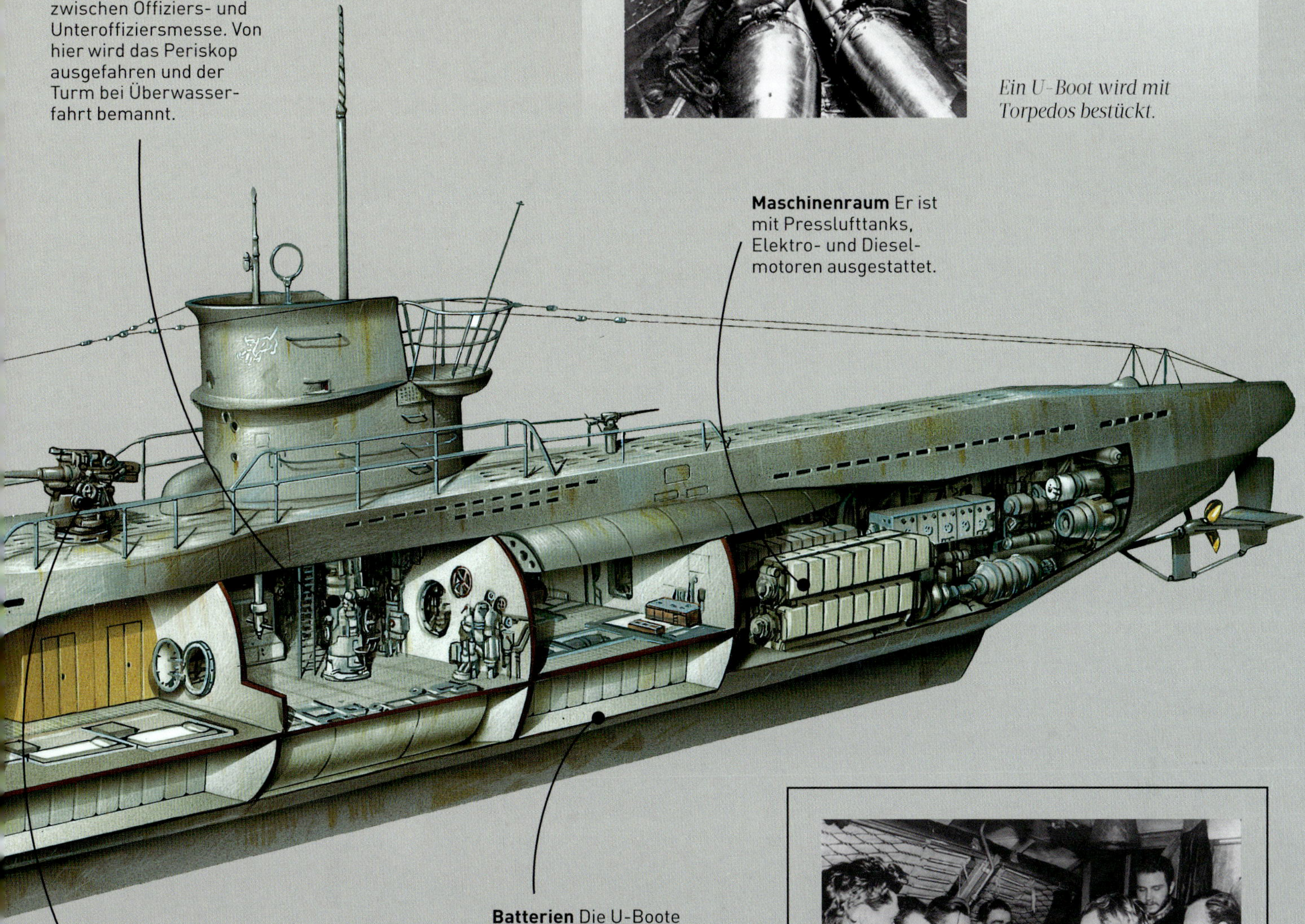

Geschütze Dieses 88-mm-Geschütz ist zwischen Luke und Turm angebracht. Die 20-mm-Flak zur Abwehr von Flugzeugen sitzt hinter dem Turm.

Batterien Die U-Boote verfügen über einen Elektroantrieb. Die geringe Kapazität der Batterien lassen nur kurze Unterwasserfahrten zu. Gut geplante Auftauchphasen dienen dem Aufladen der Batterien.

LEBEN AN BORD EINES U-BOOTS
Es gab wenig Wasser, nur zwei Toiletten, und die Luft stank nach Öl und Diesel. Der Raum war sehr beengt, für 50 Besatzungsmitglieder standen nur 25 Etagenbetten zur Verfügung. Ständig kamen neue Missionen, und es bedurfte enormer Tapferkeit, um die Klaustrophobie und das hohe Untergangsrisiko im Kampf oder durch technische Probleme zu ertragen.

Führerbunker

Der vor Luftangriffen sichere Bunker hinter der Neuen Reichskanzlei diente in der Schlussphase des Naziregimes als Führerhauptquartier. Adolf Hitler regierte hier ab dem 16. Januar 1945 bis zu seinem Selbstmord am 30. April 1945, als die Sowjets bereits in die Reichshauptstadt Berlin eingedrungen waren. Die rund 4 m dicken Betonwände und die Decke waren bombensicher. Bei Kriegsende wurde der Bunker aber weitgehend zerstört.

Unterirdischer Zufluchtsort

Die Bunkeranlage gliederte sich in zwei Bereiche. Im 1936 gebauten Vorbunker waren Personalräume, Verwaltungs- und sanitäre Einrichtungen 6,4 m unter der Oberfläche untergebracht. In 9 m Tiefe befand sich der 1943 fertiggestellte Führerbunker mit den Wohnräumen von Adolf Hitler und Eva Braun, von deren Schutzpersonal und Assistenten sowie von Joseph Goebbels.

Verbrennung Wenige Meter vom Ausgang, der in den Garten der Reichskanzlei führt, werden die Leichen von Adolf Hitler und Eva Braun verbrannt.

FÜHRERBUNKER (UNTERE EBENE)

1–2 Sanitätsraum und Zimmer Dr. Morell
3 Goebbels' Arbeits- und Schlafzimmer
4 Büro
5–6 Telefonzentrale
7 Heizung, Ventilatoren und Stromgeneratoren
8–9 Flur und Warteraum
10 Wachpersonal und Hitlers Hund
11 Kartenraum
12 Vorraum zu Hitlers Arbeitszimmer
13 Eva Brauns Arbeits- und Schlafzimmer
14 Hitlers Schlafzimmer
15 Hitlers Arbeitszimmer
16 Hitlers Bade- und Ankleidezimmer
17 Badezimmer und Toiletten
18 Verbindung zwischen den Bunkern
36 Belüftungsturm und Notausgang

VORBUNKER (OBERE EBENE)

19 Anrichteraum
20 Lager- und Küchenbereich
21–22 Gänge
23 Speiseraum
24–27 Schlafzimmer der Familie Goebbels
28–29 Schlafräume des Personals
30 Maschinen und Belüftungsräume
31 Sanitäreinrichtungen
32 Eingang zum Bunker
33 Büro des Wach- und technischen Personals
34 Durchgang zur Alten und zur Neuen Reichskanzlei
35 Durchgang zum Außenministerium und zum Garten des Außenministeriums
37 Ausgang zum Garten der Neuen Reichskanzlei
38 Lüftungsturm, im Bau

Generatoren Der permanente Maschinenlärm von Dieselgeneratoren, Ventilatoren und Grundwasserpumpen erfüllt die Bunkerräume.

SELBSTMORD IM BUNKER

Adolf Hitler und Eva Braun: Selbstmord, 30. April 1945
Helga, Hilde, Helmut, Holde, Hedda und Heide Goebbels: getötet von ihren Eltern, 1. Mai 1945
Joseph und Magda Goebbels: Selbstmord, 1. Mai 1945
General Franz Schädle: Selbstmord, 1. Mai 1945
General Hans Krebs: Selbstmord, 1. Mai 1945
General Wilhelm Burgdorf: Selbstmord, 1. Mai 1945

Von links nach rechts: Adolf Hitler, Magda und Joseph Goebbels, Eva Braun

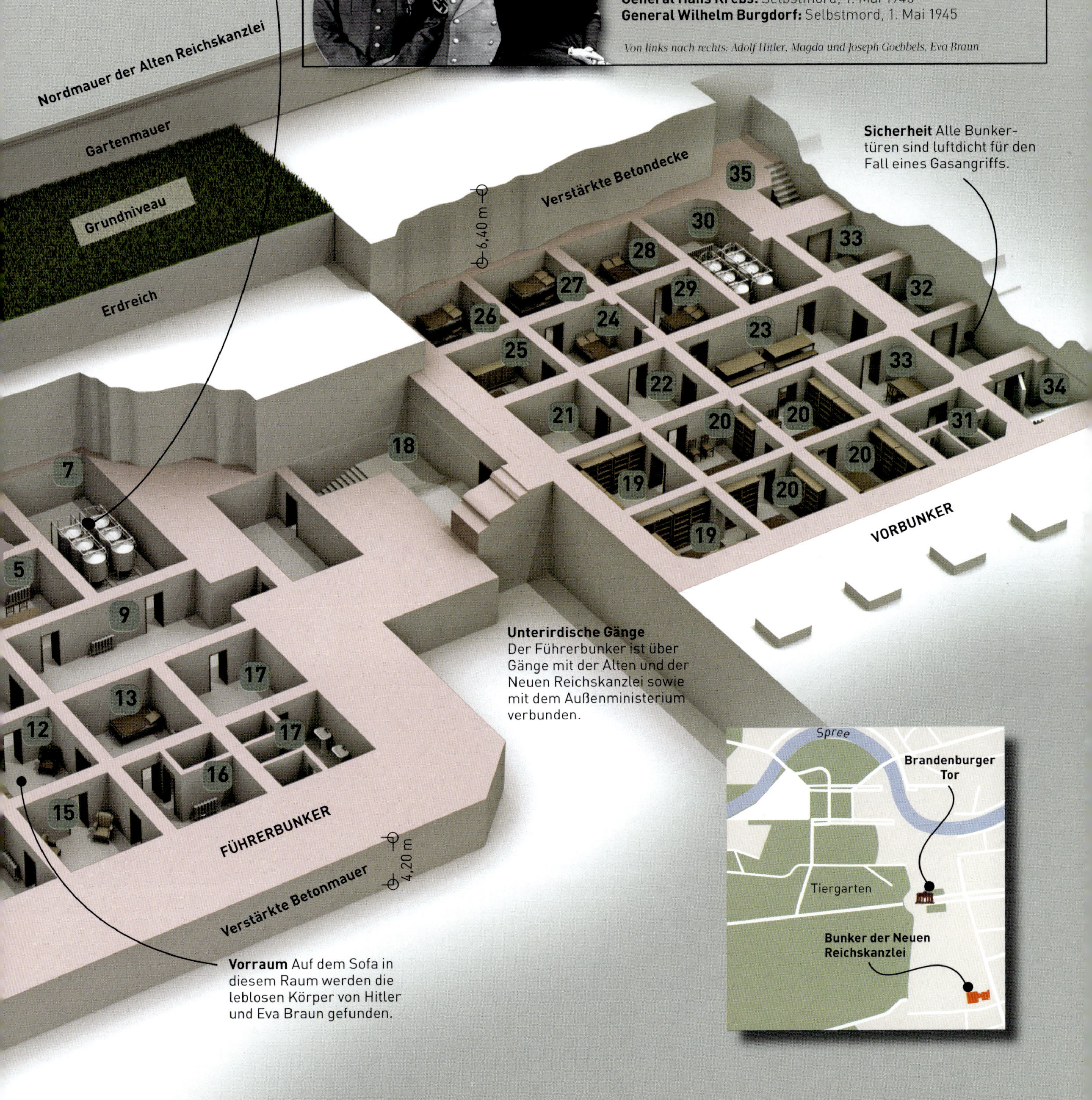

Sicherheit Alle Bunkertüren sind luftdicht für den Fall eines Gasangriffs.

Unterirdische Gänge Der Führerbunker ist über Gänge mit der Alten und der Neuen Reichskanzlei sowie mit dem Außenministerium verbunden.

Vorraum Auf dem Sofa in diesem Raum werden die leblosen Körper von Hitler und Eva Braun gefunden.

VON DER REVOLUTION ZUR GROSSMACHT

Die Rote Arbeiter- und Bauernarmee – so die offizielle Bezeichnung bis 1946 – wurde im Gefolge der Oktoberrevolution von 1917 gegründet. Dies geschah unter Federführung Leo Trotzkis (1879–1940), den die Bolschewiki zum Volkskommissar für das Kriegswesen ernannt hatten. Als Reaktion auf den Russischen Bürgerkrieg von 1918 sollte sie das Volk in seinem Kampf gegen den Kapitalismus unterstützen.

Obwohl Trotzki zunächst Freiwillige ohne militärische Ausbildung rekrutierte, gelang ihm der allmähliche Aufbau einer Streitmacht, die zu einer der mächtigsten der Welt werden sollte. Zu diesem Zweck wandte er sich auch an Offiziere der aufgelösten kaiserlich russischen Armee, und viele folgten seinem Aufruf: Über 58 000 Beamte, darunter 10 000 aus der zaristischen Verwaltung, arbeiteten unter ihm, und 214 000 ehemalige Unteroffiziere übernahmen die Ausbildung der neuen Truppen. Auch mehrere Generäle des Zarenreichs traten der Roten Armee bei, darunter Michail Tuchatschewski, ein berühmter Kommandeur der neuen Militärmacht, die vom Revolutionären Militärrat unter Leitung Trotzkis geführt wurde. Die anfängliche Anarchie innerhalb der Truppe wich bald einer strengen Disziplin, und schon 1919 wurde diese im Kampf gegen die konterrevolutionäre Weiße Armee und 1920 im Polnisch-Sowjetischen Krieg, in dem die Rote Armee bis nach Warschau vorstieß, einem ersten Test unterzogen.

1922, dem Jahr der Gründung der Sowjetunion, wurden die Streitkräfte aufgrund der schlechten Wirtschaftslage von zuvor fast fünf Millionen Mann auf 500 000 reduziert. Erst nach Lenins Tod 1924 und dem Aufstieg Stalins zur Macht – verbunden mit Trotzkis Gang ins Exil – gewann die Rote Armee wieder an Stärke. Während der 1930er-Jahre wuchs sie, begünstigt durch eine enorme Entwicklung der sowjetischen Rüstungsindustrie, die nun leistungsfähige Flugzeuge und Panzer baute, wieder auf 1,5 Millionen Mann an. 1933 produzierte das Land pro Jahr 3000 Panzer und verfügte als erste Armee der Welt über eine Eliteeinheit mit Fallschirmjägern. Obwohl die Truppen durch stalinistische Säuberungen, bei denen Millionen Militärangehörige getötet oder deportiert wurden, geschrumpft waren, konnten sie sich der deutschen Wehrmacht erfolgreich entgegenstellen. Die Rote Armee nahm 1945 Berlin ein und hisste die rote Fahne auf dem Reichstagsgebäude. Nach dem Zweiten Weltkrieg wurde die Sowjetarmee zu einer der wichtigsten Streitkräfte der Welt und unterdrückte Aufstände in Staaten des Warschauer Pakts, etwa in Ungarn (1956) und der Tschechoslowakei (1968). Zuletzt kam sie von 1980 bis 1988 in Afghanistan zum Einsatz. In den 1990er-Jahren wurde die Sowjetarmee dann aufgelöst und zu den Streitkräften der Russischen Föderation umorganisiert.

Die Sowjetarmee

Es ist unbestritten, dass die Rote Armee im Zweiten Weltkrieg eine Schlüsselrolle spielte. Sie hatte mit 13,6 Millionen Opfern nicht nur die meisten Verluste zu beklagen, auch ihre Aktionen waren kriegsentscheidend. Nach dem Sieg in Stalingrad zwang ihr unaufhaltbarer Vormarsch die Deutschen zum Abzug großer Truppenkontingente aus dem Westen, was den USA und ihren Verbündeten dort das Vorrücken erleichterte.

Motivation: Mut

Vor 1941 litt die Rote Armee infolge von Stalins Säuberungen unter vielen Problemen und Schwächen. Danach erlebte sie eine Wiedergeburt und wurde eine der mächtigsten Militärorganisationen weltweit, mit hohem Trainingsstand und guter Ausrüstung. Die Sowjetsoldaten kämpften sehr diszipliniert. Durch ihre Siege in Stalingrad und Kursk zusätzlich motiviert, fühlten sie sich als Teil eines patriotischen Kreuzzugs gegen den Faschismus. Die meisten Rotarmisten stammten aus ländlichen Gebieten.

ALLGEMEINE MERKMALE

In Friedenszeiten dienten 1 800 000 Mann in der Sowjetarmee. Ihre Zahl konnte im Fall der Mobilmachung auf elf Millionen anwachsen. Die Wehrpflicht galt von 20 bis 41 Jahren.

Emblem Abzeichen der bewaffneten Sowjetstreitkräfte

Ehrung Denkmal für Gefallene des Zweiten Weltkriegs

Oberkommando ▸ Marschall, gefolgt von Generälen

Gesamtzahl der Korps 1941 ▸ 100

Historische Siege ▸ Stalingrad, Kursk, Berlin

Berühmte Generäle ▸ Georgi Schukow, Semjon Timoschenko, Iwan Konew

Motto ▸ *Keinen einzigen Schritt zurück!*

Schapka uschanka Die Mütze aus Fellimitat ersetzt im Winter den Helm.

PRAKTISCH UND BEQUEM

Die Uniform der Sowjetarmee war bequem, einfach und praktisch gestaltet. Bei einem Temperaturspektrum von –60 °C bis +50 °C musste sie im Winter warm und im Sommer kühl halten.

PPSch-41 Die robuste Maschinenpistole ist pflegeleicht und feuert rund 900 Schuss pro Minute ab.

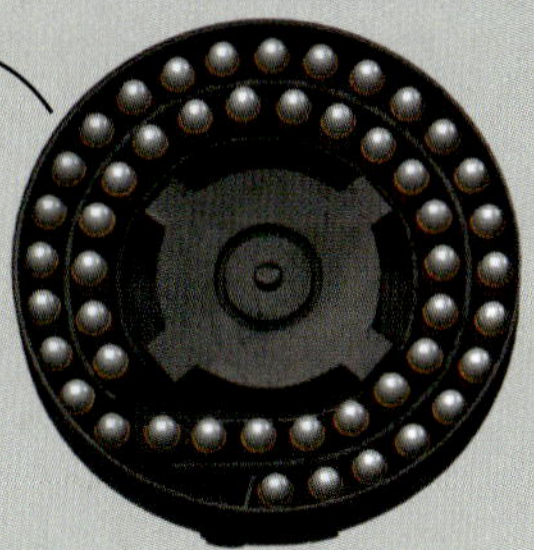

Magazin Eine Kopie des Trommelmagazins der finnischen Suomi M-31. Es nimmt 71 Patronen auf.

PLASCH PALATKA

Die vielseitige, praktische Zeltbahn dient als Regenschutz, Schlafsack und sogar als Zelt, wenn mehrere Bahnen verbunden werden. Sie wird in vier Schritten zusammengelegt.

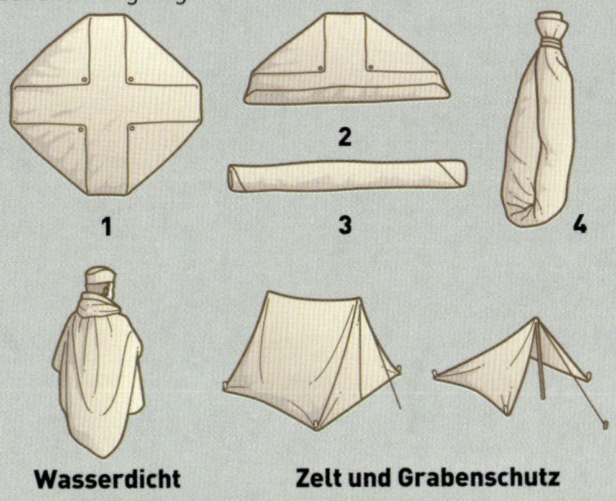

Telogreika Die wattierte Jacke wird über der Kampfjacke *(gimnastjorka)* getragen.

Tasche für MP-Magazine Die Form entspricht dem PPSch-Trommelmagazin.

Handgranate RGD-33 Die Wurfweite liegt bei 30 m, der Splitterradius bei 15 m.

ANPASSUNG DER UNIFORM

Die Uniform änderte sich während des Zweiten Weltkriegs je nach Einsatzregion und klimatischen Bedingungen. Oben ist das Sommermodell abgebildet.

Die Schlacht um Stalingrad

Die zwischen August 1942 und Februar 1943 ausgetragene Schlacht um Stalingrad gilt als eine der opferreichsten der Geschichte und markierte einen Wendepunkt im Zweiten Weltkrieg. Der sowjetische Sieg vereitelte Hitlers Pläne zur Kontrolle der Erdölvorkommen im Kaukasus und vernichtete die ruhmreiche 6. Armee der Wehrmacht, die in Paris einmarschiert war und große Teile Osteuropas erobert hatte. Stalingrad war der Anfang vom Ende des Naziregimes.

In der Zange

Der Kampf war im Wesentlichen ein langwieriger Straßenkampf, doch es gab zwei entscheidende Momente in Stalingrad: den deutschen Angriff und den folgenden Zangenangriff der Sowjets.

KRÄFTEVERHÄLTNIS

Achsenmächte
MANN ▸ 700000
ARTILLERIE ▸ 10250
PANZER ▸ 500
FLUGZEUGE ▸ 732

Sowjets
MANN ▸ 1000000
ARTILLERIE ▸ 13000
PANZER ▸ 900
FLUGZEUGE ▸ 1115

FRIEDRICH PAULUS
Der Kommandeur der 6. Armee wurde wenige Tage vor seiner Kapitulation noch zum Generalfeldmarschall ernannt. Doch anders als seine Vorgänger wählte er nicht den Freitod, sondern ging in Gefangenschaft. Nach zehn Jahren in sowjetischer Haft wurde er freigelassen.

WASSILI TSCHUIKOW
Einen Monat nach Beginn der Schlacht wurde er Kommandeur der sowjetischen 62. Armee. Stalingrad lag da bereits weitgehend in Ruinen, die militärischen und sozialen Bedingungen waren chaotisch. Ihm gelang dennoch die Wende. Sein Motto: „Wir verteidigen die Stadt oder sterben bei dem Versuch."

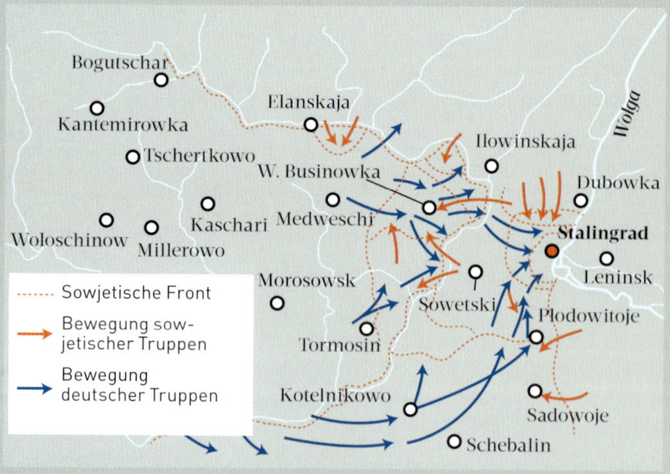

1 DEUTSCHLAND STARTET DEN ANGRIFF Im Juli mobilisiert Hitler einen mächtigen Militärverband, der viele Städte auf dem Weg nach Stalingrad besetzt. Im Vertrauen auf einen schnellen Erfolg beginnt Ende August das deutsche Bombardement aus der Luft, das Stalingrad in Trümmer legt. Im September dringt die Wehrmacht in die Stadt ein. Die Sowjets greifen zur Taktik des erbitterten Häuserkampfs.

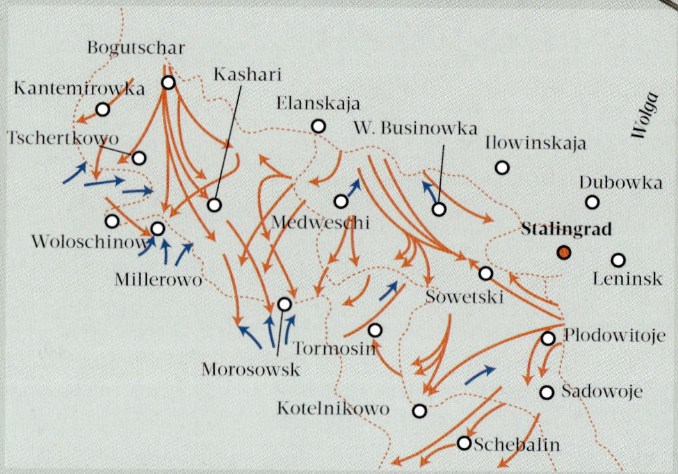

2 SOWJETISCHER GEGENANGRIFF Am 19. November 1942 ist die Stadt praktisch in deutscher Hand. Die Sowjets starten einen Gegenangriff in Form einer Zangenbewegung an den Flanken, die von schwachen rumänischen Einheiten verteidigt werden. Die Deutschen sind in Stalingrad eingekesselt. Durch Artilleriebeschuss, Hunger, Kälte und Krankheiten dezimiert, kapitulieren sie am 31. Januar 1943 im Südkessel und am 2. Februar im Nordkessel.

Haus für Haus

Die Sowjets erkannten ihre Unterlegenheit und entschieden sich nicht für die Konfrontation im großen Stil, sondern für eine Verteidigung der Stadt in einzelnen Straßenzügen. Man zwang die Deutschen, um jedes Haus zu kämpfen, und vereitelte so die schnelle Einnahme Stalingrads.

Sowjetische Panzer

Die Sowjetunion entwickelte einige der besten leichten und schweren Panzerfahrzeuge, die jemals gebaut wurden. Viele dieser Modelle waren, wenn nicht entscheidend, so doch wesentlich am Verlauf und letztlich dem Ausgang des Kriegs beteiligt. Zu den bekanntesten gehört der zwischen 1940 und 1958 produzierte T-34. Er gilt als eines der großen Symbole der Roten Armee im Zweiten Weltkrieg und wurde in fast 40 000 Einheiten gefertigt.

T-34, eine hervorragende Waffe

Der Panzer bot auf dem Schlachtfeld eine rundum hervorragende Leistung, war schnell und wendig und kam mit Eis wie mit Sumpfgelände zurecht. Was Feuerkraft und Panzerung anbelangt, so war er deutschen Modellen nicht unbedingt überlegen. Entscheidend war aber, dass Verluste dank niedriger Stückkosten und kurzer Produktionszeiten schnell ersetzt werden konnten.

Panzerung ▸ 63 mm

Geschütz ▸ 76-mm-Kanone

Höchstgeschwindigkeit ▸ 53 km/h

Gewicht ▸ 26 t

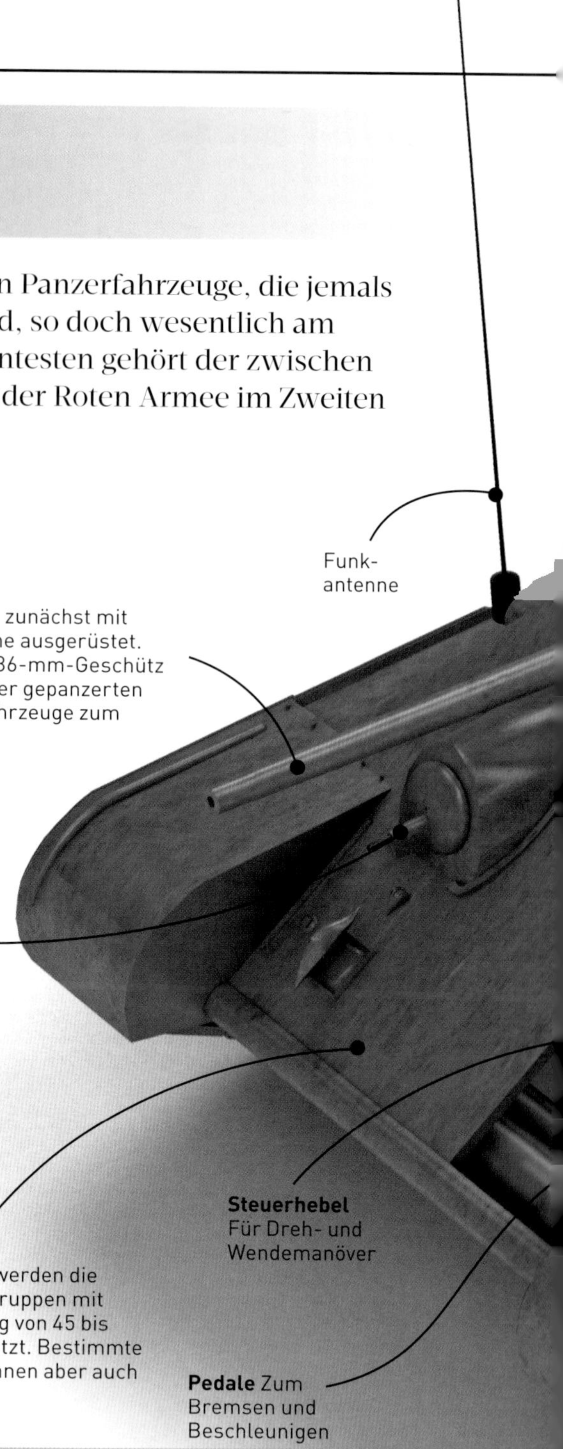

Funkantenne

Kanone Der T-34 ist zunächst mit einer 76-mm-Kanone ausgerüstet. Ab 1943 kommt ein 86-mm-Geschütz gegen die nun stärker gepanzerten deutschen Militärfahrzeuge zum Einsatz.

Maschinengewehr Es verwendet Tellermagazine.

Steuerhebel Für Dreh- und Wendemanöver

Panzerung Ab 1941 werden die verschiedenen Baugruppen mit einer Stahlpanzerung von 45 bis 63 mm Dicke geschützt. Bestimmte deutsche Panzer können aber auch diese durchbrechen.

Pedale Zum Bremsen und Beschleunigen

Weitere Panzer der Sowjetarmee

T-18

Obwohl der T-18 als Fehlschlag gilt, war er zwischen 1928 und 1931 doch der erste Schritt der sowjetischen Rüstungsindustrie bei der Panzerproduktion.

Panzerung ▸ 16 mm

Geschütz ▸ 37-mm-Kanone

Höchstgeschwindigkeit ▸ 17 km/h

Gewicht ▸ 5,9 t

KW-1

Der schwere und schwer gepanzerte KW-1 war durch deutsche Panzer kaum zu zerstören, weshalb er auch „Nazi-Killer" genannt wurde.

Panzerung ▸ 90 mm

Geschütz ▸ 76,2-mm-Kanone

Höchstgeschwindigkeit ▸ 35 km/h

Gewicht ▸ 45 t

KW-2
Der KW-2 wurde Anfang des Zweiten Weltkriegs als schwerer Panzer zum Zerstören befestigter Stellungen konstruiert.

Panzerung ▸ 110 mm
Geschütz ▸ 152-mm-Haubitze
Höchstgeschwindigkeit ▸ 34 km/h
Gewicht ▸ 54 t

T-72
Bis heute ist dieser sowjetische Panzer in Russland und weltweit in Gebrauch. Er wurde 1971 in Dienst gestellt und wird heute in mehreren Ländern produziert.

Panzerung ▸ 100 mm
Geschütz ▸ 125-mm-Kanone
Höchstgeschwindigkeit ▸ 34 km/h
Gewicht ▸ 54 t

DIE CHINESISCHE VOLKSBEFREIUNGSARMEE

AUF DEN SIEG EINGESTELLT

Die chinesische Volksbefreiungsarmee (VBA) ist heute die zahlenmäßig größte Nationalstreitmacht der Welt. Ihre Gründung erfolgte 1927, nur 16 Jahre nach der Xinhai-Revolution und dem Ende der Qing-Dynastie, nachdem das Bündnis zwischen der Kommunistischen Partei Chinas und der Kuomintang (Nationale Volkspartei Chinas) von Chiang Kai-shek zerbrach. Zunächst hieß sie „Rote Armee" und bekam dann nach dem Zweiten Japanisch-Chinesischen Krieg (1937–1945), dem Rückzug der Kuomintang nach Taiwan 1949 und dem Sieg im Chinesischen Bürgerkrieg ihren heutigen Namen.

Ab 1950 und nach ihrer Intervention im Koreakrieg verwandelte sich die Armee der Arbeiter und Bauern in eine zunehmend moderne und gut ausgerüstete Militärmacht mit einem hohen Anteil von Berufssoldaten, die eine immer wichtigere Rolle in der nationalen Politik und der Wirtschaft spielte. In den 1960er-Jahren kam es dennoch zu einem deutlichen Personalabbau. Gleichzeitig wurde die Armee professioneller, ihre militärische Strategie und Planung wurden neu definiert. Diese Veränderungen mussten sich 1979 bei einer Reihe wichtiger Militäraktionen an der Grenze zu Vietnam bewähren. In den 1980er-Jahren kam es zu einer erneuten Reduzierung der Bodentruppen, die zu einer kleinen, dafür mobileren Organisation mit neuester Ausrüstung umgebaut wurden. Zwischen 1985 und 1987 entließ man eine Million Soldaten ins Zivilleben, zwischen 1996 und 2000 im Rahmen des 9. Fünfjahresplans weitere 500 000. Der chinesische Präsident Jiang Zemin setzte 1993 eine „Revolution des Militärs" um und machte aus der VBA einen modernen Kampfverband, der „begrenzte Kriege unter Hightechbedingungen" führen kann.

Auch nach deutlicher Verkleinerung bestehen die Bodentrupppen der VBA momentan aus 18 Armeegruppen mit jeweils 50 000 bis 60 000 Mann, die in kombinierte Waffeneinheiten aufgeteilt sind. Insgesamt schätzt man den Personalstand auf 1 600 000, verteilt auf über 60 Divisionen und 80 Brigaden. Nach einem Bericht des International Institute for Strategic Studies sind mind. 40 % der Truppen voll einsatzfähig. Neben einer Reserve von mind. 1 500 000 Mann verfügt die chinesische VBA über Spezialeinheiten, eine hervorragende Luftwaffe, moderne Boden-Luft-Raketen, Spezialisten für Präzisionsangriffe über weite Distanzen und eine bestens ausbildete Informatikertruppe für die elektronische Kriegsführung. Eine wichtige Rolle – gerade auch außenpolitisch – spielt die beeindruckende Flotte der chinesischen Marine. Hierzu gehören auch Spezialeinheiten, die unter anderem für Häuser- und Nahkampf ausgebildet sind.

Die VBA ist eine Militärorganisation, mit der man rechnen muss und die Chinas Anspruch als Weltmacht unterstreicht.

Soldaten der Volksbefreiungsarmee

Die chinesische Volksbefreiungsarmee (VBA) ist die personell größte Militärmacht der Welt, vielleicht sogar aller Zeiten. Bei ihrer Gründung am 1. August 1927 war sie eine kleine Truppe aus Bauern und rebellierenden Soldaten. Unter ihrem ursprünglichen Namen „Rote Armee" verhalf sie im Bürgerkrieg der KP Chinas zum Sieg über die Kuomintang. Ihren aktuellen Namen bekam sie im Juni 1946.

Vaterland und Revolution

Die VBA wurde in Nanchang gegründet, als sich einige Militärstützpunkte gegen ihre Kuomintang-Vorgesetzten erhoben. 1934 griffen die Nationalisten Nanchang an und zwangen die Kommunisten zum Rückzug. Bei diesem berühmten „Langen Marsch" schlossen sich Tausende Unterstützer der VBA an. Während der japanischen Invasion 1937 kämpften VBA und Nationalisten gemeinsam gegen die Invasoren. Zwischen 1945 und 1949 demonstrierte die VBA dann im Bürgerkrieg das ganze Ausmaß ihrer Tapferkeit mit einem vernichtenden Sieg über die Kuomintang-Truppen.

EIN SORTIMENT AN KRIEGSWERKZEUG

Zunächst wurden deutsche, in China produzierte Waffen verwendet. Bald kamen amerikanische, englische, französische und russische Kampfgeräte dazu sowie von den Japanern erbeutete Waffen.

Traditionelle Säbel
Diese chinesischen Kämpfer erheben ihre traditionellen Säbel *(dadao)* zum Kampf gegen die Japaner.

ALLGEMEINE MERKMALE

Die Chinesen nennen ihre Armee gewöhnlich „Bayi", was „Acht-Eins" bedeutet und sich auf den Gründungstag der Streitkräfte bezieht.

Emblem der VBA Die Zeichen bedeuten „bayi"

Maomütze Über Jahrzehnte ein Symbol der VBA

Oberkommando ▸ Zentrale Militärkommission der VR China

Struktur ▸ 7 Militärregionen und 3 Flotten

Truppenstärke (ohne Reserve) ▸ 2 285 000

Historische Siege ▸ Belagerung von Changchun (1948), Schlacht von Xuzhou (1948), Indisch-Chinesischer Grenzkrieg (1962)

MODERNE WAFFEN

Mit einem Modernisierungsprogramm der VBA begann Mitte der 1970er-Jahre der Aufbau einer umfangreichen eigenen Waffenproduktion. Seit 2001 werden die Truppen mit modernen Handfeuerwaffen von Jianshe Industries ausgerüstet.

Maschinenpistole QCW-05

Scharfschützengewehr QBU-88

VOLKSTÜMLICHE UNIFORM

Gegen Ende des Bürgerkriegs 1949 standardisierte man die Uniform weitgehend. Details lassen aber noch ihre volkstümliche Herkunft erkennen.

GUERILLAKRIEGSFÜHRUNG NACH MAO

Mao Zedong unterschied drei Entwicklungsstadien bei der Führung eines Guerillakriegs:

Phase 1 Mobilisierung der Bauern

Phase 2 Basen auf dem Land und Guerillaaktionen

Phase 3 Übergang zur konventionellen Kriegsführung

Die Schlacht von Xuzhou

Ende der 1940er-Jahre befand sich China mitten im Bürgerkrieg. Auf der einen Seite standen die gut ausgerüsteten und trainierten Truppen der Nationalisten, die offiziell die Macht ausübten. Auf der anderen waren die kommunistischen Einheiten, die von Norden vorrückten. Zwischen 1948 und 1949 begannen die Kommunisten die Huaihai-Kampagne, die ihnen zum Sieg verhalf. Die Schlacht im Umfeld des wichtigen Eisenbahnknotenpunkts Xuzhou markierte einen Wendepunkt im Krieg.

Der Anfang vom Ende

Am 6. November 1948 gelang den Kommunisten ein wichtiger Schritt bei ihrem Ziel – die Eroberung der nationalistischen Hochburgen Nanking und Schanghai. Dafür war, so glaubten sie, die Einnahme der Stadt Xuzhou mit ihrem wichtigen Eisenbahnknoten entscheidend.

KRÄFTEVERHÄLTNIS

NATIONALISTEN ▸ 800 000

KOMMUNISTEN ▸ 600 000

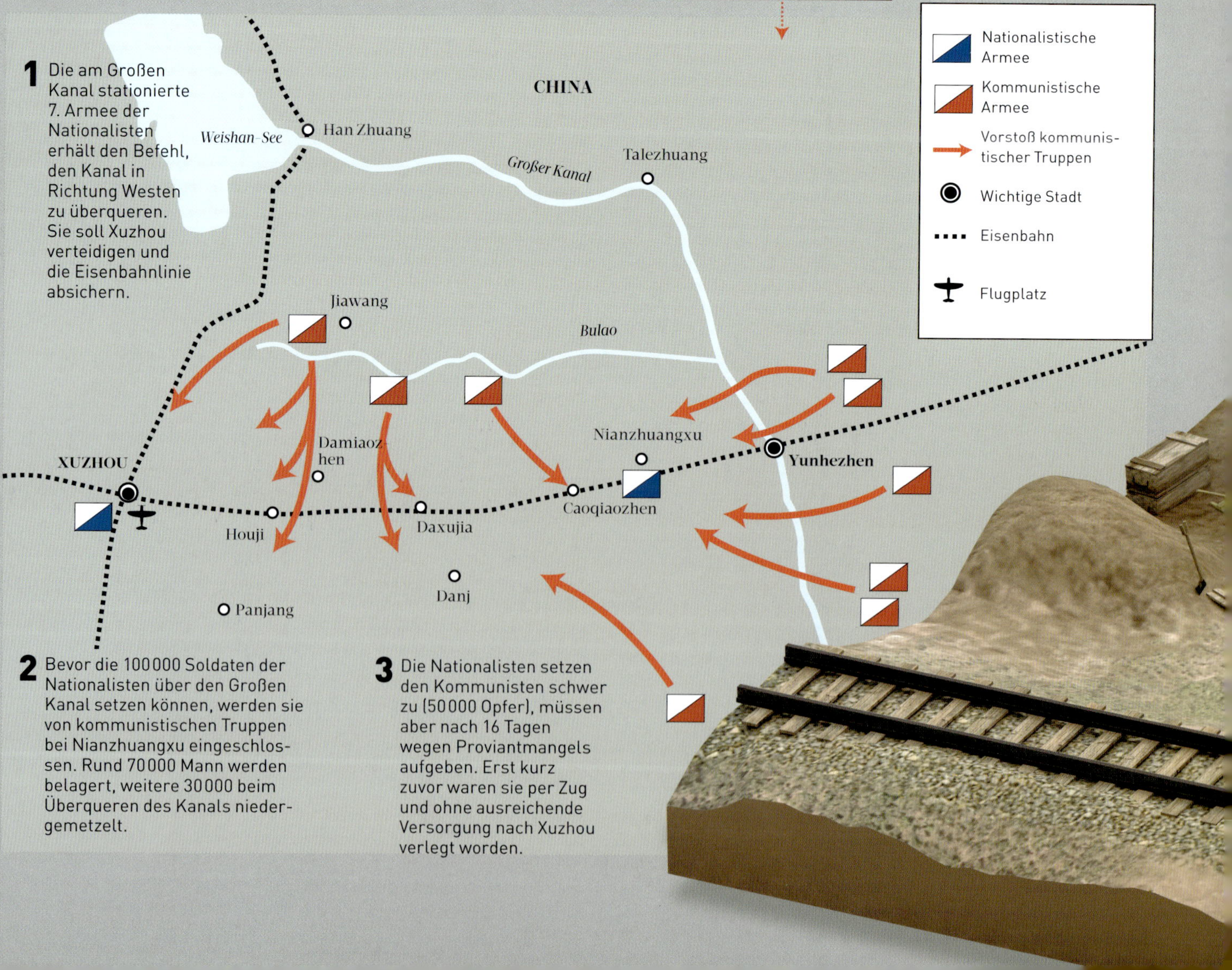

Überraschung

Bei der Schlacht von Xuzhou wurden die Nationalisten von kommunistischen Truppen überrascht und umzingelt. Nach der Eroberung von Xuzhou feierte die Rote Armee weitere Erfolge. Die Huaihai-Kampagne brachte den Verlust von einer halben Million nationalistischer Soldaten und leitete die endgültige Niederlage der Kuomintang ein.

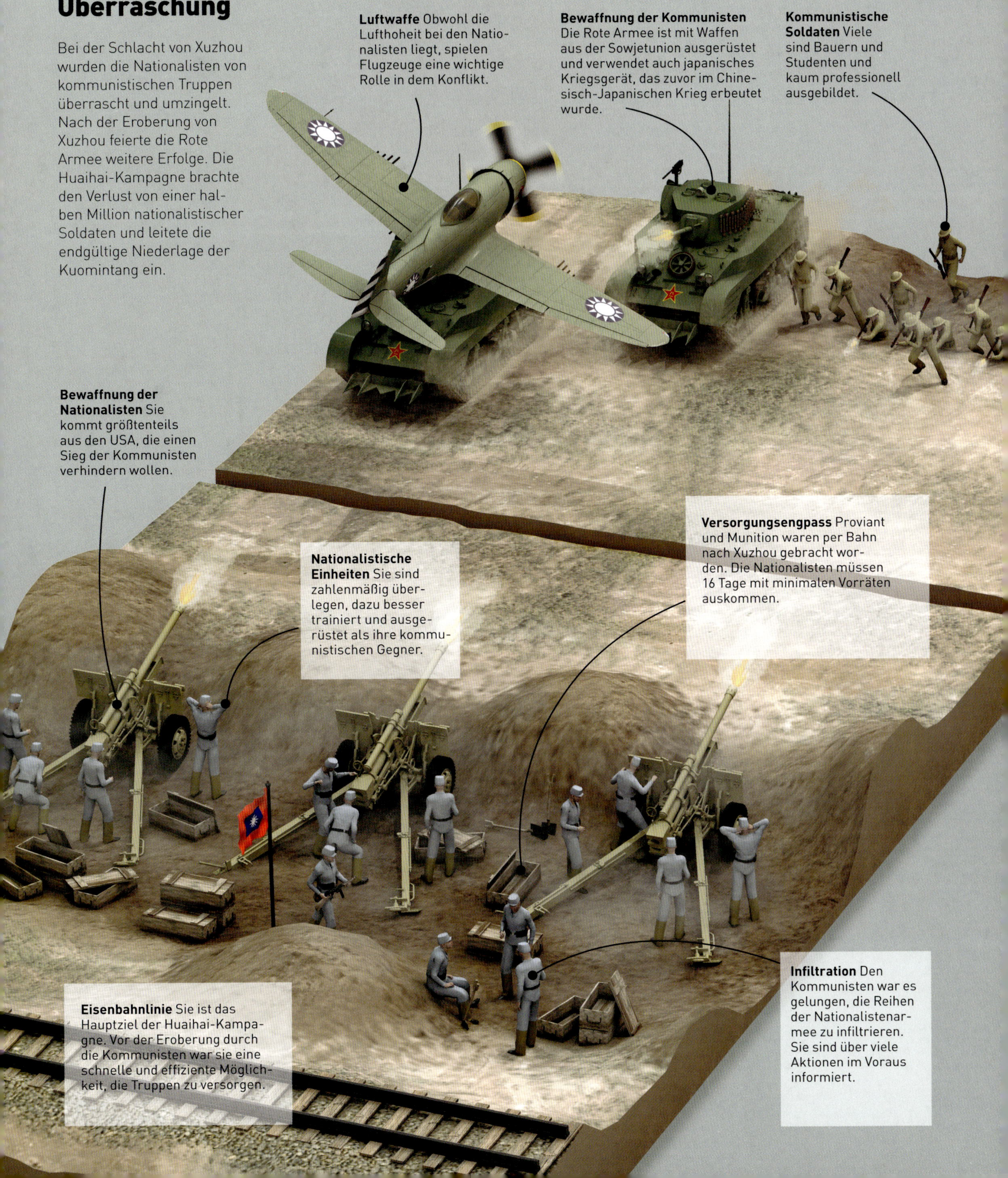

DIE MÄCHTIGSTE ARMEE VON ALLEN

Die Ursprünge der US Army, die für Bodenoperationen und die meisten Bereiche der US-Streitkräfte zuständig ist, liegen in der Kontinentalarmee. Diese wurde 1775 im Amerikanischen Unabhängigkeitskrieg aufgestellt und nach dessen Ende wieder aufgelöst. Obwohl der Kongress bereits 1784 die United States Army konzipiert hatte, wurde sie erst 1917 im Zuge des Ersten Weltkriegs durch Zusammenlegung des stehenden Berufsheers mit der Nationalgarde als eine nationale Streitmacht geschaffen. Zuvor hatte man sie schon 1910 bis 1917 an der Grenze zu Mexiko während der Mexikanischen Revolution eingesetzt. Erst 1918 änderte das Kriegsministerium der USA die Bezeichnung der vereinten Bodentruppen in „US Army".

Nach Ende des Ersten Weltkriegs wurde die US Army aufgelöst und ihre nicht aus dem Dienst entlassenen Angehörigen wieder in das stehende Berufsheer mit rund 300000 Mann eingegliedert. Im folgenden Jahrzehnt senkte man infolge der Wirtschaftskrise den Personalstand schrittweise. Während des Zweiten Weltkriegs erlangte die US Army dann ihre Größe und Bedeutung, die sie in der zweiten Hälfte des 20. Jahrhunderts zu einer der bestgerüsteten Militärorganisationen der Welt machten. Ihre Schlüsselrolle bei der Befreiung Europas von der Naziherrschaft, ihre Aktionen im Pazifik und ihre Präsenz in Deutschland und Japan nach der Kapitulation der Achsenmächte verhalfen ihr zu großem Ansehen im Kreis ihrer Verbündeten. Der stetig ansteigende Posten für Militärausgaben im US-Haushalt ermöglichte es der Armee, in der Zeit des Kalten Kriegs modernste Waffen anzuschaffen, die in Korea und Vietnam zum Einsatz kamen.

Ab den 1950er-Jahren erfuhr das US-amerikanische Heer eine Reorganisation, bei der das Regiment als Basiseinheit durch die Einsatzgruppe (Task Force) mit fünf Kompanien abgelöst wurde. Die bewaffneten Divisionen erlebten diese Umstrukturierung erst in den 1970er-Jahren: Damals wurden sie in drei Brigaden mit jeweils drei oder vier Bataillonen umgewandelt, die sich selbst je nach Auftrag oder Feindlage organisieren können. Nach dem Vietnamkrieg kam es 1973 zu einer weiteren Reform mit einer neuen Befehlsstruktur. Die US Army konzentrierte in den 1980er-Jahren ihre Anstrengungen auf Training und Technik und schuf Einsatzgruppen unter geografisch ausgerichteten, gemeinsamen Kommandostrukturen. 1989 wurde die Personalstärke des Heers von 750 000 auf 580 000 reduziert.

Die US Army hat sich im Verlauf ihres Bestehens stets durch besondere Flexibilität ausgezeichnet. Und sie ist bekannt dafür, dass sie ihre Truppen mit den besten und fortschrittlichsten Angriffs- und Verteidigungssystemen ausrüstet. Bis heute ist sie eine der modernsten Armeen der Welt.

Marine Corps

Das Marine Corps wurde 1775 während des Amerikanischen Unabhängigkeitskriegs für Landungsunternehmen und zur Verteidigung und Unterstützung der Marineschiffe gegründet. Es diente somit als klassische Marineinfanterie. Im Verlauf seiner Geschichte erweiterte sich das Aufgabenspektrum des Korps: Es wurde zu einer amphibischen Truppe, die neben Militärtechnik und Personal der Marine auch Boden- und Luftstreitkräfte einbindet. Die Marines sind bekannt für ihre schnelle Einsatzfähigkeit und Effizienz bei Aktionen weltweit.

Marine Air-Ground Task Force

Die Marines haben eine spezielle Struktur, die Marine Air-Ground Task Force, bei der Soldaten aus den Bereichen Boden-, Luft-und Marinetruppen für die jeweils anstehende Aufgabe unter einem Kommando zusammengefasst werden. Die Marine Expeditionary Unit mit 2200 Mann ist die kleinste Untereinheit des Korps. Die Marines sind speziell dafür trainiert, in kürzester Zeit weltweit in Aktion treten zu können.

Kommando
Es plant und führt Operationen aus.

1 Colonel

200 Marines

= jeweils 100 Marines

1450 Marines

Boden
Angriff, Verteidigung und Absicherung zu Wasser und an Land

250 Marines

Luftwaffe
Unterstützung der Bodentruppen und Luftaufklärung

300 Marines

Logistik
Versorgung und Koordination der verschiedenen Korpsdivisionen

SO WIRD MAN MARINE
Vor der Aufnahme in das Korps müssen die Kandidaten ein hartes Zwölf-Wochen-Training absolvieren.

Einführung in Disziplin und militärisches Leben

Erstes Nahkampf-training

Schieß- und Waffen-training

Woche 1 → Woche 2 → Woche 3 → Woche 4 → Woches 5-7 → Woche 8

DIE UNIFORM

Kragen Der steife hohe Stehkragen schützte ursprünglich vor Schwerthieben, heute erinnert er an die Vergangenheit des Korps.

Rang Es gibt zwei Ranghierarchien: Die „Commissioned Officers“ in hohen Positionen und die „Warrent Officers“, die als einfache Marines beginnen und eine militärische Laufbahn absolvieren.

„Blutstreifen“ Der rote Streifen an der Hose erinnert an gefallene Marines.

DAS EMBLEM

Dieses Abzeichen wird seit 1868 an den Uniformen der Marines getragen. Seit 1955 ist es das offizielle Emblem des Korps.

Spruchband mit dem Motto der Marines: Semper Fidelis („Immer treu“)

Der Adler mit ausgebreiteten Schwingen repräsentiert die USA.

Der Anker steht für die Marinevergangenheit des Korps.

Der Globus verweist auf die globale Präsenz der Marines.

„The Crucible“: 54-stündiger Härtetest als Abschluss

Feierliche Aufnahme in das Marine Corps

Woche 9 → Woche 10 → Woche 11 → Woche 12

NEUERE EINSÄTZE

OPERATION JUST CAUSE (1989)
Einsatz in Panama gegen das Regime von Manuel Noriega

DESERT STORM (1990)
Intervention nach dem irakischen Einmarsch in Kuwait

INTERVENTION IN BOSNIEN (1995)
Gemeinsame Aktion mit NATO-Truppen

KRIEG GEGEN DEN TERROR (2001)
Laufende Operationen nach den Anschlägen vom 11. September

Die Landung in der Normandie

Am 6. Juni 1944, dem D-Day, landeten alliierte Einheiten aus britischen, kanadischen und US-Truppen an Stränden der Normandie, um das von Hitlerdeutschland besetzte Gebiet zu befreien. Das Unternehmen mit dem Codenamen „Operation Overlord" war die größte seegestützte Aktion des Zweiten Weltkriegs und ein wichtiger Wendepunkt.

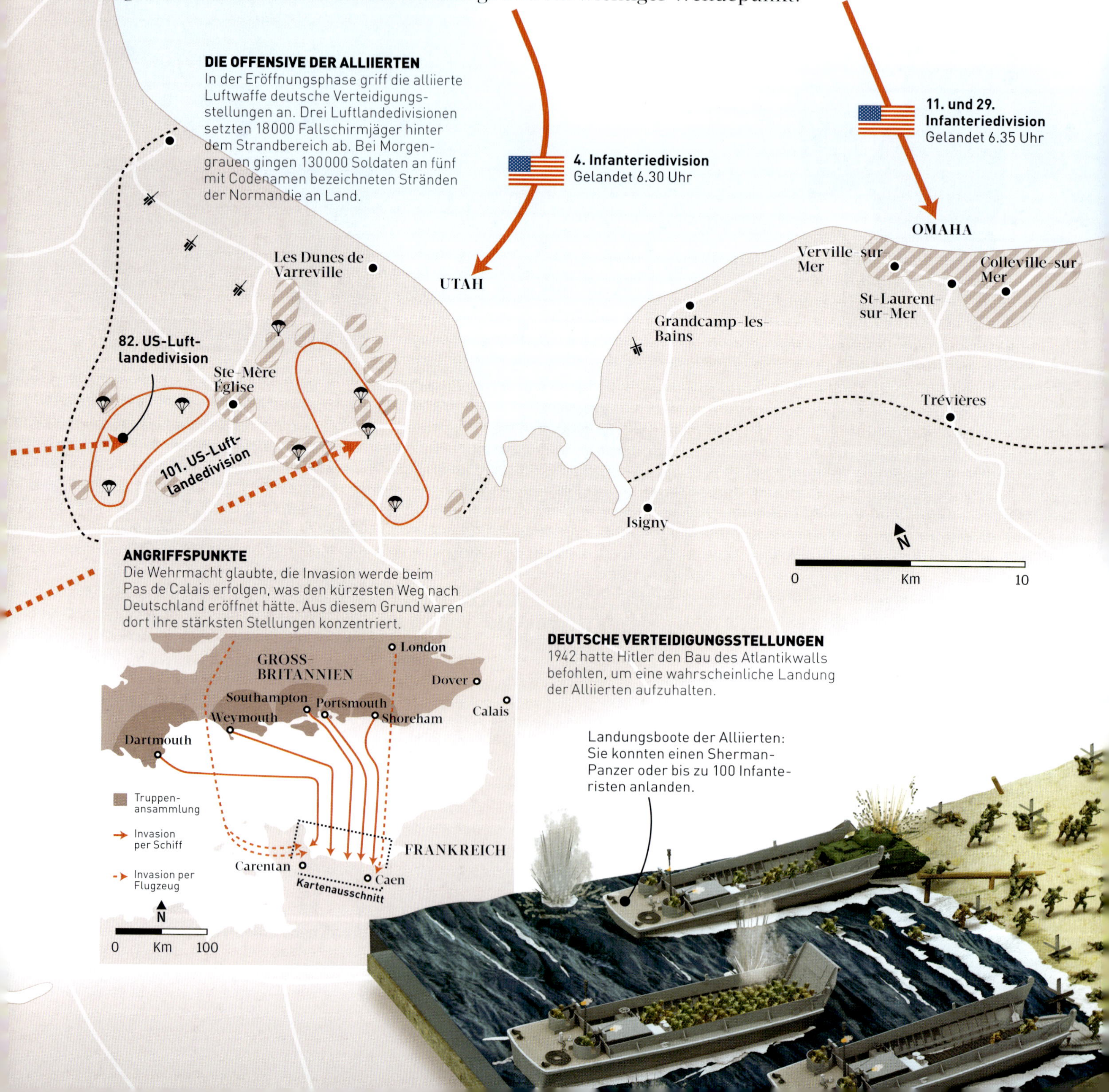

DIE OFFENSIVE DER ALLIIERTEN
In der Eröffnungsphase griff die alliierte Luftwaffe deutsche Verteidigungsstellungen an. Drei Luftlandedivisionen setzten 18000 Fallschirmjäger hinter dem Strandbereich ab. Bei Morgengrauen gingen 130000 Soldaten an fünf mit Codenamen bezeichneten Stränden der Normandie an Land.

ANGRIFFSPUNKTE
Die Wehrmacht glaubte, die Invasion werde beim Pas de Calais erfolgen, was den kürzesten Weg nach Deutschland eröffnet hätte. Aus diesem Grund waren dort ihre stärksten Stellungen konzentriert.

DEUTSCHE VERTEIDIGUNGSSTELLUNGEN
1942 hatte Hitler den Bau des Atlantikwalls befohlen, um eine wahrscheinliche Landung der Alliierten aufzuhalten.

General Dwight D. Eisenhower
Amerikanischer Oberbefehlshaber der alliierten Streitkräfte. Er war als Taktiker für die Planung des D-Days zuständig.

Feldmarschall Bernard L. Montgomery
Britischer Kommandeur der alliierten Bodentruppen. Er führte die 21st Army Group.

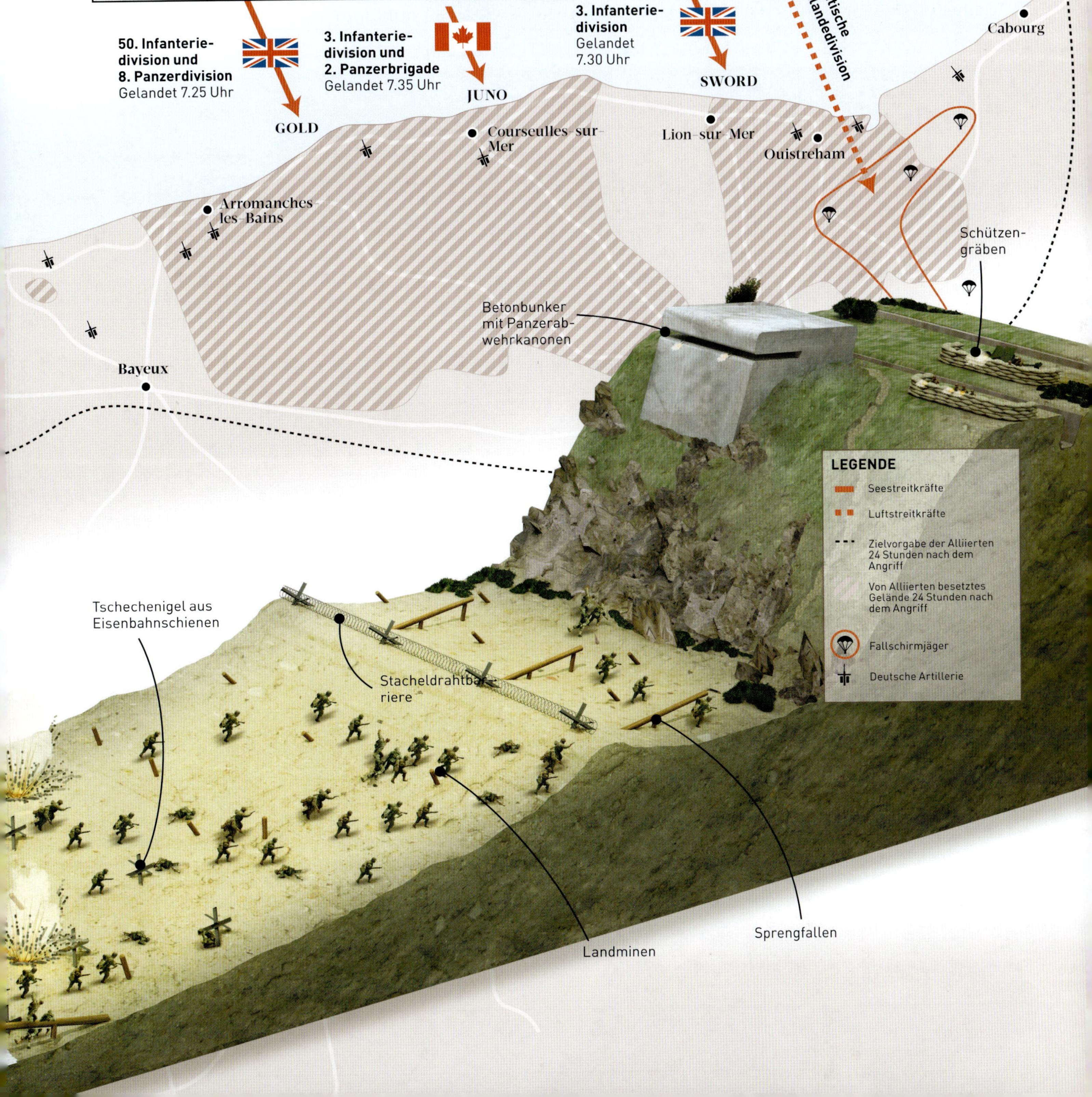

Navy SEALs

Die US Army verfügt über mehrere Spezialeinheiten, als beste gelten die Navy SEALs, die auf unkonventionelle Kriegsführung und verdeckte Aktionen spezialisiert sind. Die SEALs wurden 1962 auf Anweisung von Präsident Kennedy und als Antwort auf den Guerillakrieg in Vietnam gegründet. Man schuf einen eigenen Zweig der Infanterie, der zu Wasser, in der Luft oder am Boden operieren konnte: Aus den Initialen von Sea, Air and Land bildete man das Akronym „SEALs".

Überall einsetzbar

Die SEALs wurden nach Vorbild des britischen SAS unter Einbeziehung verschiedener Teile der US-Kriegsmarine geschaffen. Seither kamen sie bei Konflikten in Vietnam, Grenada, am Persischen Golf, bei der „Operation Desert Storm", in Panama, Somalia, Bosnien, im Kosovo, Irak, in Afghanistan und bei der Liquidierung Osama bin Ladens in Pakistan zum Einsatz.

ALLGEMEINE MERKMALE

Die SEALs operieren in kleinen Einheiten flexibler Größe: Es können bis zu acht Mann sein. Ihre Zahl ist immer gerade.

Dreizack Das Abzeichen der SEALs wurde 1970 eingeführt.

OBERKOMMANDO ▸ US Naval Special Warfare Command

STRUKTUR ▸ 8 Teams mit 6 Zügen

PERSONAL PRO TEAM ▸ 96

MOTTO ▸ *The only easy day was yesterday* („Der einzig leichte Tag war gestern")

HARTE AUSBILDUNG

Mitglieder anderer Spezialeinheiten bewerben sich als Kandidaten für die SEALs, doch nur 40% schaffen den Aufnahmetest. Es folgt eine zweijährige Ausbildung, eine echte Feuertaufe. Die Grundlagen schaffen acht Wochen körperlicher Drill, weitere acht Wochen Tauchtraining und Unterwasserkampf, neun Wochen Training für den Kampf an Land und drei Wochen Fallschirmausbildung.

GRANATE M433 HEDP

Hochexplosive Granate mit Doppelwirkung

Tauchen Die Ausbildung ist die Grundlage. SEALs beim Tauchtraining.

AUSRÜSTUNG Sie umfasst eine Grundausstattung für den Kampf und das Überleben, dazu alles Nötige für die jeweilige Mission.
Helm Mit integriertem Nachtsichtgerät
Granate Zwei Projektile stecken in der Weste.
Kampfweste Sie hat verschiedene Taschen für Patronen und ist mit Kevlar verstärkt.
Messer SOG 2000 Kampf- und Überlebensmesser für den vielfältigen Einsatz
Tarnung Nach dem Golfkrieg reduzierte man die Wüstentarnung von sechs auf drei Farben: Grün, Erdbraun und Sandgelb.
Granatwerfer M203 Er wird gewöhnlich am M4-Gewehr befestigt und verschießt 40-mm-Granaten über eine Entfernung von 150 m.
M4-Gewehr Der Karabiner mit dem Kaliber 5,56 mm stammt vom Sturmgewehr M-16 ab. Er ist für den Kampf auf geringere Entfernung ausgelegt.
Pistole MK-23 Die Pistole der US-Spezialeinheiten wird vom deutschen Unternehmen Heckler & Koch produziert und hat das Kaliber 11,43 mm.
Kampfstiefel Sie sind leicht, wasserfest und widerstehen auch hohen Temperaturen.

DIE UN-FRIEDENSTRUPPEN

IN SCHWIERIGER MISSION

Drei Jahre nach Gründung der Vereinten Nationen (UN) beschloss der UN-Sicherheitsrat mit seinen 15 stimmberechtigten Mitgliedern 1948 den Aufbau einer multinationalen Truppe, die die Kämpfe zwischen Ägypten und Israel beenden und die Waffenruhe überwachen sollte. Die Blauhelme verdanken diese Bezeichnung ihren typischen blauen Kopfbedeckungen. Um die Friedenstruppen leichter identifizieren zu können, sind ihre Fahrzeuge weiß angestrichen. Die Intervention im Koreakrieg war tatsächlich aber eine aktive Beteiligung am Konflikt. Diese Aktion deckte sich in keiner Weise mit den ursprünglichen Zielen der Organisation und wurde von vielen Ländern heftig kritisiert. Folgende Aufgaben haben die Blauhelme: Überwachung und Durchsetzung von Waffenstillstandsabkommen bei bewaffneten Auseinandersetzungen, Entwaffnung und Demobilisierung von Kombattanten, Schutz von Zivilisten, Sicherung von Recht und Ordnung, Minenräumung und Unterstützung der Konfliktregelung zwischen Ländern oder Kriegsparteien innerhalb eines Landes.

Die erste UN-Mission begann 1956 im Rahmen der Sueskrise. Später kamen Einsätze im Kambodscha, dem Nahen Osten, Libyen, Zypern, Mosambik, Somalia, Sudan, der Demokratischen Republik Kongo, Serbien, Kosovo, Bosnien und an vielen anderen Orten hinzu. Die Blauhelmsoldaten sind traditionell nur leicht bewaffnet und haben den Befehl, ihre Waffen möglichst zurückhaltend einzusetzen. Das gilt für den Fall der legitimen Selbstverteidigung oder bei Behinderung ihres von den UN zugewiesenen Auftrags. In einigen besonderen Situationen, etwa im Kongo zwischen 1960 und 1964, bekamen sie auch Befehl zum Einsatz schwerer Waffen, um Söldner zurückzutreiben, die die Abspaltung der Provinz Katanga betrieben hatten. Auch im Rahmen der Übergangsverwaltung für Ostslawonien, die Baranja und Westsyrmien 1996 wurden schwere Waffen zur Abschreckung zugelassen. Die Blauhelme sahen sich bei vielen Friedensmissionen mit äußerst schwierigen Situationen konfrontiert, in denen sie sich zwischen Aufrechterhaltung und gewaltsamer Erzwingung des Friedens entscheiden mussten, etwa in Somalia (1992) wie auch in Bosnien und Herzegowina (1995).

Obwohl die UN-Blauhelme 1988 den Friedensnobelpreis und 1993 den Prinz-von-Asturien-Preis für internationale Zusammenarbeit erhielten, wurden ihre Einsätze durchaus kontrovers beurteilt und zum Teil heftig kritisiert. Dies war etwa 1994 beim Völkermord der Hutu an den Tutsi in Ruanda der Fall, wo man den Blauhelmen vorwarf, die Tutsi schutzlos ihren Mördern überlassen zu haben.

Blauhelmsoldaten

Seit ihrer Gründung 1948 haben sich UN-Friedenstruppen an rund 70 friedenserhaltenden Aktionen weltweit beteiligt. Die Vereinten Nationen verfügen allerdings über keine eigene Armee. Die Blauhelme, deren Name sich von der Farbe ihrer Kopfbedeckung ableitet, umfassen Soldaten aus den Mitgliedsstaaten der Vereinten Nationen. Es ist eine multinationale Streitmacht, die vom UN-Sicherheitsrat kontrolliert wird.

Multinationale Truppe

Uniformen und Ausrüstung der Blauhelmsoldaten variieren je nach dem Land, das Soldaten für eine bestimmte Mission bereitstellt. Momentan stellen 114 Staaten bewaffnetes Personal, das die jeweilige Standardausrüstung der eigenen Armee benutzt. Die von allen getragene blaue Kopfbedeckung weist sie als Teil der UN-Friedenstruppen aus.

ALLGEMEINE MERKMALE

Die in Konfliktregionen eingesetzten UN-Truppen haben die Aufgabe der Friedenssicherung und -erhaltung, um eine Ausweitung von Konflikten zu verhindern.

Abzeichen Emblem der Vereinten Nationen

NICHT NUR HELME

Blauhelm
Das US-Modell wird seit den 1980er-Jahren benutzt.

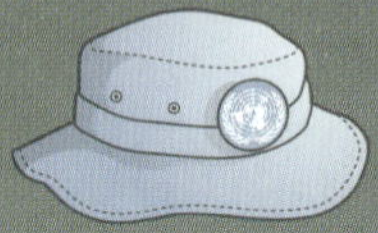

Hut
Häufig von australischen Friedenstruppen getragen.

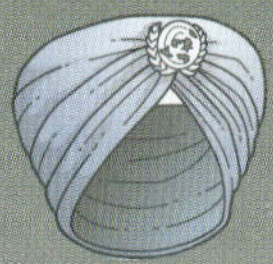

Turban
Charakteristisch für UN-Truppen aus Indien

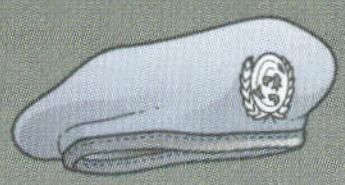

Barett
Es wird statt des Helms außerhalb von Kampfeinsätzen getragen.

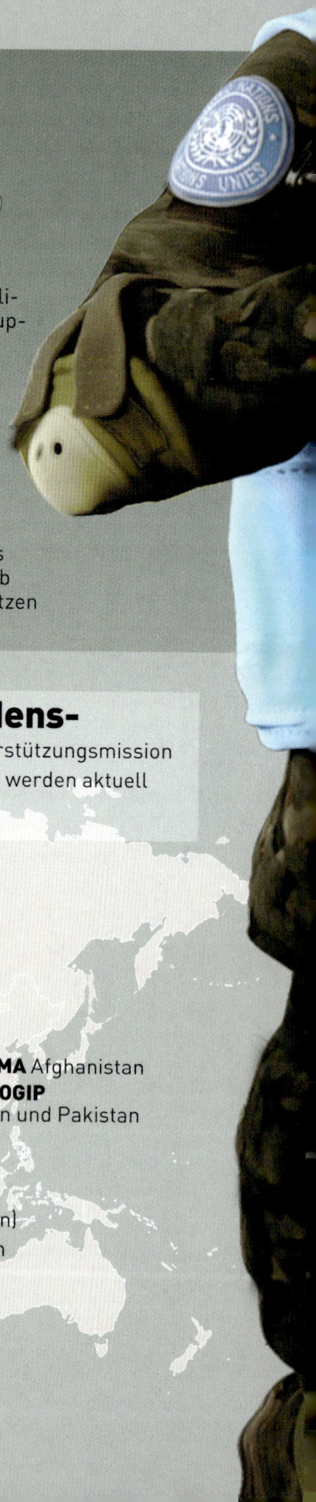

15 Friedens-
und eine Unterstützungsmission in Afghanistan werden aktuell durchgeführt.

FRIEDENSMISSIONEN UND LOGISTIK

Weltweite Friedensmissionen erfordern nicht nur die Verlegung von Truppen, sondern auch den Einsatz von Ausrüstung, Kommunikations- und Transportmitteln.

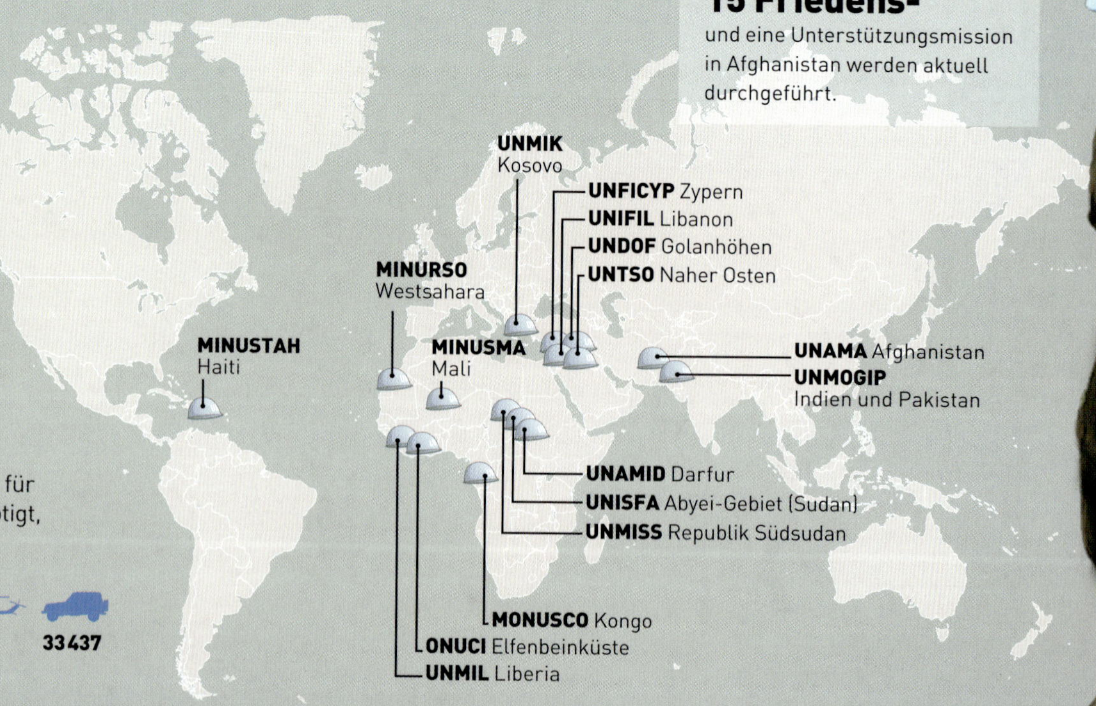

Transport und Nachschub
Die meisten Fahrzeuge werden für Nachschub und Transport benötigt, weniger für den Kampf.

Schutzweste Blauhelmsoldaten sind mit ballistischen Schutzwesten ausgestattet, wie sie auch ihre Heimatarmeen tragen. Die Außenseite besteht aus feuerbeständigem Material.

Kevlargewebe

Keramikstruktur

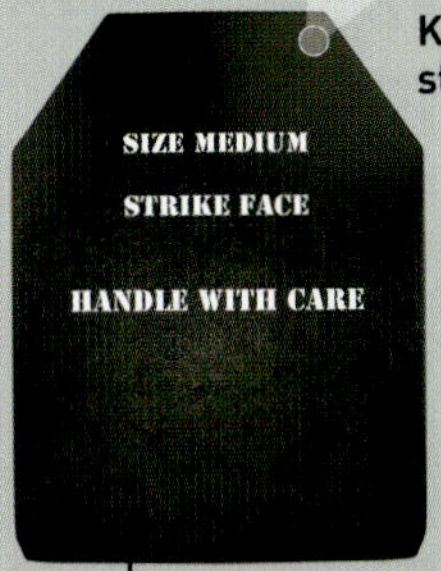

Schusshemmend Die Schutzweste besteht aus verschiedenen Lagen, deren Fasern die Aufprallenergie von Kugeln absorbieren.

Kugelsichere Platte Die Metallplatte steckt in einer Tasche an der Vorderseite der Weste und schützt vor dem Aufprallschock.

Gewehr FN FAL 50.61 Die Modelle FAL, M-16 und AK-47 sind die am häufigsten eingesetzten Sturmgewehre der Blauhelme.

Uniform Hier ist die Kampfuniform der brasilianischen Blauhelmsoldaten abgebildet.

Tarnmuster Die Einsatztruppe verwendet standardmäßig ein auf die jeweilige Mission abgestimmtes Tarnmuster.

Knie- und Schienbeinschutz Diese Schutzplatten aus Kevlar werden inzwischen häufig getragen.

TAKTISCHE GRENZEN

Taktische Einschränkungen wie fehlende Bewaffnung oder eine unzureichende personelle Ausstattung machen es den Einsatztruppen oft schwer, ihre Mission zu erfüllen und die Situation unter Kontrolle zu halten.

UN-Truppen in Bosnien 1995, eine ihrer umstrittensten Missionen

UN-Schutztruppen in Ex-Jugoslawien

Als Kroatien Mitte 1991 dem Beispiel von Slowenien folgte und seine Unabhängigkeit von Jugoslawien erklärte, kam es zwischen Kroaten und Serben zu einem der erbittertsten Kriege des 20. Jahrhunderts. Um die ausgewiesenen und entmilitarisierten UN-Schutzzonen zu sichern, kam die United Nations Protection Force (UNPROFOR) zum Einsatz, die viele Länder und Tausende von Soldaten beinhaltete. Die Mission war räumlich und zeitlich sehr umfassend und bezog Bosnien und Herzegowina ein.

Den Frieden sichern

Zu den schrecklichsten Konflikten der Jugoslawienkriege kam es in Bosnien und Herzegowina. Dort waren Kroaten, Serben und Bosnier in einen erst 1995 beendeten Konflikt verstrickt, der Genozid, ethnische Säuberungen, Konzentrationslager und Massenvergewaltigungen mit sich brachte.

DAMALS UND HEUTE
Das Königreich Jugoslawien wurde 1929 als Union aus Serbien, Kroatien und Slowenien konstituiert. Nach Ende des Zweiten Weltkriegs gehörte das Land zum Ostblock. Mit dem Zerfall der UdSSR 1991 begann die Teilung Jugoslawiens. Nach Jahren des Bürgerkriegs entstanden dort die heutigen Nachfolgestaaten Slowenien, Kroatien, Bosnien und Herzegowina, Serbien, Montenegro, Mazedonien und Kosovo.

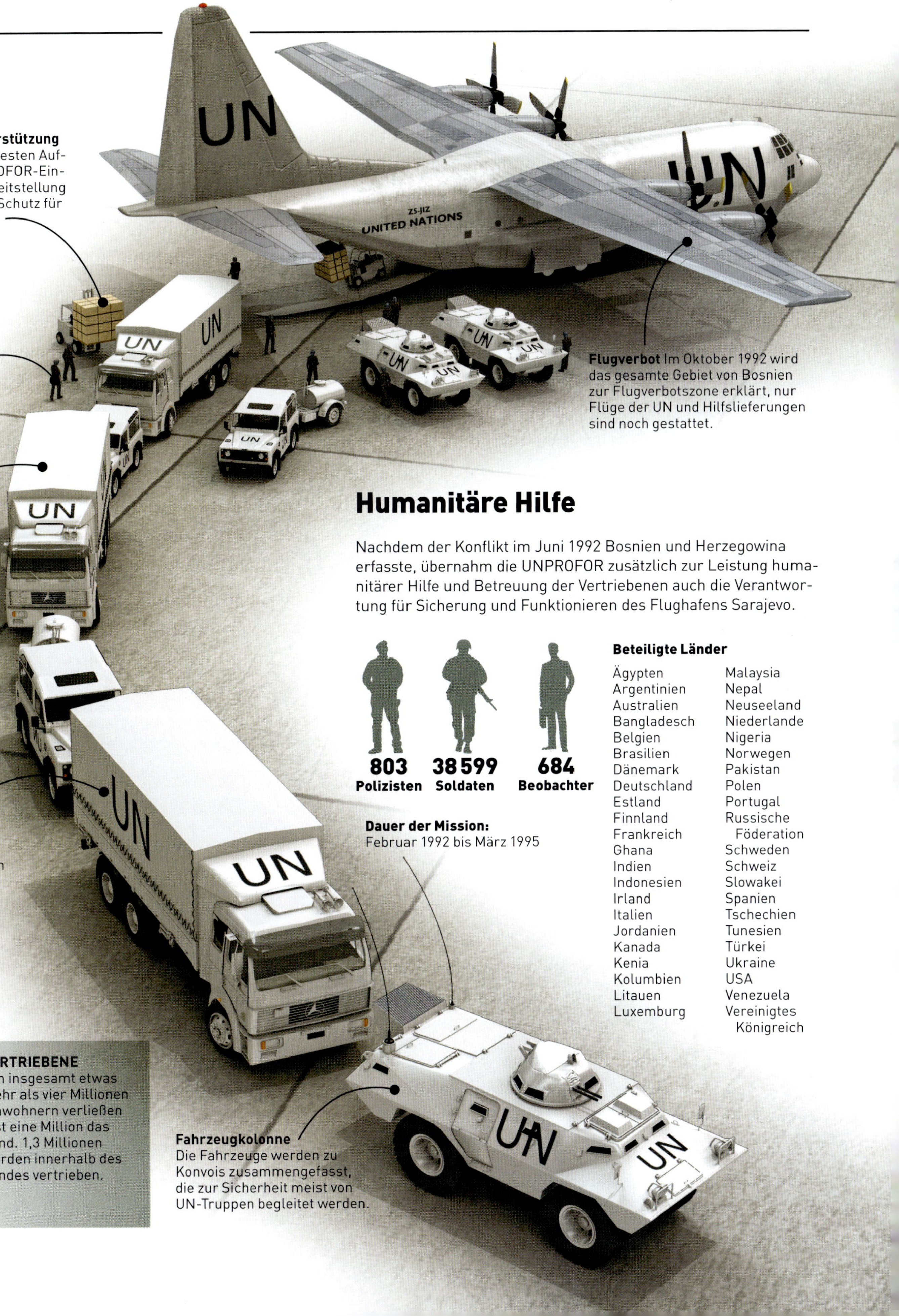

Gesicherte Unterstützung Eine der komplexesten Aufgaben der UNPROFOR-Einheiten ist die Bereitstellung von Logistik und Schutz für die Hilfskonvois.

Beteiligte Bis 1995 sind rund 3000 Mitarbeiter von 250 Organisationen an den humanitären Hilfseinsätzen beteiligt.

Flugverbot Im Oktober 1992 wird das gesamte Gebiet von Bosnien zur Flugverbotszone erklärt, nur Flüge der UN und Hilfslieferungen sind noch gestattet.

Fahrzeuge Etwa 2000 Fahrzeuge von 150 Organisationen sind während des Konflikts in Bosnien unterwegs.

Verteilung Rund 950 000 t Hilfsgüter werden an 2,7 Millionen Menschen im Konfliktgebiet verteilt.

Humanitäre Hilfe

Nachdem der Konflikt im Juni 1992 Bosnien und Herzegowina erfasste, übernahm die UNPROFOR zusätzlich zur Leistung humanitärer Hilfe und Betreuung der Vertriebenen auch die Verantwortung für Sicherung und Funktionieren des Flughafens Sarajevo.

803 **Polizisten** **38 599** **Soldaten** **684** **Beobachter**

Dauer der Mission:
Februar 1992 bis März 1995

Beteiligte Länder

Ägypten
Argentinien
Australien
Bangladesch
Belgien
Brasilien
Dänemark
Deutschland
Estland
Finnland
Frankreich
Ghana
Indien
Indonesien
Irland
Italien
Jordanien
Kanada
Kenia
Kolumbien
Litauen
Luxemburg
Malaysia
Nepal
Neuseeland
Niederlande
Nigeria
Norwegen
Pakistan
Polen
Portugal
Russische Föderation
Schweden
Schweiz
Slowakei
Spanien
Tschechien
Tunesien
Türkei
Ukraine
USA
Venezuela
Vereinigtes Königreich

VERTRIEBENE
Von insgesamt etwas mehr als vier Millionen Einwohnern verließen fast eine Million das Land. 1,3 Millionen wurden innerhalb des Landes vertrieben.

Fahrzeugkolonne
Die Fahrzeuge werden zu Konvois zusammengefasst, die zur Sicherheit meist von UN-Truppen begleitet werden.

Nach einer Idee von Joan Ricart
Koordination Lektorat: Marta del la Serne
Layout: Susana Ribot
Lektorat: Alberto Hernández
Historische Dokumentation: Alberto Hernández
Lektorat der Grafiken: Alberto Hernández
Satz: Paola Fornasaro
Korrektorat: Stuart Franklin
Infografiken: Sol90Images
Fotografien: AGE Fotostock, Getty Images, Corbis, ACI, Album, Granger